LE ZEITUNG
für Weltpolitik

Ihre Aboprämie:
Atlas der Globalisierung

Mit dem Kombi-Abo können Sie LMd gedruckt oder digital lesen – und sich alle Texte anhören. Einmal im Monat finden Sie in LMd, was auf der Welt passiert – und was dabei auf dem Spiel steht.
Zeitung, App, ePaper & Audio für 60 €/Jahr*
monde-diplomatique/kombiabo

* Das Abo verlängert sich nach Ende des Bezugszeitraums um ein Jahr, zum dann gültigen Preis, wenn es nicht 3 Wochen vorher gekündigt wird.

AF204174

LE APP
für Weltpolitik

Lesen Sie drei digitale Ausgaben in der App, im Browser oder als ePaper. Außerdem können Sie sich alle Artikel vorlesen lassen.
App, ePaper & Audio für nur 4,50 €/drei Monate*
monde-diplomatique/schnupperabo

* Das Abo verlängert sich nach Ende des Bezugszeitraums zum dann gültigen Jahrespreis, derzeit 40,80 €, wenn es nicht 3 Wochen vorher gekündigt wird.

LE EDITION
für Weltpolitik

Die Themenheftreihe von LMd erscheint halbjährlich mit ausgewählten Texten aus LE MONDE diplomatique, ergänzt um aktuelle Reportagen, Essays, Porträts sowie Karten, Grafiken und Chronologien.
9,50 € pro Ausgabe*
monde-diplomatique.de/editionsabo

* Das Abo kann zum jeweils nächsten Heft gekündigt werden; die Rechnungslegung erfolgt pro Ausgabe.

taz Verlags- und Vertriebs GmbH · Friedrichstr. 21 · 10969 Berlin

☐ **Ich bestelle das Kombi-Abo von Le Monde diplomatique für 60 € (12 Ausgaben Zeitung, App und Audio)**

Das Abo verlängert sich nach Ende des Bezugszeitraums zum dann gültigen, regulären Preis, derzeit 60 € (Auslandsporto zzgl.), wenn es nicht drei Wochen vor Ablauf gekündigt wird. Mir ist bekannt, dass ich diese Bestellung ohne Begründung innerhalb von 14 Tagen schriftlich bei der LMd-Aboabteilung • PF 610229 • 10923 Berlin widerrufen kann. Zur Fristwahrung genügt die rechtzeitige Absendung.

Lieferadresse ☐ Frau ☐ Herr	**Rechnungsadresse** ☐ Frau ☐ Herr
Name	Name
Straße	Straße
PLZ	Ort	PLZ	Ort
Telefon	Telefon
E-Mail	E-Mail

Ich bezahle ☐ **per SEPA-Lastschriftmandat** ☐ **gegen Rechnung**

taz Verlags- und Vertriebs GmbH • Friedrichstraße 21 • 10969 Berlin • Gläubiger Identifikationsnummer DE92 0020 0000 0116 99. **SEPA-Lastschriftmandat** • Ich ermächtige die taz Verlags- und Vertriebs GmbH, Zahlungen von meinem Konto mittels Lastschrift einzuziehen. Zugleich weise ich mein Kreditinstitut an, die von der taz Verlags- und Vertriebs GmbH auf mein Konto gezogenen Lastschriften einzulösen. **Hinweis** • Ich kann innerhalb von acht Wochen, beginnend mit dem Belastungsdatum, die Erstattung des belasteten Betrages verlangen. Es gelten dabei die mit meinem Kreditinstitut vereinbarten Bedingungen.

Bank	BIC
IBAN	
Datum	Unterschrift

taz Verlags- und Vertriebs GmbH • Friedrichstraße 21 • 10969 Berlin • abo-lmd@taz.de • T (030) 25 90 22 11

Deutsche Post ✉

ANTWORT

Le Monde diplomatique
Aboservice
Postfach 61 02 29
10923 Berlin

Bitte frankieren, falls Marke zur Hand

☐ **Ich bestelle das Kurzabo Digital von Le Monde diplomatique für 4,50 € (3 Ausgaben ePaper, App und Audio)**

Das Abo verlängert sich nach Ende des Bezugszeitraums zum dann gültigen, regulären Preis, derzeit 40,80 €, wenn es nicht drei Wochen vor Ablauf gekündigt wird. **Wir werden Sie rechtzeitig mit einem Brief an den Kündigungstermin erinnern.** Mir ist bekannt, dass ich diese Bestellung ohne Begründung innerhalb von 14 Tagen schriftlich bei der LMd-Aboabteilung • PF 610229 • 10923 Berlin widerrufen kann. Zur Fristwahrung genügt die rechtzeitige Absendung.

Lieferadresse ☐ Frau ☐ Herr	**Rechnungsadresse** ☐ Frau ☐ Herr
Name	Name
Straße	Straße
PLZ	Ort	PLZ	Ort
Telefon	Telefon
E-Mail	E-Mail

Ich bezahle ☐ **per SEPA-Lastschriftmandat** ☐ **gegen Rechnung**

taz Verlags- und Vertriebs GmbH • Friedrichstraße 21 • 10969 Berlin • Gläubiger Identifikationsnummer DE92 0020 0000 0116 99. **SEPA-Lastschriftmandat** • Ich ermächtige die taz Verlags- und Vertriebs GmbH, Zahlungen von meinem Konto mittels Lastschrift einzuziehen. Zugleich weise ich mein Kreditinstitut an, die von der taz Verlags- und Vertriebs GmbH auf mein Konto gezogenen Lastschriften einzulösen. **Hinweis** • Ich kann innerhalb von acht Wochen, beginnend mit dem Belastungsdatum, die Erstattung des belasteten Betrages verlangen. Es gelten dabei die mit meinem Kreditinstitut vereinbarten Bedingungen.

Bank	BIC
IBAN	
Datum	Unterschrift

taz Verlags- und Vertriebs GmbH • Friedrichstraße 21 • 10969 Berlin • abo-lmd@taz.de • T (030) 25 90 22 11

Deutsche Post ✉

ANTWORT

Le Monde diplomatique
Aboservice
Postfach 61 02 29
10923 Berlin

Bitte frankieren, falls Marke zur Hand

☐ **Ich abonniere die Edition Le Monde diplomatique zum Preis von 9,50 € pro Ausgabe (2 Hefte jährlich).**

Das Abo kann zum jeweils nächsten Heft gekündigt werden. Die Rechnungslegung erfolgt pro Ausgabe, versandkostenfrei im Inland, Ausland zzgl. Versandkosten. Mir ist bekannt, dass ich diese Bestellung ohne Begründung innerhalb von 14 Tagen schriftlich bei der LMd-Aboabteilung • PF 610229 • 10923 Berlin widerrufen kann. Zur Fristwahrung genügt die rechtzeitige Absendung.

Lieferadresse ☐ Frau ☐ Herr	**Rechnungsadresse** ☐ Frau ☐ Herr
Name	Name
Straße	Straße
PLZ	Ort	PLZ	Ort
Telefon	Telefon
E-Mail	E-Mail

Ich bezahle ☐ **per SEPA-Lastschriftmandat** ☐ **gegen Rechnung**

taz Verlags- und Vertriebs GmbH • Friedrichstraße 21 • 10969 Berlin • Gläubiger Identifikationsnummer DE92 0020 0000 0116 99. **SEPA-Lastschriftmandat** • Ich ermächtige die taz Verlags- und Vertriebs GmbH, Zahlungen von meinem Konto mittels Lastschrift einzuziehen. Zugleich weise ich mein Kreditinstitut an, die von der taz Verlags- und Vertriebs GmbH auf mein Konto gezogenen Lastschriften einzulösen. **Hinweis** • Ich kann innerhalb von acht Wochen, beginnend mit dem Belastungsdatum, die Erstattung des belasteten Betrages verlangen. Es gelten dabei die mit meinem Kreditinstitut vereinbarten Bedingungen.

Bank	BIC
IBAN	
Datum	Unterschrift

taz Verlags- und Vertriebs GmbH • Friedrichstraße 21 • 10969 Berlin • abo-lmd@taz.de • T (030) 25 90 22 11

Deutsche Post ✉

ANTWORT

Le Monde diplomatique
Aboservice
Postfach 61 02 29
10923 Berlin

Bitte frankieren, falls Marke zur Hand

taz reisen
in die Zivilgesellschaft

Im 2. Halbjahr 2021 bietet tazreisen wieder Auslandsreisen an – auch wenn wir derzeit noch nicht wissen, ob sie möglich werden. Interessenten können sich risikolos anmelden: Ihnen entstehen (dank EU-Reiserecht) keine Kosten, falls eine Reise wegen Lockdown-Regelungen abgesagt werden muss. Allerdings ist damit zu rechnen, dass internationale Reisen nur mit Impfnachweis möglich werden.

Mit Bootsfahrt auf dem Bosporus bis zum Schwarzen Meer

16. - 24. Oktober 2021

ISTANBUL mit Jürgen Gottschlich und Nihat Gencosman

Kann man wieder nach Istanbul fahren? Nach vier Jahren Pause bot die taz im Frühjahr 2020 wieder eine Reise nach Istanbul an (wegen Corona wurde sie auf Oktober 2021 verschoben). Hintergrund dafür war neben der Freilassung des *Welt*-Korrespondenten Deniz Yücel und des Menschenrechtlers Peter Steudtner aus türkischen Gefängnissen, dass Istanbul im Frühjahr 2019 dabei war, sich zur neuen Hoffnung für eine demokratische Türkei zu entwickeln.

Damals hat die 16-Millionen-Metropole am Bosporus in einer beispiellosen Wahlschlacht die AKP Erdogans abgewählt und mit Ekrem Imamoğlu einen neuen Hoffnungsträger gekürt, der Präsident Erdoğan bei zukünftigen Wahlen Paroli bieten könnte.

Die Coronapandemie hat allerdings auch in Istanbul inzwischen einiges durcheinandergewirbelt. Bei der Reise können Sie sich vor Ort informieren und eine der schönsten Städte der Mittelmeer-Region erleben – falls die Coronalage es zulässt.

Preis: 990 € (DZ/3x HP, 5x ÜF/ohne Anreise)

Mehr Infos: www.taz.de/tazreisen oder unter T (0 30) 2 59 02-1 17
taz Verlags- und Vertriebs-GmbH, Friedrichstrasse 21, 10969 Berlin

...o: Barbara Staubach

Autorinnen in diesem Heft

- CENGIZ AKTAR ist Politikwissenschaftler und lehrt derzeit an der Universität Athen. Im März 2021 erschien sein Buch *Die türkische Malaise: Ein kritischer Essay* im Schweizer Kolchis Verlag.
- YAVUZ BAYDAR ist Chefredakteur von *Ahval News Online* (ahvalnews.com) und Autor von *Die Hoffnung stirbt am Bosporus: Wie die Türkei Freiheit und Demokratie verspielt*, München (Droemer) 2018.
- MINEZ BAYÜLGEN ist Journalistin.
- ARIANE BONZON ist Journalistin und Autorin von *Turquie. L'heure de vérité*, Tharaux (Éditions Empreinte) 2019.
- SAMUEL BROWNSWORD ist Autor bei dronewars.net.
- ONUR BURÇAK BELLI ist Journalistin.
- GIANCARLO CASALE ist Historiker und Autor von *The Ottoman Age of Exploration*, Oxford (Oxford University Press) 2011.
- ALI ÇELIKKAN ist Journalist.
- MARIE CHAMBRIAL ist Journalistin.
- VICKEN CHETERIAN ist Journalist und Autor von *Armenians, Turks, and a Century of Genocide*, London (Hurst & Company) 2015.
- IGOR DELANOË ist Historiker und stellvertretender Leiter des französisch-russischen Beobachtungsdienstes in Moskau.
- LUCIE DRECHSELOVÁ ist Politikwissenschaftlerin.
- ORHAN ESEN ist Journalist und Stadtforscher sowie Mitherausgeber von *Self Service City: Istanbul*, Berlin (b-books) 2005.
- JAKOB FARAH ist Redakteur der deutschen Ausgabe von *Le Monde diplomatique*.
- LAURA-MAÏ GAVERIAUX ist Journalistin.
- JÜRGEN GOTTSCHLICH ist Türkei-Korrespondent der *taz*.
- ist Journalistin.
- BANU GÜVEN ist Journalistin und Fernsehmoderatorin.
- METE HATAY ist Forscher am Prio Cyprus Centre in Nikosia.
- ROLF HOSFELD ist Autor und wissenschaftlicher Leiter des Potsdamer Lepsiushauses. 2015 erschien von ihm *Tod in der Wüste. Der Völkermord an den Armeniern*, München (C. H. Beck).
- NIELS KADRITZKE ist Redakteur und Autor der deutschen Ausgabe von *Le Monde diplomatique*. Seine Texte erscheinen auch auf dem LMd-Blog »Nachdenken über Griechenland«, monde-diplomatique.de/blog.
- KRISTINA KARASU ist freie Journalistin in Istanbul.
- PATRICK KEDDIE ist Journalist und Autor von *The Passion: Football and the Story of Modern Turkey*, London (I. B. Tauris) 2018.
- ERWAN MANAC'H ist Journalist.
- TIMOUR MUHIDINE ist Autor und Dozent für zeitgenössische türkische Literatur am Institut national des langues et civilisations orientales (Inalco), Paris.
- PIERRE PUCHOT ist Journalist.
- JOSEPH RICHARD ist Politikwissenschaftler.
- CHRISTIANE SCHLÖTZER war zehn Jahre lang Türkeikorrespondentin der *Süddeutschen Zeitung* und des Züricher *Tagesanzeigers* in Istanbul.
- EMRAH SERBES (geb. 1981 in Yalova) ist Schriftsteller. In deutscher Übersetzung sind seine Werke im Berliner binooki-Verlag erschienen.
- GÜNTER SEUFERT leitet das Centrum für angewandte Türkeistudien (CATS) in der Stiftung Wissenschaft und Politik in Berlin.
- TANER TIMUR ist Historiker.

Das nächste Heft der **Edition Le Monde diplomatique** erscheint im Herbst 2021

Big Pharma kassiert Gesundheit als Geschäftsmodell

Bestellen Sie einzelne Hefte oder gleich ein Abo auf monde-diplomatique.de

---

Impressum • Edition Le Monde diplomatique N° 29 • 2021

Le Monde diplomatique (Deutschland)

Redaktionsadresse:
Friedrichstraße 21, 10969 Berlin
T +49 (0)30 259 02-276, F +49 (0)30 259 02-676

monde-diplomatique.de

Redaktion: Jakob Farah (v. i. S. d. P.),
Barbara Bauer, Ali Çelikkan, Dorothee D'Aprile,
Katharina Döbler, Niels Kadritzke, Anna Lerch
Korrektur: Stefan Mahlke, Franziska Özer

Umschlag: Ulrike Sindlinger
Bildredaktion und Gestaltung: Adolf Buitenhuis

Verlagsadresse:
taz Verlags- und Vertriebs GmbH
Friedrichstraße 21, 10969 Berlin
T +49 (0)30 259 02-0

Anzeigen: Daniela Lipka, dlipka@monde-diplomatique.de
T +49 (0)30 25 902-965

Vertrieb: Ute Keilhauer, vertrieb@taz.de

Le Monde diplomatique (Frankreich)

Redaktionsadresse:
1–3, avenue Stephan-Pichon, 75013 Paris
T +33 1 539 496-01, F +33 1 539 496-26

www.monde-diplomatique.fr

Gründer: Hubert Beuve-Méry
Direktor: Serge Halimi
Chefredakteur: Benoît Bréville
Stellv. Chefredakteur: Akram Belkaïd, Renaud Lambert
Redaktion: Martine Bulard, Mona Chollet,
Philippe Descamps, Evelyne Pieillier, Hélène Richard,
Pierre Rimbert, Anne-Cécile Robert
Dokumentation: Olivier Pironet

Verlagsadresse:
Le Monde Publicité S. A.,
133, avenue des Champs-Élysées, 75409 Paris Cédex 08

Preis des Heftes: 9,50 Euro [D, A]. Alle Rechte vorbehalten. Nachdruck, Aufnahme in Onlinedienste und Internet und Vervielfältigung auf Datenträgern wie CD-ROM, DVD-ROM usw. dürfen nur nach vorheriger schriftlicher Zustimmung des Verlages erfolgen. Abweichende Bedingungen für die Weiterverwendung sind, wo anwendbar, bei den Bildnachweisen in eckigen Klammern angegeben. Anzeigenpreise auf Anfrage.

ISSN (Print)   1864-3876 • ISBN (Print)   978-3-937683-91-1
ISSN (eBook) 2511-6819 • ISBN (eBook) 978-3-937683-92-8

❀ taz genossenschaft

Die deutsche Ausgabe von *Le Monde diplomatique* geht auf eine Initiative der taz Genossenschaft im Jahr 1994 zurück. Mehr über die Genossenschaft erfahren Sie unter: taz.de/genossenschaft

Druck: möller druck, Ahrensfelde
Gedruckt auf 100 % Recyclingpapier
Printed in Germany

Erhältlich in den Bahnhofs- und Flughafenbuchhandlungen in Deutschland

Editorial

Angeschlagener Autokrat

Von Jakob Farah

Im Jahr 2023 wird die Türkische Republik ihr 100-jähriges Bestehen feiern. Dieses Datum ist von herausragender Bedeutung, insbesondere für Präsident Recep Tayyip Erdoğan, der die Geschicke des Landes seit 2002 steuert. In diesem Jahr erlangte seine AK Parti (Partei für Gerechtigkeit und Entwicklung) aus dem Stand die absolute Mehrheit der Parlamentssitze. Im Sommer 2023 wird nicht nur das türkische Parlament neu gewählt, sondern auch der Präsident. Dass Erdoğan selbst dieses Datum als glorreichen Höhepunkt seiner politischen Karriere feiern will, wird an zahlreichen, teils fantastisch anmutenden Großprojekten deutlich, deren Vollendung der Präsident für 2023 angekündigt hat.

Die Enthüllung eines dieser symbolträchtigen Vorhaben ließ er mit einer geradezu hollywoodreifen Inszenierung vorbereiten: Anfang Februar 2021 wurde in der Nähe der prähistorischen anatolischen Kultstätte Göbekli Tepe ein drei Meter hoher Stahlmonolith »entdeckt«, auf dem in alttürkischen Runen geschrieben stand: »Schau in den Himmel und sieh dir den Mond an.«

Kurze Zeit später stellte sich heraus: Bei der seltsamen Stele handelte es sich nicht um eine Botschaft fremder Wesen aus dem All, sondern um einen Werbegag der Regierung. Mit einer pompösen Präsentation enthüllte Erdoğan das nationale Weltraumprogramm, dessen erstes Ziel es ist, eine Raumsonde auf dem Mond zu landen – natürlich im Jahr 2023.

Diese Weltraumepisode wurde auch in deutschen Medien nicht ohne Spott kommentiert. Dabei handelt es sich eigentlich nur um die skurrile Begleiterscheinung einer sehr ernsten Entwicklung: Der Staatschef regiert zunehmend autokratisch und ist offenbar zu allem bereit, um seine eigene Macht zu sichern.

In den ersten Jahren seiner Amtszeit als Ministerpräsident galt Erdoğan als Modernisierer, als einer, der imstande war, mit dem »tiefen Staat«, den Verflechtungen zwischen Militär, Geheimdiensten und Politik, aufzuräumen und die Türkei auch ökonomisch in eine hoffnungsvolle Zukunft zu führen. Tatsächlich gelang es ihm – gemeinsam mit seinem damaligen Verbündeten Fetullah Gülen – den Einfluss des Militärs zu beschneiden; und die Türkei erlebte in den Nullerjahren einen wirtschaftlichen Boom, von dem große Teile der Bevölkerung profitierten.

Auch in der Kurdenfrage war die AKP-Regierung anfangs durchaus progressiv. 2005 gestand Erdoğan in einer historischen Rede in Diyarbakır, der türkische Staat habe in seiner Kurdenpolitik Fehler gemacht. Einige Jahre später entschloss sich die Regierung sogar zu einem geradezu revolutionären Schritt: direkte Verhandlungen mit der PKK.

Als 2011 der sogenannte Arabische Frühling begann und in Tunesien und Ägypten die jahrzehntealten Regime hinweggefegt wurden, schien auch in der Außenpolitik die Stunde der Türkei zu schlagen: Nicht nur im Westen, sondern auch in der arabischen Welt richteten sich viele Augen auf die AKP-Regierung als Vorbild dafür, wie in der Region zukünftig der politische Islam mit einem demokratischen System vereinbart werden könnte.

Von dieser Aufbruchstimmung ist heute wenig geblieben. Bereits 2013 machte die blutige Niederschlagung der Proteste im Istanbuler Gezi-Park offenbar, in welche Richtung die Reise gehen würde. Spätestens seit dem gescheiterten Putschversuch von Teilen des Militärs im Juli 2016 fährt Erdoğan innenpolitisch einen immer repressiveren Kurs: Die politische Opposition wird gegängelt und mit Verboten belegt, Dutzende Journalistinnen und Journalisten sitzen im Gefängnis und ethnische Minderheiten werden unterdrückt. Der Kurdenkonflikt erlebte in den letzten Jahren erneut eine blutige Eskalation, und nach außen wurde das Motto von den »null Problemen mit den Nachbarn« längst durch eine aggressive Interventionspolitik abgelöst.

Mittlerweile steht Erdoğan mit dem Rücken zur Wand. Vor allem seit die Türkei mit einer Wirtschafts- und Währungskrise zu kämpfen hat – die durch die Pandemie und die hektischen Eingriffe des Präsidenten in die Politik der Zentralbank zusätzlich verschärft wurde –, sinken seine Umfragewerte. Derzeit, im Frühjahr 2021, hat sein Regierungsbündnis Umfragen zufolge keine Mehrheit mehr. Dass Erdoğan auf diesen Druck mit noch mehr Repression reagiert, zeigte Mitte März die Einleitung eines Verbotsverfahrens gegen die zweitgrößte Oppositionspartei HDP, die sich vor allem, aber nicht nur auf kurdische Stimmen stützt. Weil sein Sieg an der Wahlurne nicht mehr garantiert ist, muss die politische Opposition eben einfach verschwinden.

Es wird sich zeigen, ob Erdoğan mit seiner repressiven Taktik Erfolg hat oder ob 2023 in die türkische Geschichte eingeht, als das Jahr, in dem das Wahlvolk einem angeschlagenen Autokraten die Grenzen seines eigenen Größenwahns aufzeigte.

© 2021 Le Monde diplomatique, Berlin

Inhalt

FOTO UMSCHLAG ■ SEDAT SUNA | DPA/PICTURE ALLIANCE

Gaziantep, Birecik, Diyarbakır, Mardin (von links), September 2020. ◾ MAUDE BARDET

Umkämpfte Gewässer

Im Konflikt mit Griechenland um Hoheitsrechte in der Ägäis und im östlichen Mittelmeer spielt die Türkei mit dem Feuer – und mit dem Völkerrecht

Von Niels Kadritzke

Es war eine der gefährlichsten maritimen Kollisionen der letzten Jahre: Am 14. August 2020 kam es im östlichen Mittelmeer zu einer Karambolage zwischen der türkischen Fregatte »Kemal Reis« und der griechischen Fregatte »Limnos«.

Das türkische Kriegsschiff gehörte zum Geleitzug des Forschungsschiffs »Oruç Reis«, das in einem Seegebiet 110 Seemeilen (etwa 200 Kilometer) südlich der türkischen Küste mit seismischen Untersuchungen des Meeresbodens beauftragt war. Das Operationsgebiet liegt nach Auffassung Ankaras innerhalb der ausschließlichen Wirtschaftszone (AWZ) der Türkei. Das griechische Kriegsschiff beschattete die türkische Miniflotte, deren Explorationsmission aus Athener Sicht illegal war. Denn Athen beansprucht dasselbe Seegebiet für die griechische AWZ.

Der Kontakt zwischen den Fregatten der beiden Nato-Staaten endete glimpflich: Die »Kemal Reis«, die der »Limnos« seitlich vor den Bug gefahren war, wurde durch den Zusammenstoß im Heckbereich beschädigt. Die »Limnos« blieb heil, was es der Regierung in Athen erlaubte, die Kollision als »Manövrierfehler« des türkischen Kapitäns herunterzuspielen. Anders der türkische Präsident Erdoğan: Er nutzte die Episode für PR-Zwecke und erklärte seinem Volk, die »Kemal Reis« habe der frechen griechischen Fregatte die richtige Antwort gegeben. Den Blechschaden seiner Fregatte erwähnte er nicht.

Seither hat sich der Konflikt im östlichen Mittelmeer nicht nur verschärft, sondern noch weiter internationalisiert, weil immer neue staatliche Akteure mitmischen. Inzwischen arbeitet Griechenland militärisch mit mehreren Staaten zusammen, die aus unterschiedlichen Gründen mit Ankara über Kreuz liegen. Das gilt vor allem für Frankreich, welches im Libyen-Konflikt als Gegenspieler der Türkei auftritt, indem es den Warlord Chalifa Haftar unterstützt. Vom 26. bis 28. August 2020 waren französische (und italienische) Kriegsschiffe an einem Manöver der griechischen und zyprischen Marine beteiligt, das südlich von Zypern stattfand. Dabei wurde die französische Fregatte »La Fayette« von drei Rafale-Kampfflugzeugen unterstützt, die auf der Luftwaffenbasis Paphos im Süden Zyperns stationiert sind.

Auch das Al-Sisi-Regime in Kairo, das von Erdoğan als Hauptgegner im arabischen Lager angesehen wird, ist zum Bündnispartner Athens geworden. Dasselbe gilt für die Vereinigten Arabischen Emirate (VAE), die in Libyen (im Verein mit Ägypten) die Haftar-Fraktion unterstützen. Ende August 2020 waren auf Kreta zeitweilig Kampfflugzeuge der VAE sowie Ägyptens stationiert, die gemeinsame Manöver mit der griechischen Luftwaffe abhielten.

Weniger demonstrativ, aber dennoch intensiv ist die militärische Zusammenarbeit Griechenlands mit Israel, die sich seit dem Bruch zwischen Tel Aviv und Ankara (im Jahr 2011) gefestigt hat. Am 9. September 2020 wurde in Athen ein weiteres Protokoll über die strategische Kooperation Griechenland–Zypern–Israel unterzeichnet. Mitte März 2021 fand westlich von Zypern ein Marinemanöver der drei Länder mit französischer Beteiligung statt. Die drei Staaten verfolgen zudem gemeinsame Energie- und Rüstungsprojekte.

Die Gefahr, dass der Vorfall im August 2020 zu einer bewaffneten Auseinandersetzung eskalieren würde, war indes gering. Beide Kontrahenten beschränkten sich darauf, die gegnerischen Schiffe zum Verlassen der »eigenen« AWZ aufzufordern. Zudem kennen sich die hohen Offiziere beider Seiten auch persönlich, als professionelle Kollegen auf der Nato-Ebene. Der griechische Admiral a. D. Evangelos Apostolakis, Generalstabschef unter der linken Tsipras-Regierung, sagt über seine türkischen Gegenspieler: »Ich weiß genau, dass auch die keinen militärischen Konflikt wollen, denn der nutzt keiner Seite.«[1]

Die große Frage ist allerdings, welchen Nutzen sich die Erdoğan-Regierung von der Eskalation im östlichen Mittelmeer verspricht. Ihr erklärtes Ziel ist es, die türkischen Ansprüche auf eine großräumige Ausschließliche Wirtschaftszone durchzusetzen, die auf Kosten der griechischen AWZ-Ansprüche gehen würde. Beide Seiten haben vor allem die unter dem Meeresboden vermuteten Erdöl und Erdgasvorkommen im Auge.

Jedoch weiß man heute weder in Ankara noch in Athen, wie hoch der Streitwert dieser Ressourcen ist. Über den kann man angesichts der politischen und ökonomischen Weltlage nur spekulieren. Sicher ist aber: Angesichts des globalen Trends zu erneuerbaren Energien, die der beschleunigte Klimawandel erzwingt, ist Erdgas aus den Tiefen des östlichen Mittelmeers ein Auslaufmodell. Und auf dem Weltmarkt wird es nie konkurrenzfähig sein, weil die Förder- und Transferkosten einfach zu hoch liegen. Selbst der Energieimporteur Türkei muss kalkulieren, ob sich teures Erdgas rechnet, das man billiger aus Russland beziehen kann. Ganz abgesehen von den Gefahren für die Umwelt, die auch die touristisch genutzten Küsten der Region betreffen könnten.

Im Streit um die ostmediterranen Wirtschaftszonen ist die Türkei zweifellos die treibende Kraft. Die Mission der »Oruç Reis« gehört in den Kontext einer aggressiven Außenpolitik, die zunehmend »neoosmanische« Züge trägt. Das autoritäre Erdoğan-Regime hat

Blick auf das türkische Festland von der griechischen Insel Kastelorizo, September 2020.
■ DEMETRIOS IOANNOU

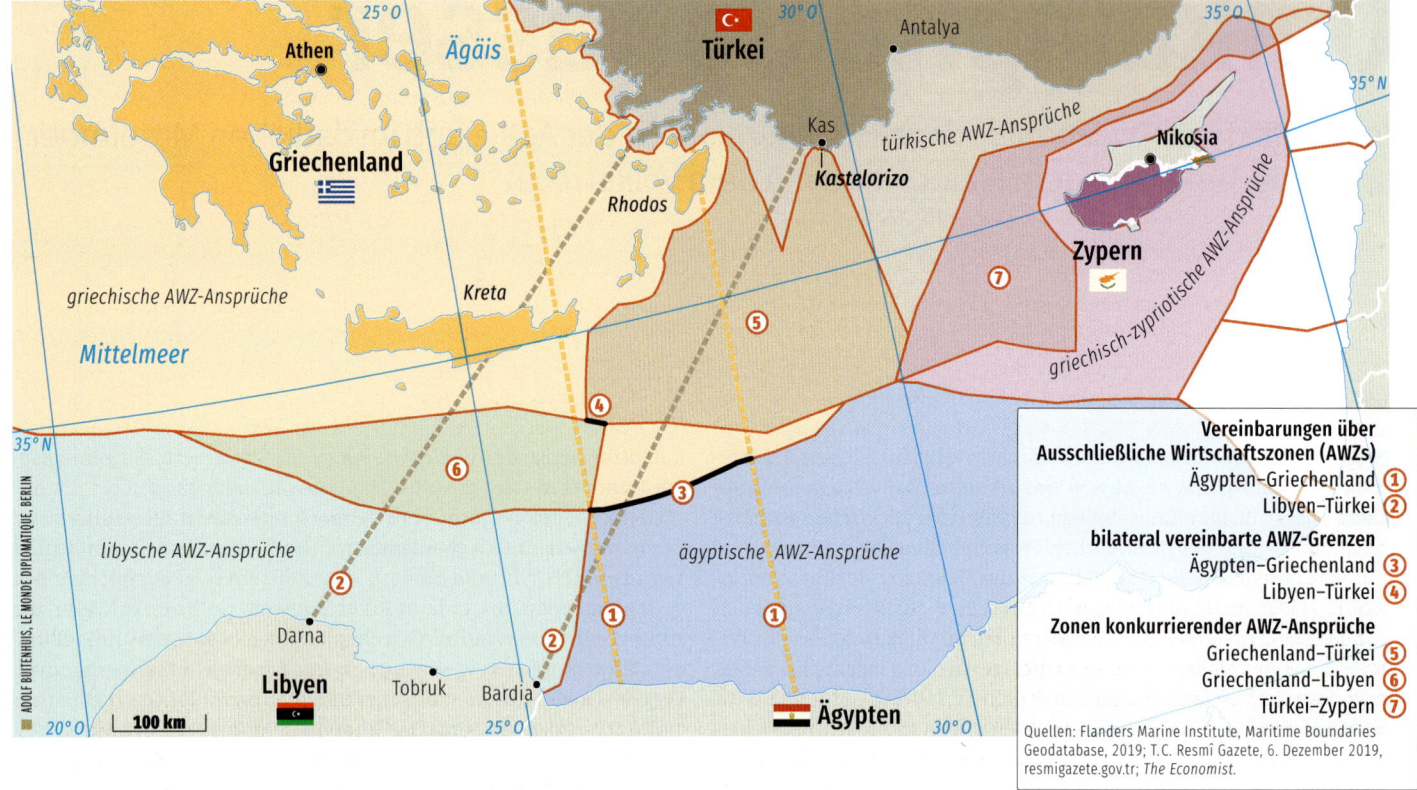

Vereinbarungen über
Ausschließliche Wirtschaftszonen (AWZs)
Ägypten–Griechenland ①
Libyen–Türkei ②

bilateral vereinbarte AWZ-Grenzen
Ägypten–Griechenland ③
Libyen–Türkei ④

Zonen konkurrierender AWZ-Ansprüche
Griechenland–Türkei ⑤
Griechenland–Libyen ⑥
Türkei–Zypern ⑦

Quellen: Flanders Marine Institute, Maritime Boundaries Geodatabase, 2019; T.C. Resmî Gazete, 6. Dezember 2019, resmigazete.gov.tr; The Economist.

die »friedliche« Phase dieser neuen Außenpolitik – unter dem Motto »Null Probleme mit allen Nachbarn« (Davutoğlu-Doktrin) – längst hinter sich gelassen.[2]

Heute gibt es kaum einen Nachbarstaat, mit dem die Türkei keine Probleme hat. Das türkische Militär steht auf syrischem Boden, operiert gegen die Kurden im Nordirak und mischt höchst aktiv im libyschen Bürgerkrieg mit. Die raumgreifende Außenpolitik des Erdoğan-Regimes strebt weit über des Mittelmeer hinaus. Heute unterhält das türkische Militär nicht nur Stützpunkte in Katar (seit 2015) und in Somalia (seit 2018), sondern ist auch am Roten Meer präsent, wo es den sudanesische Inselhafen Sawakin für 99 Jahre gepachtet hat.

Die »neoosmanische« Militarisierung wäre nicht möglich ohne den rasanten Ausbau der Rüstungsindustrie. Insbesondere bei der Drohnentechnik hat die Türkei längst Weltniveau erreicht, wobei ihr zugutekommt, dass sie diese Waffen auf den Kriegsschauplätzen Syrien und Libyen erproben und weiterentwickeln kann *(siehe den Beitrag von Samuel Brownsword auf Seite 20)*.

Von Beginn an war Erdoğans neoosmanische Außenpolitik auch ein Instrument innenpolitischer Machtabsicherung. Diese Funktion hat noch an Bedeutung gewonnen, seit das AKP-Regime durch eine soziale und ökonomische Krise herausgefordert wird, die Erdoğans erklärtes historisches Ziel gefährdet: Zum 100-jährigen Jubiläum der Staatsgründung im Oktober 2023 will der »neue Sultan« als türkischer Nationalheld und Nachfolger – oder besser Antipode – des ehrwürdigen Gründervaters Kemal Atatürk posieren.

Umso wichtiger werden außenpolitische Erfolge, mit denen er auch seinen Bündnispartner, die ultranationalistische MHP, bei der Stange halten kann. Die Partei der »Grauen Wölfe« ist die einzige zivile Machtreserve für eine AKP, deren Wählerbasis bröckelt. Unter diesen Umständen konnte die MHP ihren Einfluss auf die Außen-

politik Ankaras deutlich verstärken. Der türkische Exiljournalist Yavuz Baydar spricht von einem »Machtkartell aus nationalistischen Offizieren, expansionistischen ›Grauen Wölfen‹ und Islamisten«, das Erdoğan zwinge, »sein Draufgänger-Image jeden Tag neu unter Beweis zu stellen«.[3]

Die maritime Dimension der neoosmanischen Außenpolitik äußert sich in der stolzen These vom »Blauen Vaterland« (Mavi Vatan). Erdoğan sieht die Türkei als aufstrebende Seemacht mit Präsenz in den drei Meeren, in denen es nationale Interessen durchzusetzen gilt.[4] »Die Türkei wird sich die ihr zustehenden Rechte im Mittelmeer, in der Ägäis und im Schwarzen Meer nehmen«, tönte der Präsident Ende August 2020. »Wir werden nicht aufgeben, was uns gehört. Wir sind entschlossen, für dieses Ziel alles zu tun, was politisch, ökonomisch und militärisch nötig ist.«

Solche Drohungen aus dem Munde Erdoğans sind nicht neu, aber sie werden inzwischen durch eine permanente Aufrüstung unterfüttert. Die »nationale Strategie« der Türkei stützt sich auf die »technologischen Errungenschaften in der Rüstungsindustrie, die ihre Luft-, Land- und Seestreitkräfte gestärkt haben«, erklärte Erdoğan in einer Rede, in der er den Bau von drei Flugzeugträgern ankündigte.

Dazu gehört auch die Anschaffung der Instrumente zur Erkundung der vermuteten Schätze unter dem Meeresboden der türkischen AWZ. Die Türkei besitzt heute eine Flotte von 11 Explorationsschiffen, darunter die »Oruç Reis«, die im August 2020 südöstlich der Inselkette Kreta–Karpathos–Rhodos seismische Messungen auf dem Meeresgrund durchführte und dabei 70 Kilometer in die von Griechenland beanspruchte AWZ vordrang.

Der Streit um die maritimen griechischen und türkischen Interessensphären zieht sich schon über Jahrzehnte hin. Die spezielle Frage der AWZ-Abgrenzung ist seit 1994 in eine neue Phase getreten. In jenem Jahr trat das UN-Seerechtsübereinkommen in Kraft: die

United Nations Convention on the Law of the Sea (Unclos), die man als UN-Charta des Seevölkerrechts bezeichnen kann.

Die Ausschließliche Wirtschaftszone ist ein erweitertes Meeresgebiet, in dem ein Küstenstaat »souveräne Rechte zum Zweck der Erforschung und Ausbeutung, Erhaltung und Bewirtschaftung der lebenden und nichtlebenden natürlichen Ressourcen« ausübt, und zwar an der Wasseroberfläche, auf dem Meeresboden wie auch in dessen Untergrund (Unclos, Art. 56). Die begehrtesten Ressourcen sind einerseits die Fischbestände, andererseits mineralische oder fossile Ressourcen im Meeresboden.[5]

Die AWZ beginnt jenseits des bis zu 12 Seemeilen breiten Küstenmeers (auch Hoheitsgewässer genannt) und kann sich bis zu 200 Seemeilen (370,4 Kilometer) weit ins offene Meer erstrecken (Art. 55 und 57). Bei gegenüberliegenden oder benachbarten Küstenstaaten wird die Sache komplizierter. Dann müssen sich die konkurrierenden Staaten auf eine AWZ-Grenze einigen (im Normalfall die Mittellinie zwischen beiden Küsten) oder, wenn eine Einigung nicht gelingt, ein Schiedsverfahren beim Internationalen Gerichtshof in Den Haag einleiten. In beiden Fällen muss die Einigung »auf der Grundlage des Völkerrechts« erfolgen und auf eine »der Billigkeit entsprechende Lösung« zielen (Art. 74, Abs. 1).

Besonders kompliziert ist die Abgrenzungsfrage im östlichen Mittelmeer. Hier gibt es sowohl benachbarte Küstenstaaten (wie Libyen und Ägypten) als auch gegenüberliegende Staaten (wie die Türkei und Ägypten) und dazu einen Inselstaat (Zypern). Ein Teil der Probleme wurde bereits durch bilaterale AWZ-Abkommen beigelegt. Für große Bereiche des östlichen Mittelmeers gibt es solche Vereinbarungen jedoch nicht.

Das gilt insbesondere für die Zone zwischen dem 28. und dem 32. östlichen Längengrad. Hier machen beide Kontrahenten Ansprüche geltend, die bislang rein deklamatorisch sind. Sie begründen keine völkerrechtlichen Besitztitel und sind deshalb eine »Anmaßung« gegenüber dem Konkurrenten. Wobei es einen qualitativen Unterschied gibt: Die Anmaßung der türkischen Seite ist weitaus unverfrorener, da sie das Seevölkerrecht in mehrfacher Hinsicht eklatant missachtet.

Zum Ersten verletzt die maritime Expedition den Unclos-Artikel 74. Der gebietet in Absatz 3, dass bei konkurrierenden AWZ-Ansprüchen die streitenden Parteien bis zu einer Übereinkunft (durch Vertrag oder Schiedsverfahren) den »Geist der Verständigung und Zusammenarbeit« zu wahren haben, um eine »endgültige Übereinkunft nicht zu gefährden oder zu verhindern«. Gegen dieses Gebot verstößt die türkische Seite, indem sie explorative Aktivitäten in einer umstrittenen Zone betreibt. Die griechische Seite tut das in der von ihr beanspruchten AWZ (noch) nicht. Dass die griechische Kriegsmarine die türkischen Schiffe »beschattet«, ist durchaus rechtens, erst wenn sie türkische Schiffe behindern oder gar angreifen würde, wäre dies völkerrechtswidrig.

Zum Zweiten: Das Dokument, auf das die Türkei ihren Anspruch auf die fragliche AWZ stützt, ist eine Absprache mit einer dritten Partei, die griechische Rechte eklatant verletzt. Bei der bilateralen Vereinbarung zwischen Ankara und Tripolis vom 27. November 2019 war bereits die Legitimation der damaligen Regierung unter Fajis al-Sarradsch zweifelhaft, die sich auf die türkische Militärhilfe stützte und die von Ankara zu der gemeinsamen AWZ-Vereinbarung erpresst worden war.

Gravierender ist der dritte Punkt: Das türkisch-libysche »Memorandum of Understanding« (MoU) verstößt gleich doppelt gegen das Seevölkerrecht. Zum einen setzt das im Unclos-Artikel 74 vorgesehene AWZ-Abgrenzungsverfahren zwei Partner »mit gegenüberliegenden oder aneinander angrenzenden Küsten« voraus. Das aber ist bei den Küstenstaaten Türkei und Libyen nicht der Fall. Der westlichste Punkt der türkischen Südküste liegt 250 Kilometer östlich der libyschen Ostgrenze mit Ägypten. Der »gegenüberliegende« Staat, mit dem die Türkei eine AWZ-Abgrenzung im Seegebiet zwischen dem 28. und 32. Längengrad vereinbaren könnte, wäre also Ägypten, mit dem die Türkei aber seit der Machtergreifung des Sisi-Regimes verfeindet ist.

Um die verflixte Geografie auszutricksen, kam man in Ankara auf eine ausgesprochen schräge Idee. Man beruft sich auf eine »diagonale Linie« zwischen der türkischen Südküste und der libyschen Nordküste. In der Karte, die dem MoU mit Tripolis zugrunde liegt, bildet diese Diagonale die Achse der beiden AWZ, die 150 Kilometer südlich der Ostspitze Kretas zusammenstoßen (siehe Karte auf Seite 8).

Das Konzept der diagonalen Linie stammt von Konteradmiral Cihat Yaycı, der bis Mai 2020 Chef der türkischen Kriegsmarine war. Seine schräge Idee wäre ein völkerrechtlicher Blindgänger geblieben, wenn sie nicht das Erdoğan-Regime zum AWZ-Abkommen mit Libyen inspiriert hätte. Damit wurde sie zur politischen Waffe, die Ankara gegen ein zentrales Prinzip des Seevölkerrechts in Stellung gebracht hat. Die Türkei verfolgt damit vor allem ein Ziel: die Negation des Anspruchs, den die griechischen Inseln Rhodos, Karpathos und Kreta auf eine eigene AWZ haben (Unclos, Art. 121). Im Südosten Kretas berührt die von der Türkei beanspruchte AWZ sogar fast die kretischen Küstengewässer.

Der Wissenschaftliche Dienst des Deutschen Bundestags stellt in einer am 17. Januar 2020 veröffentlichten »Seevölkerrechtlichen Bewertung der türkisch-libyschen Vereinbarung« klar, dass »Inseln unabhängig von ihrer Größe die gleichen Seegebiete (Küstenmeer, Festlandsockel und AWZ) haben wie das Festland«. Demzufolge verstößt das türkisch-libysche MoU »gegen das völkergewohnheitsrechtliche Seerecht und erscheint im Ergebnis als unzulässiger Vertrag zulasten Dritter«.

Die Hinfälligkeit der türkisch-libyschen Vereinbarung lässt sich mit einem Gedankenspiel veranschaulichen: Mithilfe einer »diagonalen Linie« wäre auch eine gemeinsame AWZ-Grenze zwischen Griechenland und Tunesien möglich, das Italien einen Großteil seiner Sizilien zustehenden AWZ abzwacken würde. Auf eine solche Idee würden die beiden Staaten schon deshalb nicht kommen, weil sie an das Unclos gebunden sind.

Dagegen hat Libyen das Übereinkommen zwar unterzeichnet, aber nicht ratifiziert. Und die Türkei ist einer von 14 Staaten, die dieses internationale Abkommen nicht unterschrieben haben. Inzwischen hat das Erdoğan-Regime ein opportunistisches Verhältnis zum Seevölkerrecht entwickelt, das es »à la carte« in Anspruch nimmt, wenn es den eigenen Interessen entspricht – etwa mit der Ausdehnung seiner Küstenzone im Schwarzen Meer auf 12 Seemeilen.

Aber wie hält es Griechenland mit dem Seevölkerrecht? Dass Erdoğan den Konflikt mutwillig anheizte, dass Ankara mit der Entsendung der »Oruç Reis« in »umstrittene Gewässer« völkerrechtswidrig agierte und dass die AWZ-Vereinbarung mit Libyen vor dem Internationalen Gerichtshof niemals bestehen könnte, bedeutet keineswegs, dass die griechische Seite voll und ganz im Recht wäre. Die Regierung Mitsotakis könnte die maximalistischen Ansprüche des Nachbarstaats überzeugender kritisieren, würde sie nicht ihrerseits maximalistische Positionen formulieren.

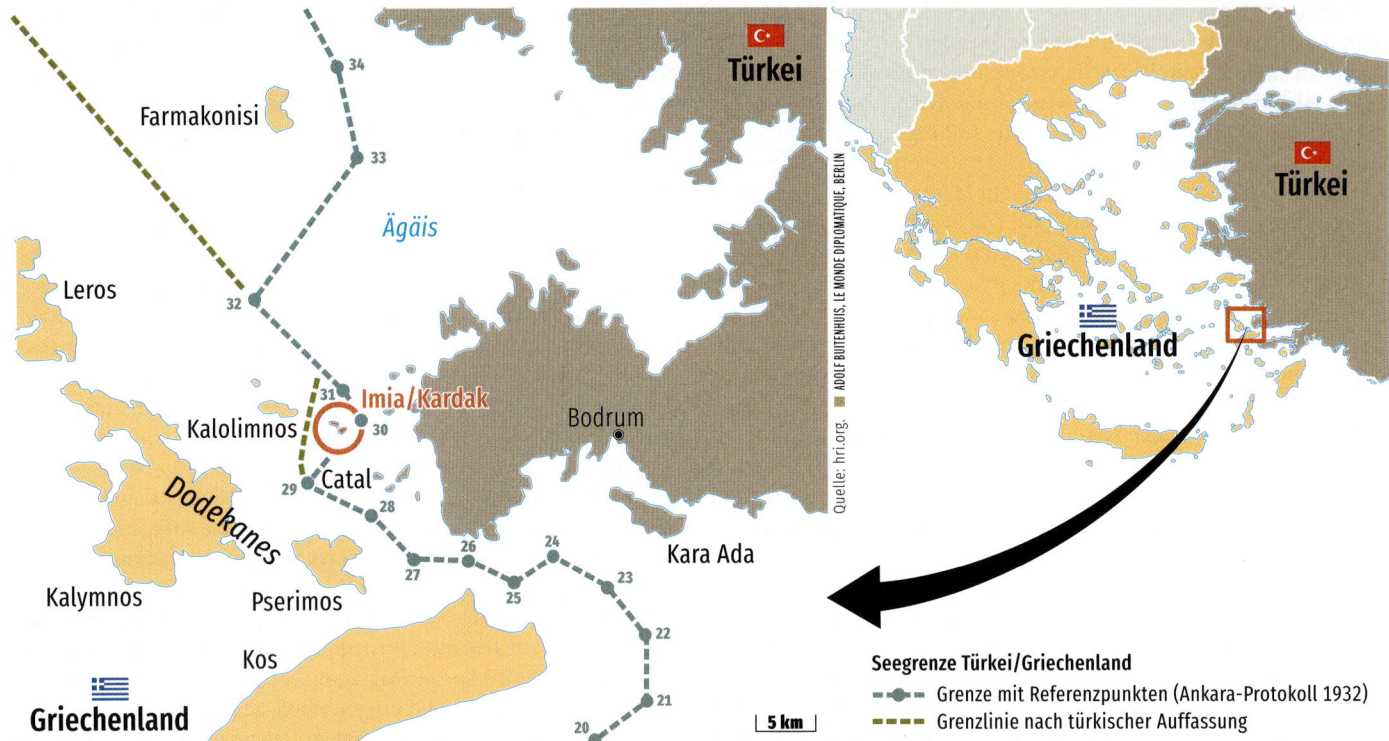

Seegrenze Türkei/Griechenland
- - Grenze mit Referenzpunkten (Ankara-Protokoll 1932)
-·- Grenzlinie nach türkischer Auffassung

5 km

Quelle: hri.org. · ADOLF BUITENHUIS, LE MONDE DIPLOMATIQUE, BERLIN

Das gilt vor allem für die griechischen AWZ-Ansprüche im Seegebiet zwischen Rhodos und Zypern. Nach dem Gesetz 4001 von 2011 erstreckt sich die griechische Zone so weit nach Osten, dass sie mit der von Zypern beanspruchten AWZ zusammenstößt. Mit einer solchen »gemeinsame Seegrenze« würde eine zusammenhängende »ausschließliche Bi-Wirtschaftszone« entstehen, von der man in Athen und Nikosia seit Langem träumt.

Aus Sicht Ankaras ist dieser griechische Traum allerdings ein Albtraum. Ein »feindlicher« AWZ-Gürtel vor der türkischen Südküste »würde die AWZ der Türkei auf die Bucht von Antalya beschränken«, schrieb der Kolumnist Serkan Demirtaş in der Tageszeitung *Hürriyet* vom 30. November 2019 und befand triumphierend, Ankara habe diesen feindseligen Plan durch die Vereinbarung mit Tripolis durchkreuzt.

Das Hirngespinst einer Bi-Wirtschaftszone mit Zypern beruht auf zwei maximalistischen und völkerrechtlich waghalsigen Annahmen. Zum einen, dass sich die zyprische AWZ 250 Kilometer weit nach Westen erstreckt; zum anderen, dass die griechische Insel Kastelorizo eine vollwertige eigene AWZ beanspruchen kann. Beide Vorstellungen missachten die Interessen der Türkei und unterschätzen das Gewicht, das der nördliche Anrainerstaat bei der Aufteilung der AWZ im östlichen Mittelmeer geltend machen kann.

Das wird besonders deutlich am Fall Kastelorizo (Griechisch: Megisti, Türkisch: Meis). Die Insel liegt nur 3 Kilometer vor der türkischen Südküste, aber 120 Kilometer östlich der nächsten griechischen Insel Rhodos. Zusammen mit neun winzigen Nebeninseln bildet sie ein Miniarchipel, dem eine AWZ zukommen soll, die sich keilförmig 200 Seemeilen nach Süden erstreckt. Das heißt: Ein griechisches Territorium von 12 Quadratkilometern reklamiert den Anspruch auf eine maritime AWZ in der Größe von rund 40 000 Quadratkilometern. Und diese riesige Zone soll das Bindeglied zwischen

der griechischen und der zyprischen AWZ bilden, die ohne den Kastelorizo-Faktor niemals aneinandergrenzen würden.

Das Konstrukt einer maritimen Bi-Zone auf Kosten der Türkei ist völkerrechtlich ähnlich abwegig wie die türkisch-libysche AWZ-Vereinbarung. Nach Unclos hat zwar jede bewohnte Insel das Recht auf eine eigene AWZ, aber im Fall des östlichen Mittelmeers, das als »halbumschlossenes Meer« (im Sinne des Artikels 122) gilt, muss dieses Recht mit dem AWZ-Anspruch des Küstenstaats Türkei abgeglichen werden. Dabei ist in direkten Verhandlungen oder durch einen Schiedsspruch des IGH »eine der Billigkeit entsprechende Lösung zu erzielen« (Art. 74). Für das Kriterium der Billigkeit hat der IGH in einer Serie von Urteilen und Schiedssprüchen verbindliche Parameter entwickelt. Einer der wichtigsten ist die Küstenlänge der um die AWZ konkurrierenden Territorien, in diesem Fall also des winzigen Archipels Kastelorizo und der türkischen Südküste, die mindestens 20-mal länger ist.

Der IGH postuliert zwar keine »strikte Proportionalität« zwischen den AWZ und der jeweiligen Küstenlänge. Aber bei einem Verhältnis von 20 zu 1 ist völlig klar, dass ein Schiedsspruch der griechischen Insel nur eine sehr kleine AWZ zuschreiben würde. Die maximalistische Vorstellung einer griechisch-zyprischen Bizone hat keine Chance, jemals geltendes Völkerrecht zu werden.

So sieht es auch der renommierteste griechische Experte Christos Rozakis, der zwölf Jahre lang Richter am Europäischen Gerichtshofs für Menschenrechte war. Rozakis geht davon aus, dass sein Land niemals eine AWZ-Grenze mit Zypern haben wird. Um einen Kompromiss mit Ankara zu ermöglichen, müsse Athen seine maximalistische Position aufgeben.

Das Aussprechen einer allen Experten vertrauten Wahrheit macht Rozakis für die Regierung Mitsotakis zur Persona non grata. Das hat einen schlichten Grund: Die Unhaltbarkeit der Kastelorizo-

Hypothese wird dem griechischen Publikum seit Jahren verschwiegen – und zwar von allen Regierungen. Doch dieses Tabu ist nicht mehr zu halten. Dafür sorgt paradoxerweise die griechisch-ägyptische AWZ-Vereinbarung vom 6. August 2020, die drei Wochen später vom griechischen Parlament ratifiziert wurde.

Die Regierung Mitsotakis feierte diese Vereinbarung mit Kairo als großen Erfolg: Damit habe man das türkisch-libysche Abkommen »in den Mülleimer entsorgt«, wie es Außenminister Dendias formulierte. In der Tat hat das Kairoer Abkommen für Griechenland zwei wichtige Vorteile. Es stellt dem türkisch-libyschen MoU die Ansprüche Griechenlands und Ägyptens entgegen, die der IGH in einem Streit- oder Schiedsverfahren sehr wahrscheinlich bestätigen würde. Das gilt vor allem für den wichtigsten Punkt: den Anspruch der großen griechischen Inseln (Kreta, Karpathos, Rhodos) auf eine eigene AWZ, den Ankara und Tripolis völkerrechtswidrig bestreiten.

Und doch hat der diplomatische Husarenstreich für die Regierung Mitsotakis eine unerwünschte Nebenwirkung. Die ägyptische Seite war nicht bereit, das heiße Eisen Kastelorizo anzufassen. Kairo war nur zu einer »Teilvereinbarung« bereit, die sich auf die Zone zwischen dem 26. und 28. Grad östlicher Länge beschränkt. In diesem Bereich ist die Mittellinie als Grenze zwischen griechischer und ägyptischer AWZ vorgesehen. Dass Ägypten diese Linie nicht nach Osten verlängern will, ist ein Signal an die Griechen, dass man den Fall Kastelorizo anders beurteilt und sich in diesem Punkt nicht zum Komplizen Athens gegen Ankara machen lässt. Damit gibt Kairo zu Protokoll, dass eine Aufteilung der AWZ östlich des 28. Längengrads völkerrechtlich verbindlich nur erfolgen kann, wenn die Türkei an dem Prozess beteiligt wird.

Dagegen hält die Regierung Mitsotakis an dem Mythos Kastelorizo fest. Außenminister Dendias hat auch nach der Vereinbarung von Kairo behauptet, die Insel habe »ungeachtet ihrer Größe« dasselbe Recht auf eine AWZ wie das griechische Festland oder Rhodos und Kreta. Deshalb werde man den K-Faktor ausnutzen, um eine AWZ-Abgrenzung mit Zypern zu erzielen – »wenn die Bedingungen dazu reif sind«.[6] Sollte die Athener Regierung an dieser Position festhalten, gefährdet sie damit ein zentrales Ziel ihrer Außenpolitik. Denn die Solidarität, die Griechenland angesichts der türkischen Aggressivität von der Europäischen Union mit Recht einfordert, kann keineswegs bedeuten, dass sich ihre Partner auch mit griechischen Zielen solidarisieren, die völkerrechtlich unhaltbar sind.

Aus griechischer Sicht gibt es ein weiteres grundsätzliches Problem: Die Türkei fordert seit Jahren, mit Griechenland nicht nur über die AWZ-Abgrenzung (in der Ägäis und im östlichen Mittelmeer) zu verhandeln, sondern auch über andere »offene Fragen«, die Ankara definiert. Dazu gehören die angeblichen »grauen Zonen« in der Ägäis, wo die türkische Seite eine unbestimmte Zahl von griechischen Inseln für sich reklamiert, aber auch der Umfang der Hoheitszone um die griechischen Inseln.

Die eigentliche Wurzel des griechisch-türkischen Konflikts in der Ägäis ist die Weigerung der Türkei, alle Bestimmungen des Internationalen Seerechts anzuerkennen, die ihren Interessen zuwiderlaufen. Es ist kein Zufall, dass die Strategen in Ankara die »grauen Zonen« im Jahr 1995 entdeckten, dem Jahr, in dem das Internationale Seerechtsübereinkommen in Kraft trat.

Seitdem hat Griechenland theoretisch das Recht, seine nationale Hoheitszone (Territorialgewässer) in der Ägäis von 6 auf 12 Seemeilen (etwa 22 Kilometer) auszudehnen. Das will die Türkei um jeden Preis verhindern, und zwar aus zwei Gründen. Die Ausweitung der griechischen Küstenzone auf 12 Seemeilen würde erstens bewirken, dass die Passage in der Mitte der Ägäis unter griechische Hoheit gerät, womit ihr Charakter als internationale Wasserstraße infrage gestellt wäre. Zweitens könnte damit die – noch ausstehende – Abgrenzung der von beiden Ländern beanspruchten Ausschließlichen Wirtschaftszonen in der Ägäis zugunsten Griechenlands beeinflusst werden.

Beide Bedenken sind in der Sache fragwürdig, aber aus Sicht Ankaras so gravierend, dass die Türkei die Frage der 12-Meilen-Zone zum Casus Belli erklärt hat: Das türkische Parlament ermächtigte im Juni 1995 die Regierung, militärische Mittel gegen Griechenland einzusetzen, falls Athen seine Hoheitszone in der Ägäis auf mehr als 6 Seemeilen ausdehnen sollte. Dieser Beschluss stellt eine Androhung von Gewalt dar, die gegen die UN-Charta (Art.1, Abs. 4) verstößt. Ein halbes Jahr später erhob das türkische Außenministerium erstmals Anspruch auf griechisches Territorium: auf die Doppelinsel Imia/Kardak.

Der Grund war offensichtlich. Nach geltendem Völkerrecht hat noch das winzigste Eiland eine eigene Hoheitszone. Deshalb will Ankara möglichst viele der kleinen, meist unbewohnten Inseln, die zwischen den großen der ostägäischen Dodekanes-Inseln (wie Chios, Kalymnos, Kos) und der türkischen Küste liegen, für sich beanspruchen. So ließe sich die Seegrenze zwischen beiden Ländern, und damit die EU-Außengrenze, erheblich nach Westen verschieben.

Der potenzielle Raumgewinn für die Türkei lässt sich an zwei Beispielen zeigen *(siehe Karte auf Seite 10)*. Im Fall Imia/Kardak verliefe die Grenzlinie nicht zwischen Imia und der türkischen Insel Çatal, sondern zwischen der griechischen Insel Kalolimnos und Kardak/Imia – also knapp 4 Kilometer weiter westlich.

Noch größer wäre der Gewinn bei der Insel Farmakonisi, die 28 Kilometer nördlich von Imia liegt. Wäre sie türkisch, würde sich die Seegrenze um 18 Kilometer nach Westen, in Richtung der griechischen Insel Leros verschieben. Der Effekt käme zustande, weil Farmakonisi 23 Kilometer von Leros, aber nur 12 Kilometer von der türkischen Küste entfernt liegt.

Im Fall der Dodekanes ist die griechische Position rechtlich unangreifbar. Gerade in der südlichen Ägäis ist die Seegrenze seit 85 Jahren exakt definiert. Am 28. Dezember 1932 unterzeichneten die Türkei und Italien, das die Inselgruppe von 1912 bis 1947 in Besitz hatte, ein gemeinsames Protokoll, das die Seegrenze mittels 37 Referenzpunkten festlegte. Unter Punkt 30 ist explizit vermerkt, dass die Imia-Felsen auf der italienischen Seite liegen.

Das Protokoll von 1932 sollte ausdrücklich jegliche Infragestellung des Grenzverlaufs in diesem Teil der Ägäis verhindern. Als Italien mit dem Pariser Vertrag von 1947 die Inselgruppe an Griechenland abtrat, ging der 1932 definierte territoriale Besitzstand – also auch unbewohnte Inseln wie Imia und bewohnte wie Pserimos – automatisch an den Nachfolgestaat über.[7] Da dies ein völkerrechtliches Grundprinzip ist, wird seitdem die griechisch-türkische Seegrenze von aller Welt anerkannt.

Auch Ankara hat die Linie 70 Jahre lang nie angezweifelt. Noch 1994 publizierte ein deutscher Verlag eine Türkeikarte, die auf den Angaben des Verteidigungsministeriums in Ankara beruhte. Auf ihr ist Imia als »N. Limnia« ausgewiesen, wobei N. für Nisos, das griechische Wort für Insel steht. Als dieselbe Karte 1997 neu aufgelegt wurde, war »N. Limnia« durch »Kardak Ad.« (Ada) ersetzt. Diese

Fortsetzung auf Seite 31

Die syrische Lektion

Im südlichen Nachbarland versucht die Türkei ihre Interessen
militärisch durchzusetzen – ein nachhaltiges Konzept hat sie nicht

Von Günter Seufert

Seit 2002 regiert die türkische Gerechtigkeits- und Entwicklungspartei (AKP) das Land. Ihr Chef, Staatspräsident Recep Tayyip Erdoğan, spielt aber bereits seit 1994 eine entscheidende Rolle in der türkischen Politik, nämlich seit er Oberbürgermeister von Istanbul wurde. In diesen langen Jahren haben sich Erdoğan und seine Partei mehrfach neu erfunden, und auch in der Außenpolitik kam es zu radikalen Kehrtwenden.

In den 1990er Jahren als Islamist angetreten, die Europäisierung der Türkei zu stoppen und sie zum Führer des Nahen Ostens zu machen, konzentrierte sich Erdoğan in den frühen 2000er Jahren auf Reformen für den Beitritt seines Landes zur EU. Im sogenannten Arabischen Frühling unterstützte die AKP-Regierung ab 2011 islamische Bewegungen in Tunesien, Ägypten und Syrien und sah sich schon als regionale Führungsmacht.

Der Putsch des ägyptischen Militärs gegen die Regierung der Muslimbrüder unter Mohammed Mursi 2013 und der Bürgerkrieg in Syrien machten solche Hoffnungen allerdings zunichte. Seither setzt Erdoğan nicht mehr auf die früher viel beschworene Softpower der Türkei, sondern aufs Militär. Hauptkampfgebiet der türkischen Streitkräfte ist Syrien, und nirgends können die Wendungen der türkischen Außenpolitik besser nachgezeichnet werden als in dem südlichen Nachbarland der Türkei.

Im September 1998 ließ die Türkei an der syrischen Grenze Truppen aufmarschieren. Ankara drohte mit einer Invasion und erzwang so die Ausweisung Abdullah Öcalans. Der Führer der Arbeiterpartei Kurdistans (PKK), die seit 1984 Anschläge gegen den türkischen Staat aber auch gegen innerkurdische Konkurrenten verübte, lebte damals bereits seit 1978 in Damaskus. Die syrische Regierung nutzte die kurdischen Kämpfer aus der Türkei, um Druck auf Ankara auszuüben. Damaskus erhob Ansprüche auf die türkische Provinz Hatay, und man wollte eine Mitsprache bei der Nutzung der Wasser von Euphrat und Tigris. In der Türkei bestimmte in jenen Jahren das Militär die Außenpolitik, und Damaskus beugte sich seinem Diktat. Öcalan reiste erst nach Moskau und später nach Italien und Kenia aus, und die Türkei und Syrien begannen zu kooperieren.

Doch ihre eigentliche Dynamik entfaltet die türkisch-syrische Annäherung erst mit der Regierungsübernahme von Recep Tayyip Erdoğan 2003. Kein anderes Land passte so gut in das Konzept von Ahmet Davutoğlu, damals außenpolitischer Chefberater Erdoğans, ab 2009 Außenminister und von August 2014 bis Juni 2016 Ministerpräsident. Davutoğlu begriff die Türkei als regionale Großmacht, die sich ihrer muslimischen Wurzeln bewusst ist, die mit den Arabern in einer Schicksalsgemeinschaft verbunden ist und die ihre Nachbarschaft wirtschaftlich und politisch an sich bindet.

Im Norden des Irak haben die Kurden ihren eigenen föderalen Staat, und nur in Syrien grenzt die Türkei direkt an arabisches Gebiet. Keine Region bot sich also besser an, um die Türkei im arabischen Nahen Osten zu verankern, als die drei Länder der Levante: Syrien, Jordanien und der Libanon. Die türkischen Ausfuhren nach Syrien schnellten in die Höhe. Der Staat wurde zum Transitland für türkische Exporte in die Golfregion, und nirgends war das Ansehen Erdoğans höher als in Syrien.

Es stand viel auf dem Spiel für Ankara. Entsprechend engagiert, ja aufgeregt, reagierte die politische Elite auf den arabischen Umbruch. Zu Beginn der Unruhen in Syrien warfen Davutoğlu und Erdoğan ihr ganzes Ansehen in die Waagschale, um Assad zu Reformen zu bewegen. Als alles nichts fruchtete, änderte die AKP-Regierung radikal den Kurs und wurde vom Freund Baschar al-Assads zu seinem erbittertsten Gegner. Bereits 2012 forderte Erdoğan die internationale Anerkennung des oppositionellen Syrischen Nationalrats (SNR) als Exilregierung, die Bewaffnung der sogenannten Freien Syrischen Armee (FSA), die Einrichtung einer Flugverbotszone an der syrisch-türkischen Grenze und die Schaffung »humanitärer Korridore« in die heiß umkämpften syrischen Städte. Das Ziel war der Sturz Assads.

Doch ab 2013 gewannen in den Reihen des sunnitisch-muslimischen Widerstands in Syrien der Al-Qaida-Ableger al-Nusra und der »Islamische Staat« (IS) an Boden, und bald war der IS zur dominierenden Kraft geworden. Für die USA und die Europäer wurde der Kampf gegen den IS zur Priorität. Für die Türkei ging es vor allem um die Eindämmung der Kurden Syriens.

Denn die syrischen Kurden hatten das Machtvakuum im Land dazu genutzt, in drei sogenannten Kantonen Strukturen lokaler Selbstverwaltung aufzubauen: Cizîrê im äußersten Nordosten Syriens, Kobanê etwa auf halber Strecke zwischen dem Nordosten und dem Nordwesten Syriens, und Efrîn im äußersten Nordwesten. Am 30. Januar 2014 riefen die Kurden und ihre arabischen und christlich-aramäischen Verbündeten die Selbstverwaltung von Rojava, Westkurdistan, aus.

In Rojava spielte die PKK-nahe kurdische Partei der Demokratischen Union (PYD) die bestimmende Rolle. Sie stellte die größte Militärmacht und dominierte die Parteienlandschaft. Die PYD war im Jahr 2003 von ehemaligen PKK-Kämpfern in Syrien gegründet worden. Dass die PKK unter den syrischen Kurden über großen Rückhalt verfügte, wird auch daran deutlich, dass seit der Aufnahme ihrer Aktionen gegen den türkischen Staat bis 2014 etwa 2000 syrische Kurden in den Reihen der PKK gefallen sind.

Die PKK/PYD-Macht bündelte sich in der Stadt Kobanê, die ab dem 16. September 2014 vom IS belagert wurde. Staatspräsident Erdoğan setzte die syrischen Kurden in der PYD mit der PKK gleich und betrachtete sie als Terrororganisation, die mit dem IS auf einer Stufe stehe. Zahlreiche Belege und Berichte über offene und verdeckte Unterstützung der Türkei für salafistische und dschihadistische Gruppen in Syrien und die Blockade auch humanitärer Hilfe für die kurdischen Kantone bestärkten die internationale Öffentlichkeit in der Überzeugung, dass die türkische Regierung auf den Fall Kobanês und das Ende der PYD-dominierten kurdischen Selbstverwaltung in Nordsyrien hinarbeitete.

Zur Verteidigung Kobanês lieferten die USA erstmals Waffen an die PYD. Damit begann Washingtons bis heute anhaltende Zusammenarbeit mit den Milizen der PYD gegen den IS. Das Bündnis trug maßgeblich zum Ende der Territorialherrschaft der Dschihadisten bei, vergiftete jedoch das Verhältnis zwischen Washington und Ankara.

Im Juni 2015 begann die türkische Regierung davon zu sprechen, dass eine Vereinigung der bestehenden kurdischen Kantone in Nordsyrien zu einem zusammenhängenden Territorium um jeden Preis verhindert werden müsse. Zwei Monate vorher hatte Erdoğan innertürkische Friedensverhandlungen mit der PKK einseitig abge-

Türkischer Militärtransport, Dana, Syrien, 2. Februar 2020.
■ AAREF WATAD | AFP

brochen und war zur Sicherung seiner Macht ein Bündnis mit der extremen türkischen Rechten eingegangen.

Ankara betonte, es dürfe kein »kurdischer Korridor« an der türkischen Südgrenze entstehen, der vom Irak bis zum Mittelmeer reiche. Ein solches Gebilde hätte es der Kurdischen Regionalregierung im Irak ermöglicht, ihr Erdöl unabhängig von der Türkei ans Mittelmeer und damit auf die internationalen Märkte zu transportieren. Damit hätte Ankara seinen wichtigsten Hebel gegenüber den irakischen Kurden verloren und weitere Schritte hin zu kurdischer Eigenstaatlichkeit im Irak nicht mehr verhindern können.

Aus türkischer Sicht hätte selbst eine nur begrenzte kurdische Selbstverwaltung in Syrien zudem die Entstehung eines von der

Zu Beginn der Unruhen in Syrien warfen Davutoğlu und Erdoğan ihr ganzes Ansehen in die Waagschale, um Assad zu Reformen zu bewegen

PYD dominierten »Terrorkorridors« bedeutet, den die PKK, aber auch andere Terrororganisationen für Angriffe gegen die Türkei hätten nutzen können.

Und schließlich betrachtete Ankara einen solchen Korridor als Ausdruck und Eckpfeiler einer von westlichen Mächten, allen voran den USA, beförderten Frontstellung gegen die Türkei. Die türkische Regierung äußerte Befürchtungen, ihr Land solle von der arabischen Welt abgeschnitten und anschließend »vernichtet« werden. In diesem Sinne seien PKK und PYD nur Instrumente einer imperialistischen, primär US-amerikanischen Politik. Es ist diese Sicht der Dinge, die seither die Wahrnehmung und das Handeln der türkischen Regierung in Syrien maßgeblich bestimmt.

Um eine Vereinigung der Kantone Kobanê und Efrîn zu verhindern, starte Ankara am 24. August 2016 die Militäroffensive »Schild des Euphrat«. Ziel war die Besetzung eines Areals, das sich von Azaz im Westen bis Jarabulus im Osten und al-Bab im Süden erstreckte und damals vom IS gehalten wurde. Zum Anlass für den Feldzug erklärte die Türkei zwei Anschläge des IS im Juni und im Juli 2016, bei denen in der Türkei insgesamt über 100 Personen getötet und fast 300 verwundet worden waren.

Die Hauptlast der türkischen Militäroperation trugen Gruppen der sogenannten Freien Syrischen Armee, sunnitische syrische Rebellen, die unter türkischer Führung standen. Die türkische Armee unterstützte sie mit etwa 4000 Soldaten. Von Beginn an war die Offensive gegen den IS in Syrien nicht klar zu trennen vom Anti-PKK-Kampf im Südosten der Türkei. So bombardiert die türkische Luftwaffe auch Schlüsselrouten und Rückzugsräume der PKK in den türkischen Provinzen Hakkâri, Şırnak, Diyarbakır, Mardin und Bitlis. Nach Angaben des Militärs wurden zwischen August 2016 und März 2017 etwa 3000 IS-Kämpfer, 400 Milizionäre der PKK und der PYD sowie 75 Soldaten der türkischen Streitkräfte getötet.

Während die Operation »Schild des Euphrat« sich auch gegen den IS richtete und deshalb noch im Einklang mit den USA erfolgte, richtete sich der nächste Schlag der türkischen Armee in Syrien gegen traditionell kurdisches Siedlungsgebiet, das von den Kurden gehalten wurde und von dem aus für die Türkei damals keine aktuelle Ge-

fahr ausging: Die Operation gegen Efrîn begann am 20. Januar 2018 mit dem schwersten Luftbombardement, das die Republik Türkei seit ihrer Gründung je ausgeführt hat. Dabei setzte Ankara nahezu ein Viertel seiner gesamten Luftwaffe ein.

Am 21. Januar überschritt die türkische Armee die Grenze, begleitet von der sogenannten Nationalen Armee, die Ankara im Dezember 2017 aus circa 30 bewaffneten Einheiten sunnitischer syrischer Kämpfer geformt hatte. 20 000 Bewohner Efrîns flohen vor der Einnahme der Provinzhauptstadt Richtung Tel Rifaat und Aleppo. Die Türkei gab an, während der Invasion 3603 »Terroristen neutralisiert« zu haben. Die Syrische Beobachtungsstelle für Menschenrechte in London sprach von 1500 getöteten kurdischen Kämpfern, 280 zivilen Opfern, 400 Gefallenen in den Reihen der protürkischen islamischen Kämpfer und 46 toten türkischen Soldaten.

Die türkische Regierung rechtfertigte den Einmarsch mit ihrer bekannten Gleichsetzung von PYD und PKK. In der Türkei ist auch die PYD als Terrororganisation eingestuft, eine Einschätzung, die die internationale Gemeinschaft allerdings nicht teilt. Weder in den USA noch in Europa ist die PYD als Terrororganisation gelistet. In der Resolution 2401 des Sicherheitsrats der Vereinten Nationen zur vorübergehenden Einstellung der Kämpfe in Efrîn vom 24. Februar 2018 taucht die PYD unter den Terrororganisationen, deren Bekämpfung weiterhin als legitim betrachtet wird, nicht auf.

Türkische Sicherheitskreise verwiesen im Zusammenhang der Invasion auch auf die erhöhte Kampfkraft der PYD-Milizen, die sich infolge ihrer engen militärischen Zusammenarbeit mit den USA von einer Guerillatruppe zu einer semiregulären Streitmacht entwickelt hätten. Die Milizen seien in der Lage gewesen, Fronten aufzubauen und zu halten, mit den Luftwaffen anderer Länder zu kooperieren, komplexe logistische Anforderungen zu bewältigen und modernste Kommunikations- und Waffentechnik zu nutzen. Werde der Entwicklung jetzt nicht Einhalt geboten, stehe die Türkei in zehn Jahren einer militärischen Kraft gegenüber, die mit der libanesischen Hisbollah vergleichbar sei, hieß es.

Westlich des Euphrat kontrollierte Russland den Luftraum über Syrien, und ohne stillschweigende russische Erlaubnis hätte die Türkei den Feldzug gegen Efrîn nicht führen können. Eine Folge der Operation war zudem, dass sich die Türkei weiter vom Westen entfernte. Die EU geißelte den unnötigen Angriff auf eine vom Krieg bislang weitgehend verschont gebliebene Region, und die USA kritisieren die Schwächung ihrer kurdischen Verbündeten.

Für die türkische Regierung war Efrîn in jenen Tagen nur ein erster Schritt zur Eliminierung jeglicher kurdischer Selbstverwaltung im Nachbarland. Der damalige Ministerpräsident Binali Yıldırım sprach davon, entlang der gesamten Grenze auf syrischer Seite eine 30 Kilometer tiefe Pufferzone zu etablieren, die insgesamt 10 000 Quadratkilometer umfassen sollte.

Die Chance, eine solche Zone tatsächlich einzurichten, bot sich Ankara jedoch erst am 9. Oktober 2019. Ziemlich überraschend ließ sich der damalige US-Präsident Donald Trump an diesem Tag von Erdoğan dazu bewegen, im syrischen Nordosten stationierte US-Truppen ins Landesinnere zurückzuziehen und die Kurden – damals bereits seit fünf Jahren Verbündete der USA – den türkischen Streitkräften zu überlassen.

Erdoğans Ziel war es, im Norden Syriens eine »Schutzzone« zu errichten, die vom Euphrat bis zur syrisch-irakischen Grenze reichen sollte. Das Entsetzen über Trumps Entscheidung war in Washington jedoch so groß, dass die USA schon kurz nach dem Beginn des tür-

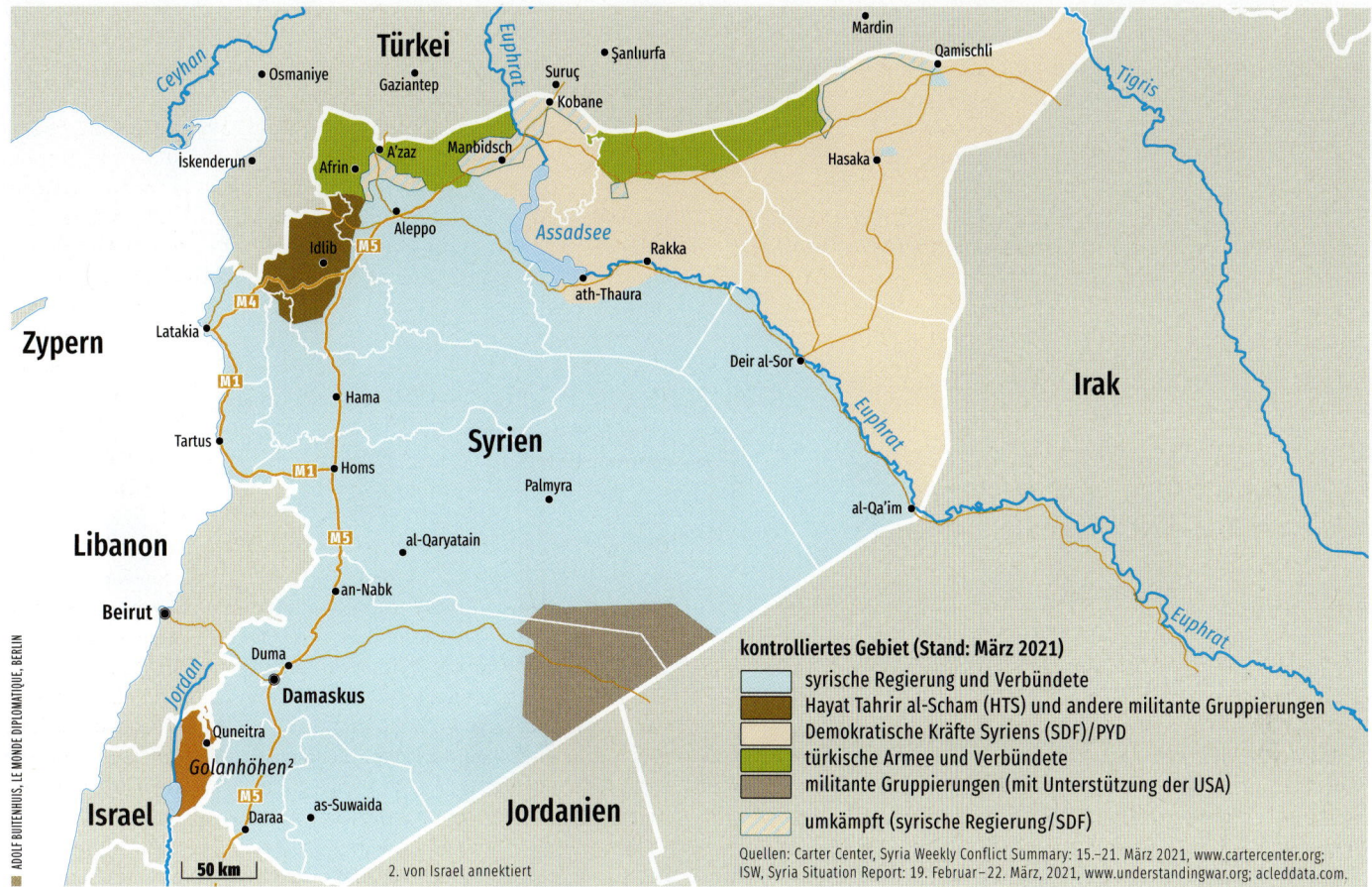

kontrolliertes Gebiet (Stand: März 2021)

- syrische Regierung und Verbündete
- Hayat Tahrir al-Scham (HTS) und andere militante Gruppierungen
- Demokratische Kräfte Syriens (SDF)/PYD
- türkische Armee und Verbündete
- militante Gruppierungen (mit Unterstützung der USA)
- umkämpft (syrische Regierung/SDF)

Quellen: Carter Center, Syria Weekly Conflict Summary: 15.–21. März 2021, www.cartercenter.org; ISW, Syria Situation Report: 19. Februar–22. März, 2021, www.understandingwar.org; acleddata.com.

2. von Israel annektiert

kischen Feldzugs Ankara vor der Überschreitung roter Linien warnten. Auch Moskau stellte sich einer unbegrenzten Ausdehnung der Operation entgegen, und am 17. Oktober willigte die Türkei ein, die Kämpfe einzustellen. Erdoğan musste sich damit begnügen, »nur« 4800 Quadratkilometer unter türkische Kontrolle gebracht zu haben. Trotzdem feierte die türkische Presse einen neuen Sieg gegen die Kurden.

Der bislang letzte große Waffengang der Türkei in Syrien – die Operation »Spring Shield« – begann am 29. Februar 2020. Sie richtete sich direkt gegen die syrische Armee und gegen iranische Milizen in der syrischen Region Idlib, südlich von Efrîn, das letzte von sunnitisch-muslimischen »Rebellen« gehaltene Territorium. Zwei Tage zuvor hatten russische Suchoi-Su Jets 36 türkische Soldaten in Idlib getötet, weil die Türkei die dortigen »Rebellen« gegen Assads Truppen unterstützte.

Militärisch war »Spring Shield« ein voller Erfolg – nicht zuletzt weil sich die Türkei seit einigen Jahren zu einem führenden Hersteller bewaffneter Drohnen entwickelt hat *(siehe den Beitrag von Samuel Brownsword auf Seite 20)*. Diese neuen Waffen (vom Typ Bayraktar TB2 und Anka) kamen in ganzen Schwärmen zum Einsatz und fügten der syrischen Armee große Verluste zu. Doch wie schon im Jahr vorher vermochte die Türkei es nicht, aus ihrer militärischen Überlegenheit diplomatisches Kapital zu schlagen und musste das gewonnene Gebiet später wieder räumen.

Allem Aktionismus zum Trotz hat Ankara bis heute kein schlüssiges Konzept für Syrien. Die türkische Führung will einerseits ver-

meiden, dass Baschar al-Assad Syrien erneut strikt zentralistisch und uneingeschränkt regieren kann. Doch weil sie ihr eigenes Kurdenproblem nicht lösen will, hat sie Angst vor jeglicher Autonomie der Kurden im Nachbarland und schließt deshalb dort jede Dezentralisierung aus. Zugleich fordert sie, dass den »Rebellen«, die sie noch immer unterstützt, Beteiligung an einer künftigen Regierung und Selbstverwaltung zugestanden werden.

Ihre Feldzüge in Syrien machen zudem deutlich, dass die Türkei mittlerweile glaubt, ihre Ansprüche militärisch durchsetzen und als revisionistische Macht auftreten zu können. Im Zusammenhang mit seiner Kurdenpolitik stellt Ankara erstmals seit Gründung der modernen Türkei den Lausanner Vertrag von 1923 infrage, der als Dokument der internationalen Anerkennung der Türkei gilt und ihre Grenzen bestimmt.

»Als Folge von Lügen und diplomatischer Ränke« ist »unser Vaterland von 5 Millionen Quadratkilometern« auf die heutige Größe der Türkei von 780 000 Quadratkilometern geschrumpft worden, sagte Erdoğan am 6. Februar 2018. Diese Kombination aus potentem militärischem Vorgehen und revanchistischer Rhetorik kann man heute auch im östlichen Mittelmeer beobachten, wo die Türkei ebenfalls ihre Muskeln spielen lässt *(siehe den Beitrag von Niels Kadritzke auf Seite 6)*.

●

Der russische Rivale

Moskau und Ankara stehen sich auf mehreren Kriegsschauplätzen von Libyen bis zum Kaukasus gegenüber

Von Igor Delanoë

Die Beziehungen zwischen Russland und der Türkei sind vom Ringen um Einflusssphären und Macht geprägt. Ihre Ambitionen stoßen in einem Krisenbogen aufeinander, der sich von Nordafrika über die Levante und das Schwarze Meer bis zum Kaspischen Meer erstreckt. In Syrien und in Libyen unterstützen Moskau und Ankara gegnerische Lager. Und im Herbst 2020 ist mit dem armenisch-aserbaidschanischen Krieg um Bergkarabach ein weiterer Konflikt hinzugekommen.

Gleichzeitig haben die beiden Länder im Energiesektor eine geoökonomische Partnerschaft aufgebaut. So versorgt die durch das Schwarze Meer verlaufende Pipeline Blue Stream die Türkei seit 2003 mit russischem Erdgas. Im Januar 2020 wurde ihre kleine Schwester TurkStream in Betrieb genommen, die im Hafen von Kıyıköy im europäischen Teil der Türkei ankommt und auch die Märkte Südosteuropas versorgt. Und in der südtürkischen Stadt Akkuyu baut die russische Atombehörde Rosatom für 25 Milliarden US-Dollar das erste türkische Atomkraftwerk.

2019 belief sich das russisch-türkische Handelsvolumen auf 26,1 Milliarden US-Dollar[1], was vor allem dem Tourismus- und dem Landwirtschaftssektor zu verdanken ist. 6,7 Millionen russische Touristen verbrachten ihren Urlaub 2019 in türkischen Feriengebieten[2], während die Türkei 2020 der zweitgrößte Importeur von agroindustriellen Produkten aus Russland war. Auch im militärisch-industriellen Bereich arbeiten die beiden Länder mitunter eng zusammen. Das hat zum Beispiel der Kauf russischer S-400-Flugabwehrsysteme durch Ankara Ende 2017 gezeigt – zum Leidwesen Washingtons.

Politisch verbindet Ankara und Moskau eine ähnliche Weltsicht. Diese gründet auf dem von beiden Seiten geteilten Misstrauen und ihrem Frust gegenüber dem Westen sowie dem gemeinsamen Interesse an einer multipolaren Weltordnung, die – so das Kalkül beider Länder – ihnen bei der Durchsetzung ihrer machtpolitischen Projekte zugutekommt. Vor diesem Hintergrund ist in den letzten Jahren sowohl in Russland als auch in der Türkei eine Militarisierung der Außenpolitik zu beobachten, die sich in einer neuerlichen Bereitschaft zur Entsendung von Truppen widerspiegelt.

Diese Entwicklung hat Spannungen in Regionen zutage gefördert, in denen sich die traditionellen Einflusssphären der beiden Länder überlappen. So versucht Präsident Recep Tayyip Erdoğan die strategische Bedeutung der Türkei in Nordafrika und im Nahen Osten wiederherzustellen – beide Regionen gehörten im 17. Jahrhundert zum Osmanischen Reich (siehe Karte auf Seite 19).

Schon Ahmet Davutoğlu, der von 2009–2014 Außenminister war, dann das Amt des Premierministers bekleidete und 2016 abgesetzt wurde, beschrieb sein Land als Regionalmacht, die ihren kulturellen und politischen Einfluss weltweit geltend machen könne. Zwar gab Davutoğlu das Motto »Null Probleme mit den Nachbarn« aus, läutete aber gleichzeitig eine Außenpolitik ein, die den politischen Islam mobilisierte und die pantürkische Solidarität in einem Bogen von Südrussland über den Kaukasus (Aserbaidschan) und Zentralasien (Kasachstan, Turkmenistan, Usbekistan und Kirgistan) bis ins chinesische Xinjiang propagierte.

Dieser Panturkismus kommt auch im Bergkarabach-Konflikt zum Tragen, dort unterstützt der türkische Präsident offen den revanchistischen Kurs Aserbaidschans. Während des sechswöchigen Krieges im Herbst 2020 wurde er nicht müde zu betonen, dass die Bewohner des turksprachigen Landes gemäß dem Grundsatz »Eine Nation, zwei Staaten« Teil der türkischen Nation seien.

Der russische Präsident Wladimir Putin stellt hingegen die Souveränität in den Mittelpunkt seines machtpolitischen Kurses, mit dem er Russland wieder zu einer Weltmacht ersten Ranges machen will. Den Erfolg des Militäreinsatzes in Syrien hat er dazu genutzt, seinen Einfluss auszuweiten.

Im Zentrum der in Moskau als existenziell wahrgenommenen Interessen steht jedoch der postsowjetische Raum, den die politische und militärische Elite Russlands noch immer als schützende Pufferzone begreift. Durch ihre Haltung im Bergkarabach-Konflikt hat die Türkei jedoch signalisiert, dass sie bereit ist, Moskau in ebendieser Zone herauszufordern.

Dabei konnte Ankara im Kaukasus einen gewissen Erfolg verbuchen. Dank der massiven politischen Unterstützung und türkischer Militärhilfe eroberte die aserbaidschanische Armee im September und Oktober 2020 einen Teil der Gebiete zurück, die der selbsternannten »Republik Arzach« als Pufferzone dienten, und nahm auch die symbolträchtige Stadt Schuschi im Herzen Bergkarabachs ein. Um eine noch vernichtendere Niederlage zu vermeiden, unterzeichnete Armenien am 10. November 2020 ein Waffenstillstandsabkommen.

In diesem verpflichtete sich die armenische Seite, mehrere von ihr kontrollierte Gebiete zu evakuieren: die Region Agdam und die aserbaidschanischen Enklaven in den armenischen Gebietsteilen der Region Qazax sowie die strategisch wichtigen Bezirke Kelbadschar und Latschin. Nur ein unter russischer Kontrolle stehender, fünf Kilometer breiter Korridor, garantiert seither die Verbindung zwischen Armenien und Bergkarabach.

Das unter Vermittlung Moskaus zustande gekommene Abkommen sah zudem die Einrichtung eines Zentrums zur Überwachung des Waffenstillstands auf aserbaidschanischem Boden vor. Dieses steht unter russisch-türkischer Kontrolle, wie Putin und Erdoğan am Tag der Unterzeichnung der Waffenruhe telefonisch vereinbarten. Mit einem Vorposten in Aserbaidschan dürfte die Türkei auch die Voraussetzungen dafür geschaffen haben, ihren Einfluss auf die turksprachigen Regionen Zentralasiens noch wirksamer auszuweiten.

Außerdem legte das Abkommen fest, dass ein neuer Korridor zwischen der autonomen aserbaidschanischen Republik Nachitsche-

○ ....

Die Politik der »Kompartimentierung« verhindert, dass einzelne Meinungsverschiedenheiten das gesamte Verhältnis zwischen Moskau und Ankara vergiften

....

wan – einer durch armenisches Staatsgebiet abgetrennte, im Nordwesten an die Türkei grenzende Exklave – und Aserbaidschan eingerichtet wird. Dadurch erhielt die Türkei – über ihre Grenze zu Nachitschewan – einen Zugang zum Kaspischen Meer und seinen wertvollen Offshore-Gasvorkommen.

Der Waffenstillstand vom November 2020 soll zunächst fünf Jahre gelten, mit Option auf Verlängerung. Nun bleibt abzuwarten, ob Ankara sich mit seiner Gewinnbeteiligung begnügt. Auch wenn die Türkei im Dokument nirgends erwähnt wurde, verkündete der aserbaidschanische Präsident Ilham Aliyev, neben den russischen wollten sich auch türkische Streitkräfte an der Überwachungsmission zur Einhaltung des Abkommen in Bergkarabach beteiligen – was der Kreml umgehend dementierte.

Dass Ankara das Kräftemessen mit Moskau auf den postsowjetischen Raum ausgeweitet hat, könnte dadurch motiviert sein, dass die Türkei ihre Positionen gegenüber dem Kreml an anderen Fronten – in Syrien, in Libyen und im östlichen Mittelmeerraum – festigen möchte. Die türkische Initiative im Kaukasus wirkte zudem wie der Versuch eines Befreiungsschlag Ankaras, um den Druck durch die zunehmende Militärpräsenz Moskaus in seiner unmittelbaren Nachbarschaft im Schwarzen Meer, im Kaukasus und in der Levante zu vermindern.

Ankara will offenbar nicht mehr tatenlos zusehen, wie sich Russland wieder militärisch im Schwarzen Meer ausbreitet. In diese Richtung deutete auch ein Trainingsmanöver vom Juni 2020, bei dem die türkische Luftwaffe über dem Schwarzen Meer zwei US-Langstreckenbomber vom Typ B-1B Lancer auftankte, die einen Angriff auf Seeziele simulierten. Womöglich strebt Ankara auch die Errichtung einer Militärbasis in Aserbaidschan an, um das strategische Gleichgewicht gegenüber Moskau wiederherzustellen. Aus Sicht der Türkei ist dieses gestört, seitdem Russland 2017 in Syrien die Marinebasis Tartus und den Militärflugplatz Chmeimim übernommen hat. Beide Basen befinden sich unweit der türkischen Grenze.

Moskau seinerseits bereitet die türkische Abkehr vom kemalistischen Modell der laizistischen Republik Sorge – ein politischer Kurs,

der im Juli 2020 durch die Rückumwandlung der Hagia Sophia in eine Moschee nochmals bekräftigt wurde. Auch der Panturkismus nährt die Angst Moskaus: Im postsowjetischen Raum – Russland eingeschlossen – leben 120 Millionen turksprachige Menschen. Der Kreml befürchtet, dass die Instrumentalisierung des Islam schlimmstenfalls sogar das Gebiet der Russischen Föderation selbst destabilisieren könnte. Denn 15 Prozent der russischen Bevölkerung sind sunnitische Muslime. Die blutigen Konflikte, die in den 1990er und Anfang der 2000er Jahre im Nordkaukasus in Tschetschenien und Dagestan wüteten, sind noch in schmerzlicher Erinnerung.

Dass die Türkei Ende im Herbst 2020 mehrere hundert libysche und syrische Söldner an die Front in Bergkarabach transportierte, dürfte in Moskau große Besorgnis ausgelöst haben. Im Schwarzen und im Kaspischen Meer sucht Russland deshalb den Schulterschluss mit Partnern, die ein gespanntes Verhältnis zur Türkei haben. So nahmen im September 2020 iranische Kriegsschiffe im Kaspischen Meer am russischen Militärmanöver »Kaukasus 2020« teil. Und nur wenige Wochen später fanden unter dem Namen »Brücke der Freundschaft« erstmals gemeinsame Manöver der russischen und ägyptischen Marine im Schwarzen Meer statt.

Die türkische Regierung hält aber noch einen anderen Trumpf in der Hand: die Ukraine. Ankara hat die russische Annexion der Krim 2014 nie anerkannt, allerdings auch keine Sanktionen gegen Moskau verhängt. In der Zwischenzeit hat Ankara seine militärisch-technische Zusammenarbeit mit Kiew ausgeweitet. 2018 bestellte die Ukraine sechs türkische Angriffsdrohnen vom Typ Bayraktar-TB2; dasselbe Modell, das auch in Idlib, in Libyen und in Bergkarabach zum Einsatz gekommen ist (siehe den Beitrag von Samuel Brownsword auf Seite 20).

Darüber hinaus kooperieren beide Länder bei der Entwicklung der neuen Drohne Bayraktar Akıncı, die in Zukunft womöglich in der Ukraine produziert werden könnte. Ihr Einsatz würde die verstärkte Stationierung von russischen Flugabwehrsystemen wie Panzir-S1 nach sich ziehen, die sich in Syrien und Libyen als einigermaßen wirksames Mittel gegen türkische Drohnen erwiesen haben. Russland könnte zudem auf mobile Mittel der elektronischen Kriegsführung setzen, so etwa das Störsystem Krasucha-4. Dieses wurde offenbar in Bergkarabach gegen türkische Bayraktar-TB2-Drohnen und die von Aserbaidschan gekauften israelischen Kamikaze-Drohnen vom Typ Harop eingesetzt.

Dieser »Drohnenkrieg« ist einer der Faktoren, die das Kräfteverhältnis zwischen Russland und der Türkei in den vielfältigen Konflikten vom Mittelmeerraum bis zu den Ausläufern des Kaukasus am Kaspischen Meer prägen. Durch seine Angriffsdrohnen ist Ankara gegenüber Moskau, das bisher nicht über derartige Waffen verfügt, im Vorteil. Sie sind die türkische Antwort auf die russische Überlegenheit in der Raketentechnologie, die es Moskau erlaubt, den See- und Luftzugang zur Levante und zum Schwarzen Meer weitgehend abzuriegeln.[3]

Die Schlagkraft der Drohnen zeigte sich zum Beispiel im März 2020 in Idlib, als das Gebiet von erbitterten Kämpfen zwischen protürkischen Milizen und von Russland unterstützten, regierungstreuen syrischen Truppen erschüttert wurde. Damals hatte Russland große Probleme, seine unter türkischem Drohnenbeschuss stehenden Verbündeten zu schützen. Der Türkei gelang es, Russland die lokale Lufthoheit streitig zu machen. Dies hatte es im Syrienkrieg außerhalb der von den USA östlich des Euphrats kontrollierten Zone noch nie gegeben.

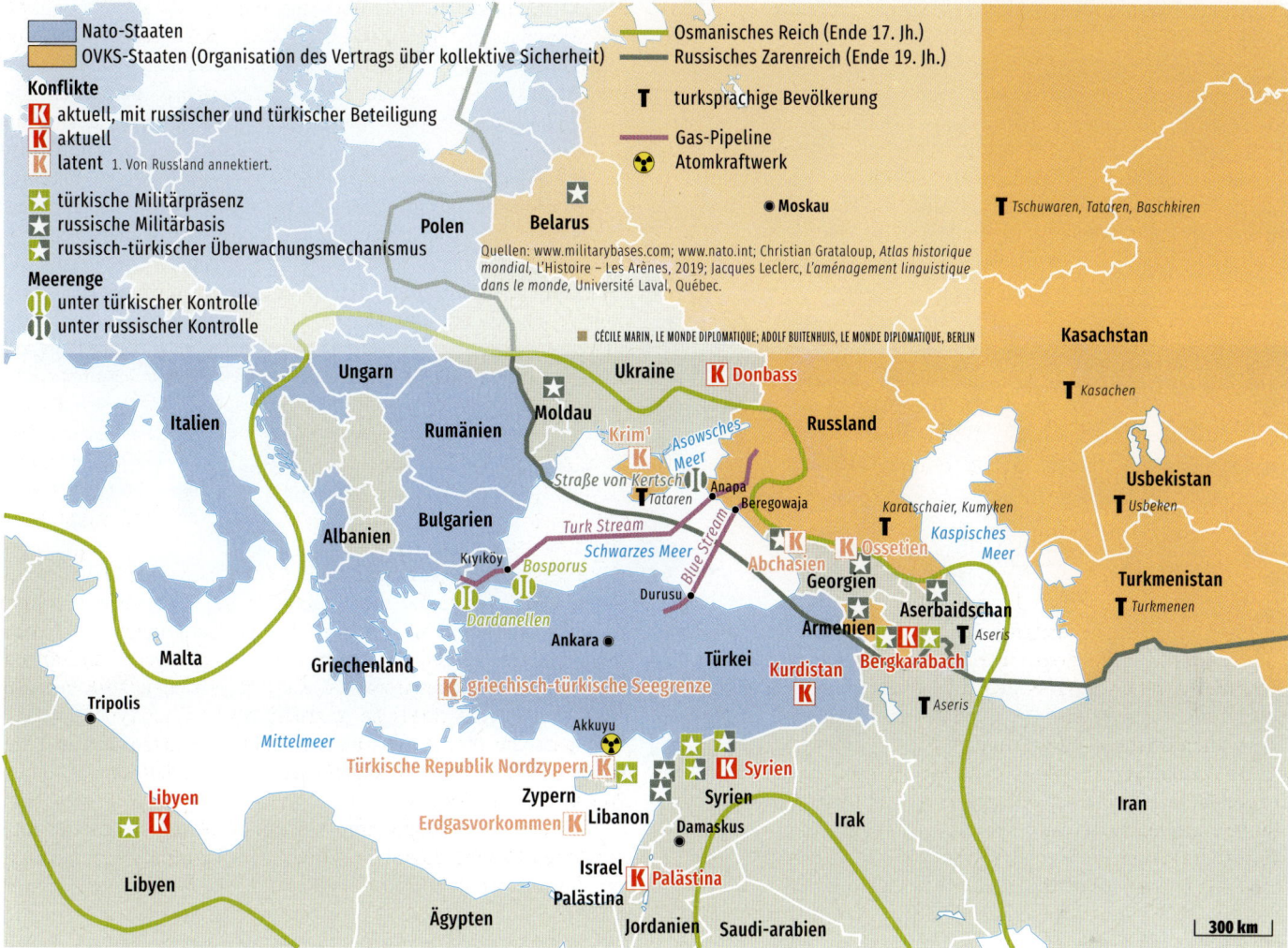

Seit Putin und Erdoğan Anfang der 2000er Jahre an die Macht kamen, verfolgen Moskau und Ankara eine Politik der »Kompartimentierung«, also der separaten Betrachtung von Konflikten. Dieser Ansatz verhinderte etwa, dass die fundamentalen Meinungsverschiedenheiten über die Ukraine das gesamte Verhältnis vergifteten. Nur in der Syrienkrise kam es einmal zu einer Eiszeit, nachdem zwei türkische F-16-Jets Ende November 2015 eine russische Su-24 abgeschossen hatten. Nach einer schriftlichen Entschuldigung Erdoğans im Juni 2016 entspannte sich die Situation wieder.

Wie sich die Beziehungen zwischen Russland und der Türkei weiterentwickeln, bleibt offen. Der anhaltende Dissens in der Kurdenfrage, in Bezug auf Zypern, den Donbass und die Gasvorkommen im östlichen Mittelmeer sowie die akuten Krisen, in denen Moskau und Ankara als Kontrahenten auftreten, belasten das Verhältnis. Werden die beiden Länder also am Status quo ihrer Beziehungen festhalten? Oder suchen sie vielleicht doch nach einem umfassenderen Ansatz zur Beilegung ihrer Differenzen?

Letzteres taten sie schon einmal im Juli 2005. Damals sollen Putin und Erdoğan bei einem Treffen in Sotschi vereinbart haben, sich gegenseitig im Kampf gegen Separatismus und Terrorismus zu unterstützen. Moskau hatte dabei tschetschenische Kämpfer im Sinn, Ankara militante Kurden.[4] In jedem Fall verfügen beide Seiten über genügend Erfahrung, um durch ausgehandelte Kompromisse und Kompensationen zu Lösungen zu kommen.

Derweil demonstriert Europa in strategischen Fragen im Mittelmeerraum Schwäche, während die USA neue militärische Abenteuer scheuen. All das verschafft Moskau und Ankara zusätzlichen Handlungsspielraum, um die Koexistenz ihrer jeweiligen Interessen zu gewährleisten. Denn eines ist klar: An einer direkten Konfrontation ist keiner der beiden interessiert.   ●

Aus dem Französischen von Markus Greiß

1 Zollbehörde der Russischen Föderation.
2 Rostourim (Tourismusbehörde der Russischen Föderation).
3 Siehe »Streit um das Asowsche Meer«, Le Monde diplomatique, Januar 2019.
4 Fiona Hill und Omer Taşpınar, »Turkey and Russia: Axis of the excluded?«, in Survival, Bd. 48, Nr. 1, London 2006.

Erstmals erschienen in Le Monde diplomatique vom Dezember 2020. Aktualisiert.

Tödliche Schwärme

Der Aufstieg der türkischen Drohnenindustrie

Von Samuel Brownsword

Ende Februar 2020 wurden bei einem Luftangriff in der syrischen Provinz Idlib mindestens 33 türkische Soldaten getötet. Ankara machte die Regierung von Präsident Baschar al-Assad verantwortlich, obwohl unbestätigten Hinweisen zufolge die russische Luftwaffe den Angriff geflogen hatte. Beobachter der Situation in Syrien fürchteten damals, der Angriff könnte zu einer direkten Konfrontation zwischen der Türkei und der Assad-Unterstützer Russland führen. Eine solche blieb aus. Ankaras Reaktion auf den Angriff läutete jedoch nicht nur eine neue Phase des syrischen Bürgerkriegs ein, sondern war auch der Auftakt zu einer weiteren Eskalationsstufe in der weltweiten Drohnenkriegsführung.

Am 1. März 2020 startete die Türkei im Rahmen ihrer Militäroffensive »Spring Shield« in Idlib eine fünftägige Drohnenoperation gegen die syrischen Streitkräfte und nahm dabei gepanzerte Fahrzeuge, Chemiewaffendepots und Luftabwehrsysteme ins Visier. Die türkische Luftwaffe setzte ihre selbst entwickelten bewaffneten Drohnen für Hunderte Luftschläge ein und gab an, dabei seien mehr als 2500 regimetreue Kämpfer getötet worden.[1] Auch wenn diese Zahlen übertrieben sein dürften, werteten viele die Operation als Erfolg, weil sie den Vormarsch der syrischen Armee in Idlib stoppte und Moskau zu Verhandlungen über eine Feuerpause zwang.

Aber wie ist die Türkei in diese Position gelangt? Warum schaut die ganze Welt auf das türkische Drohnenprogramm? Und ist dieses Programm wirklich so hoch entwickelt, wie manche Beobachter behaupten?

Den ersten Schritt ins Drohnenzeitalter unternahm die Türkei 1995, als sie vom US-Unternehmen General Atomics mehrere unbemannte Luftfahrzeuge (UAV) des Typs Gnat 750 kaufte. Damals hatte das Land kein eigenes Drohnenprogramm und war auf Importe angewiesen. Ebenso wie die USA orderte Ankara UAVs auch in Israel, das schon seit den 1970er Jahren Drohnen im Kampf einsetzte. Die Türkei war 2005 der erste Staat, der im Rahmen eines 100-Millionen-Dollar-Deals von Israel Aerospace Industries mit der Kamikaze-Drohne Harop beliefert wurde.[2] Beinahe zeitgleich unterzeichneten beide Seiten einen weiteren Vertrag über die Lieferung von zehn Heron-Drohnen. Die Vertragsdurchführung war allerdings von Verzögerungen und Sabotagevorwürfe geprägt.

Diese ersten Drohnen aus ausländischer Produktion waren für die türkische Regierung allerdings eine Enttäuschung. Im Kampf gegen die Kurdische Arbeiterpartei (PKK) erwiesen sie sich als unzuverlässig. So waren die Gnat 750 zwar in der Lage, die Bewegungen der PKK-Kämpfer entlang der Grenze zu Syrien und Irak zu filmen, aber bis die Videoaufnahmen ausgewertet und die Befehle an

die Truppen vor Ort ergangen waren, hatten die Kämpfer längst ihre Position geändert. Solche technologischen Defizite waren mit ein Grund dafür, warum die Türkei sich an die Entwicklung eines eigenen unbemannten Luftfahrzeugs machte.

2004 beauftragte Ankara das Unternehmen Turkish Aerospace Industries (TAI) mit dem Bau einer Drohne mit langer Flugdauer und mittlerer Flughöhe, die später den Namen »Anka« erhielt. Als sie im Dezember 2010 zum ersten Mal abhob, soll sie allerdings nach fünfzehn Minuten eine Bruchlandung hingelegt haben. Allerlei weiteren Prototypen erging es nicht anders. Trotz dieser Anlaufschwierigkeiten vereinbarte die türkische Regierung 2013 mit TAI den Kauf von zehn Anka-Drohnen. Drei Jahre später absolvierte das unbemannte Luftfahrzeug seinen ersten Einsatz: einen vierstündigen Beobachtungsflug über die osttürkische Provinz Elazığ.

Zeitgleich mit TAI bemühte sich auch ein damals 26-jähriger türkischer Unternehmer mit einem Doktortitel des renommierten Massachusetts Institute of Technology um Unterstützung für ein UAV, das er selbst entwickelt hatte. Sein Name war Selçuk Bayraktar. 2005 empfing er auf einem Flugplatz in Ankara eine Abordnung türkischer Bürokraten und Militärs und demonstrierte ihnen, dass seine kleine Drohne Marke Eigenbau absolut problemlos abheben, fliegen und landen konnte. Nach der Flugdemonstration hielt Bayraktar eine Rede und erklärte, die Türkei könnte sich innerhalb von fünf Jahren an die Spitze der weltweiten Drohnenproduktion setzen, wenn die Regierung Projekte wie seines finanzieren würde.

Damals konnte Bayraktar seine Zuschauer noch nicht davon überzeugen, dass er und sein Familienunternehmen Baykar Technologies das junge Drohnenprogramm der Türkei voranbringen könnten. Der Name Bayraktar war in den höheren Regierungsetagen, die bei der Auftragsvergabe oftmals nach Loyalität und nicht nach Leistung entschieden, unbekannt. Doch nur ein Jahr später beauftragte die Armee Bayraktar mit der Lieferung von 19 handgestarteten Aufklärungssystemen. Damit gewann das Unternehmen Bewunderer an den richtigen Schaltstellen und arbeitete sich schon bald an die Spitze der gesamten türkischen Drohnenindustrie.

Das hatte auch mit außenpolitischen Verwerfung zu tun: 2010 verschlechterte sich das Verhältnis der Türkei zu Israel und den USA. Zwischen Ankara und Tel Aviv herrschte ab Mai 2010 sogar diplomatische Eiszeit, nachdem bei einem israelischen Angriff auf die Gaza-Hilfsflottille neun türkische Staatsangehörige um Leben gekommen waren. Später erteilten die USA mit Hinweis auf die fragile Sicherheitslage zwischen der Türkei und Israel Ankaras Wunsch nach bewaffneten Drohnen des Typs Predator eine Absage.

Auch zur Lieferung der Reaper-Drohne, des größeren Bruders der Predator, kam es nicht, weil der US-Kongress sich querstellte. Dass der Türkei die Anschaffung dieser US-amerikanischen Drohnen verwehrt wurde, bewog die politische Führung des Landes dazu, selbst eine bewaffnete Drohne zu entwickeln. Und den Auftrag dazu erteilte Recep Tayyip Erdoğan – damals noch Ministerpräsident – Selçuk Bayraktar, der wenige Jahre später übrigens Erdoğans jüngste Tochter Sümeyye heiratete.

Der Durchbruch gelang Ende 2015. Bei einer neuerlichen Vorführung durch Bayraktar feuerte eine Drohne namens TB2 eine Testrakete aus einer Höhe von knapp 5000 Metern ab und traf exakt ihr Ziel. Dieser erste Flug eines bewaffneten UAV in der Türkei wurde vom Militär und von den Medien gefeiert. Später kam allerdings durch Recherchen des *Guardian* ans Licht, dass die bewaffnete TB2 zwar in der Türkei hergestellt wird, aber ohne Material aus Großbritannien nicht in der Lage gewesen wäre, eine Rakete abzufeuern.[3] Bayraktar wies diese Behauptung zurück und erklärte auf Twitter, sein Unternehmen habe das kritische Bauteil nicht von der in Brighton ansässigen Firma EDO MBM Technology gekauft, sondern ein eigenes »kostengünstiges und viel höher entwickeltes Modell« entwickelt.

Unstrittig ist, dass die Bayraktar-TB2-Drohne in dem seit 35 Jahren andauernden Konflikt zwischen dem türkischen Staat und der PKK die Karten neu gemischt hat. Seit 2016 setzt Ankara seine auf knapp über 105 Drohnen geschätzte TB2-Flotte gegen kurdische Milizen in Nordsyrien und im Irak ein. Noch bedeutsamer ist, dass TB2-Drohnen auch in mindestens elf türkischen Provinzen bei Militärschlägen PKK-Kämpfer und kurdische Zivilisten angegriffen haben. Damit unterscheidet sich die Türkei von anderen Ländern, die ebenfalls Luftschläge mit UAVs durchführen: Sie ist das einzige Land, das Drohnen routinemäßig auf dem eigenen Staatsgebiet gegen die eigene Bevölkerung einsetzt.

Schon seit Langem verfolgte die Führung in Ankara die Idee, Drohnen im Südosten des eigenen Landes gegen kurdische Kämpfer einzusetzen. Im September 2016 wurde diese Idee Wirklichkeit: Damals begannen die TB2-Drohnen mit ihren Patrouillenflügen über Ost- und Südostanatolien und töteten laut dem damaligen türkischen Verteidigungsminister Fikri Işık in den ersten beiden Monaten 72 »Terroristen«.[4] Auch diese Zahlen sind vermutlich übertrieben. Auf jeden Fall aber haben die TB2, die die von der türkischen Gendarmerie kontrollierten Flugplätze als Startbasis nutzen, bei ihren Inlandsoperationen gegen die PKK mittlerweile Hunderttausende von Flugstunden angesammelt; und ihr Einsatz treibt die Zahl der Todesopfer nach oben.

Laut *The Intercept* wurden im Südosten der Türkei von 2016 bis 2019 bei Luftschlägen mit Drohnenbeteiligung mindestens 400 Menschen getötet.[5] Mit seiner neuen Militärtechnologie hat Ankara den Aktionsradius der kurdischen Kämpfer erheblich eingeschränkt und viele von ihnen aus ihren Rückzugsgebieten im Gebirge vertrieben. Die Drohnen spielen in dem seit Jahrzehnten andauernden Konflikt mittlerweile offenbar eine entscheidende Rolle.

Dass die Türkei im großen Stil bewaffnete Drohnen einsetzt, um Bürgerinnen und Bürger des eigenen Landes umzubringen, ist nicht ihr einziges Alleinstellungsmerkmal. Von den zehn Staaten, die Angriffe mit bewaffneten Drohnen durchgeführt haben, hat die Türkei als erstes Land bewaffnete UAV im Rahmen einer koordinierten Großoffensive gegen eine andere Streitmacht eingesetzt, und zwar im Luftraum über einem konventionellen Kriegsschauplatz.

Die Operation »Spring Shield« im syrischen Idlib im März 2020, bei der Ankara Dutzende Drohnenangriffe fliegen ließ, war nur von kurzer Dauer, wurde aber als Erfolg für die Türkei gewertet, weil sie

weitere Geländegewinne des Assad-Regimes verhinderte und die Konfliktsituation vorerst stabilisierte *(siehe den Beitrag von Günter Seufert auf Seite 12)*. Außerdem bot sie Ankara die Chance, mit einem weiteren Triumph hausieren zu gehen: Zum ersten Mal hatte die Türkei demonstriert, dass sie eine Vielzahl von Drohnenschlägen als koordinierten Großangriff führen kann.

In den Tagen nach den Kämpfen in Idlib, die ein Waffenstillstand am 6. März 2020 beendete, scheuten türkische Verteidigungsexperten mit Blick auf die Drohneneinsätze ihres Landes denn auch nicht Superlativen zurück: von einem »taktischen Game-Changer«, einer »neuen Militärdoktrin« und einer Taktik »beispiellos in der modernen Militärgeschichte« war die Rede.[6]

Im Nordwesten Syriens kam neben der Bayraktar TB2 erstmals auch die größere Anka-S zum Einsatz, die über ein System zur Abwehr elektronischer Störungen verfügt. Beide Luftfahrzeuge traten in noch nie dagewesenem Umfang in Aktion. Sie flogen in dichten Formationen, fungierten als Aufklärer für die unterstützende Artillerie, nahmen feindliche Stellungen unter Beschuss und gaben den Bodentruppen Deckung – eine Machtdemonstration sondergleichen und der lange erwartete Einstand der Türkei als Drohnenmacht.

Westliche Beobachter äußerten im Unterschied zu türkischen Kommentatoren Vorbehalte gegen die »Effektivität« der bewaffneten Drohnen, die bei der Operation »Spring Shield« in Aktion traten. Bei aller Anerkennung für die »taktische Effizienz« von TB2 und Anka-S waren Kritiker der Meinung, dass die Türkei ihre Überlegenheit über die Syrische Armee zum großen Teil dem Überraschungseffekt zu verdanken hatte. Sobald die Assad-Truppen sich auf das Geschehen in der Luft eingestellt hatte, konnte sie mit ihren Abwehrsystemen mehrere Drohnen unschädlich machen. Auch die Reichweite und die Verwundbarkeit der türkischen UAV-Flotte hinterließen Fragezeichen.

Diesen Handicaps will die Türkei mit einer neuen Generation tödlicher Drohnen begegnen. Eine davon ist die von TAI produzierte Anka-2, auch bekannt als Aksungur. Bedeutsamer ist jedoch das neue unbemannte Kampfflugzeug, an dessen Entwicklung Bayraktar arbeitet. Die Akıncı wird in der Lage sein, bis zu 24 Stunden in der Luft zu bleiben, und soll mit ihren sechs Befestigungspunkten unter den Tragflächen verschiedene Raketen und lasergesteuerte Bomben aus türkischer Produktion abfeuern können. Nachdem sie im Dezember 2019 ihren Erstflug erfolgreich absolviert hat, soll sie irgendwann im Laufe des Jahres 2021 für die türkischen Streitkräfte einsatzbereit sein.

Mit der Akıncı als Neuzugang wird die Türkei nicht nur ihre Stellung als modernster neuer Entwickler bewaffneter Drohnen festigen, sondern auch ihre internationale Kooperation ausbauen. Die Ukraine beispielsweise arbeitet seit August 2019 beim Akıncı-Projekt mit Baykar zusammen, wobei das ukrainische Staatsunternehmen Iwtschenko-Progress die benötigten Turboprop-Triebwerke liefert. Teil der Verteidigungszusammenarbeit zwischen den beiden Ländern, die in den vergangenen Jahren stark intensiviert wurde, war auch der Verkauf von 12 TB2 im Jahr 2019. Im Oktober 2020 berichteten türkische Medien, Kiew plane eine Vervierfachung dieser Stückzahl.[7]

Zu den Abnehmern der TB2-Drohne gehören auch Katar und die international anerkannte Regierung der Nationalen Einheit (Government of National Accord, GNA) in Libyen. Die GNA lieferte sich in den vergangenen Jahren einen heftigen Kampf mit General Chalifa Haftar und dessen selbst ernannter Libyscher Nationalarmee

(LNA). In diesem Bürgerkrieg brach im Frühjahr 2019 eine Phase besonders intensiver Kämpfe an, nachdem der abtrünnige General eine Offensive auf Tripolis gestartet hatte.

In den ersten neun Monaten der Auseinandersetzung war die LNA überlegen, weil sie den Luftraum über der Hauptstadt dominierte. Die LNA setzte ehemals sowjetische Jagdflugzeuge und Kampfhubschrauber ein und wurde von den Vereinigten Arabischen Emiraten mit Drohnen aus chinesischer Herstellung unterstützt. Sie flog Hunderte Angriffe gegen die GNA, die von ihren westlichen Verbündeten allerdings keinen Beistand erfuhr.[8] Stattdessen wurde die Regierung in Tripolis von der Türkei beliefert.

Ankara hatte sich in der Vergangenheit gescheut, die GNA in vollem Umfang militärisch zu unterstützen – bis die Türkei und Libyen im November 2019 ein Abkommen über die gegenseitige Anerkennung von Ausschließlichen Wirtschaftszonen (AWZ) im Mittelmeer unterzeichneten *(siehe den Beitrag von Niels Kadritzke auf Seite 6)*. Kaum zwei Monate später belieferte Erdoğan die GNA sogleich mit Rüstungsgütern, Know-how und mehreren Dutzend Drohnen der Typen TB2 und Anka-S. Haftar ahnte nicht, dass damit die Lufthoheit der LNA schon bald Geschichte sein würde.

Der türkischen Drohnenflotte – die vermutlich ausschließlich durch türkische Spezialisten gelenkt wurde – gelang es, Haftars Versorgungslinien abzuschneiden, auch wenn zunächst einige Drohnen von Luftabwehrsystemen des russischen Typs Panzir S-1E abgeschossen wurden. Im Mai 2020 vertrieben GNA-treue Milizen mithilfe türkischer Drohnen die LNA vom Luftstützpunkt al-Watiya. Bei dieser Schlacht trafen die türkischen Drohnen drei Hangars, zerstörten ein Panzir-System und beschädigten ein weiteres.[9] Damit war die LNA Angriffen aus der Luft schutzlos ausgeliefert. Binnen weniger Tage trat sie den Rückzug an.

Die Al-Watiya-Basis hatte für Haftars Ambitionen in Westlibyen eine zentrale Rolle gespielt. Nach dem Verlust dieser entscheidenden Nachschub- und Logistikdrehscheibe standen seine Truppen 130 Kilometer nördlich von Tripolis ungeschützt da. Nur zwei Wochen später war Haftars 15-monatiger Feldzug zur Eroberung der Hauptstadt vorbei – seine Kämpfer zogen sich aus den bereits besetzten Vororten der Stadt zurück und räumten auch Tarhuna, ihre letzte noch verbliebene Hochburg im Westen des Landes. Noch Ende 2019 hätten nur wenige Beobachter vorausgesagt, dass sich das Blatt derart wenden würde. Der entscheidende Faktor dafür war der Einsatz der türkischen Drohnen.

In Syrien und Libyen hatte die Türkei ihre Drohnenflotte somit sehr wirkungsvoll eingesetzt. Und auch im militärischen Konflikt zwischen Aserbaidschan und Armenien um die südkaukasische Region Bergkarabach im Herbst 2020 spielten die Bayraktar TB2 eine entscheidende Rolle. Dort richteten sie massive Zerstörungen an den aserbaidschanischen Stellungen an.

Aserbaidschan hatte die TB2 im Juni 2020 angeschafft. Das Land besaß damals bereits ein bunt gemischtes Drohnenarsenal aus israelischen Harops und ferngesteuerten An-2-Doppeldeckern. Als es Ende September zu gewalttätigen Auseinandersetzungen kam, nutzte Aserbaidschan die Gelegenheit, um seine UAV-Flotte zum Einsatz zu bringen. Dabei eroberte die TB2 die Lufthoheit und wurde einmal mehr als »Game-Changer« gefeiert.

Die TB2, die wohl auch in diesem Fall von türkischen Drohnenpiloten gesteuert wurden, lieferten der aserbaidschanischen Armee Positionsdaten, sodass sie mit ihrer Artillerie und Raketen armenische Ziele zerstören konnte. Die TB2 waren ihrerseits mit laser-

gesteuerten Waffen bestückt, um sogenannte High-Value Assets zu zerstören und in späteren Kampfphasen auch Soldatentrupps unter Beschuss zu nehmen. Mit anderen Worten: Armenien wurde von den Drohnen überrannt und verlor nach einer Schätzung rund 240 Artilleriewaffen, 230 Panzer, 65 gepanzerte Kampffahrzeuge und 45 Luftabwehrsysteme, während Aserbaidschan gerade einmal drei TB2-Drohnen einbüßte.[10]

Seit dem Waffenstillstandsabkommen vom 10. November, wird der mit türkischer Hilfe errungene Sieg Aserbaidschans als Beispiel dafür gehandelt, wie Drohnen das Kräftegleichgewicht im Krieg grundlegend verändern können. Nach den Geschehnissen in Bergkarabach hat selbst Großbritannien Interesse an der Anschaffung preisgünstigerer bewaffneter Drohnen angemeldet. Der britische Verteidigungsminister Ben Wallace bezeichnete die türkische TB2 gar als Beispiel dafür, wie andere Länder inzwischen »den Weg weisen« würden.[11]

Dass die Türkei und ihre Verbündeten bei den Kriegen in Syrien, Libyen und Bergkarabach militärische Erfolge erzielen konnten, lag allerdings nicht nur an den Drohnenschlägen. So war zum Beispiel Aserbaidschan im Kampf gegen Armenien weiterhin auf seine mechanisierte Infanterie angewiesen, um wichtige Verteidigungsstellungen einzunehmen und Geländegewinne zu erzielen. Als Wegbereiter für den Erfolg spielten die TB2 eine wichtige Rolle. Jedoch sollte man ihre Fähigkeiten nicht überbewerten.

Weitaus beunruhigender ist die wachsende Zahl ziviler Opfer, die der Einsatz türkischer Drohnen fordert. Nach Angaben der Organisation Airwars gab es von Anfang 2020 bis Februar 2021 mindestens zwölf Vorfälle im Irak und in Syrien, bei denen Zivilisten zu Tode kamen; in Libyen waren es im gleichen Zeitraum neun.[12] Solche Meldungen machen deutlich, dass es dringend geboten ist, von Kriegsparteien mehr Transparenz und Rechenschaftspflicht einzufordern. Für eine gebührende Aufsicht über die türkische Drohnenindustrie und den Einsatz dieser Waffen zu sorgen, wird eine dringliche Aufgabe der kommenden Jahre sein – zumal die Führung des Landes immer massiver auf unbemannte Systeme setzt, um ihr politisches und militärisches Gewicht zu demonstrieren. ●

Aus dem Englischen von Andreas Bredenfeld

1 »Drone Databook Update: March 2020«, The Center for the Study of the Drone at Bard College, www.dronecenter.bard.edu.
2 Siehe »Harop Loitering Munitions UCAV System«, *Airforce Technology*, www.airforce-technology.com.
3 »Revealed: how UK technology fuelled Turkey's rise to global drone power«, *The Guardian*, 27. November 2019, www.theguardian.com.
4 »Turkish aerial drones kill 72 PKK terrorists«, *Middle East Observer*, 24. Oktober 2016, www.middleeastobserver.org.
5 »The Second Drone Age«, *The Intercept*, 14. Mai 2019, www.theintercept.com.
6 »Turkish drones – a ›game changer‹ in Idlib«, *Al Jazeera*, 2. März 2020, www.aljazeera.com.
7 »Ukraine considers buying 48 Bayraktar TB2 drones from Turkey«, *Daily Sabah*, 6. Oktober 2020, www.dailysabah.com.
8 »Turning the Tide: How Turkey Won the War for Tripoli«, Middle East Institute, November 2020, www.mei.edu.
9 »Lethal Stalkers: How Turkish Drones Are Neutralizing Haftar's Pantsirs in Libya«, *T-Intelligence*, 22. Mai 2020, www.t-intell.com.
10 »The Fight For Nagorno-Karabakh: Documenting Losses on the Sides of Armenia and Azerbaijan«, www.oryxspioenkop.com, 27. September 2020.
11 »UK wants new drones in wake of Azerbaijan military success«, *The Guardian*, 29. Dezember 2020, www.theguardian.com.
12 Siehe die Datenbank von airwars.org.

Erstmals erschienen auf www.dronewars.net, 15. Juni 2020. Aktualisiert.
© 2021 für die deutsche Übersetzung, *Le Monde diplomatique*, Berlin

Insel unter Einfluss

Wie Ankara versucht, die Geschichte Nordzyperns umzuschreiben

Von Mete Hatay

Eine Meldung aus der Türkei löste Anfang 2021 in der »Türkischen Republik Nord-Zypern« (TRNC), wie sich das nur von Ankara anerkannte Staatsgebilde nennt, erhebliche Unruhe aus. Die türkischen Zyprer erfuhren, dass das türkische Staatsfernsehen TRT begonnen hatte, auf Geheiß Präsident Erdoğans eine Fernsehserie zu drehen, die angeblich ihre eigene Geschichte erzählen soll. Obwohl in der TRNC wegen des Covid-19-Lockdowns strenge Einreisebeschränkungen galten, rückte alsbald ein 300-köpfiges Filmteam an und machte das nordzyprische Städtchen Gönendere zum Drehort für eine Fernsehproduktion über den Zypernkonflikt. Darin wird die Entwicklung von den 1960er Jahren bis zur militärischen Intervention der Türkei im Jahr 1974 dargestellt. Wie man hört, plant TRT insgesamt drei Staffeln der Serie, das glorreiche Finale soll 2023 ausgestrahlt werden – rechtzeitig zum 100. Geburtstag der Türkischen Republik.

Diese Intervention des türkischen Staats in die Geschichte Zyperns steht am Ende einer Serie von Einmischungen durch die angebliche Schutzmacht, die den türkischen Zyprern in den letzten Jahrzehnten widerfahren ist. Seit den 1950er Jahren hat die Regierung in Ankara in der Zypernfrage eine wichtige politische, wirtschaftliche und militärische Rolle gespielt. Ihre fortlaufende Einmischung kulminierte 1974 in der Teilung der Insel, die es erst möglich machte, dass die TRNC entstehen konnte.

Dieses Staatsgebilde im Norden Zyperns wird allerdings bis heute nur von Ankara anerkannt und ist von der Unterstützung durch die Türkei abhängig. Etwa 30 000 türkische Soldaten sind in der TNRC stationiert, und Ankara finanzierte in der Vergangenheit regelmäßig 20 bis 30 Prozent des Staatshaushalts (2020 waren es noch 12 Prozent). Die Nationalisten unter den türkischen Zyprern rechtfertigen die Rolle des »Mutterlands« seit Jahrzehnten damit, dass Nordzypern für die Türkei ein »nationales Anliegen« und deren Verteidigung eine Frage der »nationalen Ehre« sei.

Der Aufstieg Erdoğans hat die Parameter dieser Beziehung, die fast 50 Jahre lang relativ stabil geblieben war, in sehr kurzer Zeit verändert. Bereits der erste Wahlsieg der AKP von 2002 bedeutete für die Zypern-Politik Ankaras einen Einschnitt, weil die neue Regierungspartei den Dauerkonflikt als Hindernis auf dem Weg der Türkei in die EU betrachtete. Deshalb stellte Erdoğan alsbald den ultranationalistischen Rauf Denktasch kalt, der seit 1974 die politische Szene im Norden Zyperns dominiert hatte. Diplomaten, die sich mit der Zypernfrage herumschlugen, hatten Denktasch den Spitznamen »Mr. No« verpasst, weil er sich beharrlich einer föderativen Lösung widersetzte.

Einen solchen bizonalen Bundesstaat sah der unter UN-Ägide erarbeitete »Annan-Plan« vor, der allerdings der Zustimmung beider Volksgruppen bedurfte. Bei dem Referendum vom 24. April 2004 stimmten 65 Prozent der türkischen Zyprer für die Wiedervereinigung; dagegen lehnten 76 Prozent der griechischen Zyprer den Annan-Plan ab. Das Konzept einer Föderation, die beide Teilstaaten in die EU gebracht hätte, war damit gescheitert. Trotz dieses Rückschlags bemühte sich die AKP-Regierung auch weiter um eine Zypern-Lösung, womit sie das Image der Türkei aufbessern konnte, die zuvor eine Zypern-Lösung stets verhindert hatte.

Die Periode nach 2004 war das goldene Zeitalter der türkischen Außenpolitik wie auch im Verhältnis zwischen Ankara und Nikosia-Nord. In dieser Zeit hielt sich Erdoğan an sein Versprechen gegenüber der EU, für Zypern eine »Win-win«-Lösung anzustreben. Diese konstruktive, auf Versöhnung setzende Außenpolitik kam nicht nur der Türkei und den türkischen Zyprern zugute, sie förderte darüberhinaus den Geist der Entspannung in der gesamten Region. Ermutigt durch ihren Imagegewinn im Zypern-Dossier, verkündete die AKP-Regierung eine »Öffnung gegenüber den Kurden« und eine »Öffnung gegenüber Armenien«. Im Rahmen einer neuen Gesamtstrategie, die alle ungelösten außenpolitischen Konflikte beilegen sollte, kooperierte Erdoğan in Nordzypern sogar mit den linken Kräften, die frühere türkische Regierungen wegen ihres Einsatzes für die Wiedervereinigung als »Griechenliebhaber« und »Verräter« bezeichnet hatten.

Das goldene Zeitalter dauerte jedoch nicht lange. Die EU erfand einen Vorwand nach dem anderen, um die Beitrittsambitionen der Türkei zu blockieren (siehe den Beitrag von Cengiz Aktar auf Seite 80). Und als die Republik Zypern zum 1. Mai 2004 in die Europäische Union aufgenommen wurde, konnten andere EU-Länder fortan mit ihrer Islamophobie und ihrer prinzipiellen Ablehnung der türkischen Mitgliedschaft hinter dem Berg halten, weil ihnen die Regierung in Nikosia-Süd die Arbeit abnahm.

Nach zehn Jahren an der Macht begann die AKP-Regierung, von der Wiedergeburt des Osmanischen Reichs zu träumen. Das war zum einen ein Resultat der ökonomischen Entwicklung des Landes und seines wachsenden Einflusses in der Region, zum anderen eine Reaktion auf die Ablehnung durch die EU. In Ankara war man des Wartens vor der Tür in Brüssel überdrüssig. Als der Honeymoon mit gegenseitigen Schuldvorwürfen endete, begann eine neue Ära der türkischen Innen- und Außenpolitik.

Innerhalb der AKP wurden Alternativen diskutiert, etwa ein Zusammengehen mit Russland oder eine engere Partnerschaft mit muslimischen Staaten. Dieselben Politiker und Diplomaten, die beteuert hatten, die Türkei wolle ihren Einfluss in der Region durch eine konstruktive Politik und Sprache stärken, redeten zunehmend in geopolitischen Kategorien: Nun ging es um strategische »Ressourcen« und die Bedeutung »militärischer Stärke«.

Auch die Haltung Ankaras gegenüber Zypern begann sich zu wandeln. Während frühere nationalistische Regierungen die Präsenz auf der Insel als »nationales Anliegen« dargestellt hatten, begann die AKP von einer »nationalen Bürde« zu sprechen.[1] Immer häufiger war von einem »Plan B« die Rede, der nie präzisiert wurde, aber offenbar darauf zielte, die finanzielle »Belastung« auch dann loszuwerden, wenn eine föderative Zypern-Lösung ausbleiben sollte.

Seit Beginn der 2010er-Jahre ermutigte die AKP türkische Unternehmen zu Investitionen in Zypern und forderte, dass die TRNC entsprechende Anreize gewähren müsse. Zugleich sollte die direkte

---

Für Erdoğan steht Plan B, der auf zwei selbstständige Inselstaaten hinausläuft, spätestens seit dem Scheitern der letzten Verhandlungsrunde vom Juli 2017 auf der Tagesordnung

---

Finanzierung Nordzyperns durch ein strengeres Förderregime abgelöst werden, das Zuschüsse und Kredite Ankaras an Bedingungen koppelte, die an die Auflagen eines IWF-Programms erinnerten.

Als die türkischen Zyprer gegen diesen Kurswechsel aufmuckten, gingen Erdoğan und seine Umgebung dazu über, ihre zyprischen Landsleute als undankbare Kinder und Schnorrer hinzustellen. Die Bevölkerung des Nordens hatte lange Zeit, obwohl sie mit dem Islam nicht viel am Hut hatte, mit der streng islamischen AKP kooperiert. Jetzt aber entwickelte sich beim Thema Religion eine harte Konfrontation. Die Erdoğan-Regierung wollte ihr islamisch geprägtes Weltbild auch in Nordzypern durchzusetzen. Um die »spirituellen Neigungen« der türkischen Zyprer zu fördern, wurde eine Moschee nach der anderen gebaut, ein islamisches College gegründet und an den Schulen obligatorische Religionsstunden und Islam-Sommerkurse eingeführt.

Die neue Zypernpolitik Ankaras hat sich im Gefolge der Gezi-Proteste vom Frühsommer 2013 und speziell nach dem missglückten Militärputsch vom Juli 2016 noch merklich verhärtet. Im Verhältnis der AKP zur TRNC begann – nach dem »goldenen Zeitalter« der Zusammenarbeit und der zweiten Phase einer »Entwicklungspolitik« für Nordzypern – eine dritte Periode. Sie stand im Zeichen einer verbalen Konfrontation, die sich nach dem Erfolg von Mustafa Akıncı bei der TRNC-Präsidentenwahl vom April 2015 noch verschärfte.

Der Präsident der TRNC hat zwar keinen direkten Einfluss auf die laufenden Regierungsgeschäfte, aber er repräsentiert die türkischen Zyprer in den Verhandlungen mit der griechischen Seite. Und er kann gegenüber Ankara weit unabhängiger agieren als die Regierung in Nord-Nikosia. Das tat Akıncı denn auch ohne Zögern, wobei er nicht nur die türkische Zypernpolitik kritisch kommentierte, sondern auch das militärische Vorgehen Ankaras im Südosten der Türkei und in Syrien.

Während sich Akıncı auf rhetorische Kämpfe mit Erdoğan einließ, erlebten die türkischen Investitionen einen Boom. Vor allem der Tourismussektor und die Baubranche der TRNC boten Klein- und Großinvestoren zahlreiche Chancen. Türkische Privatuniversitäten gründeten zyprische Zweigstellen und türkische Unternehmen stie-

gen ins Immobiliengeschäft ein. Im Zuge dieser Entwicklung gewannen die aus der Türkei stammenden Siedler und Einwanderer an öffentlichem Einfluss. Die AKP ermunterte ihre Anhänger auf der Insel, sich im Lager der Akıncı-Gegner zu engagieren, was die Spannungen zwischen türkischen Zyprern und Einwanderern weiter anheizte.

Ein Großteil der Festlandtürken war gleich nach der Teilung von 1974 eingewandert. Aufgrund einer Vereinbarung der nordzyprischen Führung mit Ankara waren damals etwa 25000 türkische Bauern und Arbeiter auf die Insel gebracht und eingebürgert worden, um das Territorium demografisch aufzufüllen.[2]

Diese gezielte Siedlungspolitik endete 1979, aber bis 2000 kamen weitere Wellen von türkischen Migranten, die aus eigenem Antrieb nach Nordzypern übersiedelten. Heute machen die in der TRNC eingebürgerten Türken und Türkinnen und ihre Nachkommen rund 30 Prozent der Wahlbevölkerung aus. Zwar wählen die meisten konservativ, aber viele unterstützen auch linke Parteien wie die Republikanisch-Türkische Partei (CTP). Allerdings hat der nach 2010 einsetzende Immobilienboom – und die Gründung türkischer Privatuniversitäten – Zehntausende Arbeitskräfte ins Land gelockt, die zumeist die AKP unterstützen. Diese Erdoğan-Fans reagieren zunehmend unduldsam auf die Tatsache, dass ein Großteil der türkischen Zyprer die AKP ablehnen.

Trotz wachsender Spannungen beteiligte sich Ankara weiterhin an den unter UN-Schirmherrschaft stattfindenden Verhandlungen über eine Zypern-Lösung. Aber im Gegensatz zu Akıncı betont die Erdoğan-Regierung neuerdings, dass diese Verhandlungen nicht endlos gehen können. Sie verweist darauf, dass die griechischen Zyprer 15 Jahre nach dem Referendum über den Annan-Plan nach wie vor auf ihrer ablehnenden Haltung beharren. Ihre Folgerung: Wenn die Regierung im Süden die Macht nicht mit den Türken auf Zypern teilen will, muss man eben die Insel teilen.

Für Erdoğan steht dieser Plan B, der auf zwei selbstständige Inselstaaten hinausläuft, spätestens seit dem Scheitern der letzten Verhandlungsrunde vom Juli 2017 auf der Tagesordnung. Und da Mustafa Akıncı von einem Plan B nichts wissen wollte, musste man seine Wiederwahl hintertreiben. Die AKP als Partei wie auch die türkische Regierung und ihre Organe auf Zypern mischten sich so aktiv in die Wahl vom Oktober 2020 ein, dass ihr Kandidat Ersin Tatar, der sich zum Plan B bekannte, Akıncı knapp besiegen konnte.

Vor diesem Hintergrund begann das türkische Staatsfernsehen also seine TV-Serie über die historischen Ereignisse zu drehen, die im Gedächtnis vieler türkischer Zyprer noch immer lebendig sind: Die ersten gewaltsamen Zusammenstöße zwischen beiden Volksgruppen am 21. Dezember 1963, die unruhige Periode bis zum Putsch der Athener Junta und die gewaltsame Teilung der Insel im Sommer 1974. Die Handlung spielt zwar überwiegend in den militarisierten Enklaven, in die sich ein Großteil der türkischen Minderheit zwischen 1963 und 1974 geflüchtet hatte, aber der Held der Serie ist ein Geheimagent aus Ankara. Und so würde es auch niemanden überraschen, wenn in der abschließenden Szene eine Staffel türkischer Kampfjets als *Deus ex machina* am Himmel auftaucht und türkische Zyprer ihren Rettern und Helden um den Hals fallen.

Mit dieser Interpretation des Zypernkonflikts verfolgt Ankara offensichtlich zwei Ziele: Zum einen will man die türkischen Inselbewohner daran erinnern, was das Mutterland für sie getan hat, zugleich aber auch belehren, dass sie von der Türkei existenziell abhängig sind. Es ist das altbekannte Narrativ, in dem die Türkei und ihre Streitkräfte die Hauptrolle spielen, wogegen die türkischen Zyprer auf dem Schauplatz ihrer eigenen Geschichte nur Komparsen sind.

Zum andern zielt die Fernsehserie aber auch auf ein nationalistisches Publikum in der Türkei, das die militärischen Abenteuer der türkischen Armee auf fremdem Boden vielleicht nicht so toll findet. Es ist gewiss kein Zufall, das diese Nacherzählung eines historischen »Siegs« gerade jetzt inszeniert wird – im Gefolge des türkischen Eingreifens in Bergkarabach, der militärischen Intervention in Nordsyrien und in Libyen und der Bemühungen der AKP, als »großer Bruder« der Palästinenser zu posieren.

Die AKP dominiert die türkische Politik seit nunmehr 20 Jahren. Aktuell setzt sie alles daran, zum 100-jährigen Bestehen der Republik eine großartige Bilanz der Erdoğan-Ära zu präsentieren. Dieser ehrgeizigen Imagepflege – nach innen und nach außen – dient auch die geschilderte TV-Produktion, deren letzte Folge punktgenau für

2023 geplant ist.[3] Allerdings lässt das Szenario derzeit noch offen, ob man zur 100-Jahr-Feier die internationale Anerkennung der TRNC feiern wird – oder die Ausdehnung des türkischen Territoriums auf den Norden Zyperns. Der Gang der Ereignisse spricht eher für die zweite Version. ●

Aus dem Englischen von Niels Kadritzke

1 Von einer Belastung sprach die AKP-Regierung auch schon vor 2010, allerdings mit der Absicht, Nordzypern zu einem stärkeren Partner innerhalb einer künftigen Föderation zu machen.
2 Die ersten türkischen Siedlerfamilien übernahmen meist den Besitz von griechischen Zyprern, die vor der Invasion der türkischen Truppen nach Süden geflüchtet waren (nach UNHCR-Angaben 162 000 Personen).
3 Türkische TV-Serien sind auch im Nahen Osten und anderen Regionen beliebt; der neueste Hit ist das historische Epos »Diriliş - Ertuğrul«, das von der Gründung des Osmanischen Reichs handelt, siehe den Beitrag von Timour Muhidine auf Seite 106.

DER ZYPERNKONFLIKT

1878 • Das Osmanische Reich tritt Zypern, das es 1571 erobert hatte, an Großbritannien ab.

1914 • Annexion durch die Briten, die Zypern 1925 zur Kronkolonie machen.

1955 • Die griechischen Zyprer beginnen den Kampf gegen die Kolonialmacht mit dem Ziel der Vereinigung mit Griechenland (Enosis).

1960 • Zypern wird unabhängige Republik mit einer Verfassung, die eine Machtbalance zwischen den beiden ungleichen »Volksgruppen« vorsieht (78 Prozent griechische, 22 Prozent türkische Zyprer). Erster Staatspräsident wird der griechische Erzbischof Makarios, Vizepräsident der türkische Zyprer Fazil Küçük. Großbritannien, Griechenland und die Türkei werden »Garantiemächte« des neuen Staats mit begrenzten Interventionsrechten.

1963/64 • Makarios fordert die Revision der Verfassung auf Kosten der türkischen Zyprer. Bewaffnete Zusammenstöße in Nikosia sind der Auftakt zu einem bis August 1964 dauernden Bürgerkrieg. Im Februar wird die Hauptstadt durch eine »grüne Linie« geteilt, im März beschließt die UNO die Entsendung einer Blauhelm-Friedenstruppe. Die Mehrheit der Inseltürken ziehen sich in von türkischen Militärkräften abgesicherte Enklaven zurück. Rauf Denktasch, Ankaras Mann in Zypern, propagiert die Teilung der Insel.

1974 • Am 15. Juli putscht die griechische Militärjunta gegen die Regierung Makarios; am 20. Juli reagiert die Türkei mit einer militärischen Intervention, die sie mit ihrer Rolle als »Schutzmacht« der türkischen Zyprer legitimiert. Die Invasion führt zum Fall der Athener Junta und ihrer Marionettenregierung in Nikosia. Bis Mitte August erobern türkische Truppen 37 Prozent des Inselterritoriums; 162 000 griechische Zyprer fliehen vom Norden in den Süden.

1983 • Im besetzten Teil Zyperns wird die »Türkische Republik Nordzypern« (TRNC) proklamiert, die nur von Ankara anerkannt wird.

1988 • Mit Giorgos Vassiliou wird erstmals ein von der Linken nominierter Präsident der Republik Zypern gewählt. Dessen Bemühen um eine Wiedervereinigung auf der Basis von »Ideen«

des UN-Generalsekretärs Boutros Ghali, scheitert an Denktasch und der Regierung in Ankara.

26. April 2004 • Nach jahrelangen Verhandlungen unter Ägide der UN stimmen griechische und türkische Zyprer getrennt über das Konzept einer bizonalen Föderation ab, das UN-Generalsekretär Kofi Annan ausgearbeitet hat. Beim doppelten Referendum vom 26. April wird der Annan-Plan von 65 Prozent der türkischen Zyprer angenommen, aber von 76 Prozent der griechischen Zyprer abgelehnt. Anführer der griechischen Ablehnungsfront ist Präsident Tassos Papadopoulos, der bis zu seiner Abwahl im Februar 2008 jeden Fortschritt verhindert.

1. Mai 2004 • Aufnahme der Republik Zypern in die Europäische Union, was zur Enttäuschung der EU-Partner nicht das Streben nach Wiedervereinigung, sondern die Unversöhnlichkeit der griechischen Seite stärkt. Im Norden arbeitet der 2005 gewählte linke Präsident Mehmet Ali Talat weiter an einer Wiederbelebung des Annan-Plans.

2008 bis 2013 • Seit im Süden der linke Präsident Dimitris Christofias im Amt ist, machen die Verhandlungen wieder Fortschritte; allerdings nur bis zur Abwahl seines Gesprächspartners Talat im April 2010.

2014 • Neuer Präsident der TRNC wird Mustafa Akıncı, der eine Wiedervereinigung ernsthaft anstrebt. Bis Ende 2016 gelingt es, mit dem Präsidenten der Republik, Nikos Anastassiadis, zentrale Punkte einer föderativen Lösung zu vereinbaren.

2017 • Am 7. Juli endet die Konferenz von Crans Montana (Schweiz) ohne Ergebnis. Für das Scheitern des von UN-Generalsekretär Guterres vorgelegten »Rahmenplans« ist die unnachgiebige Haltung von Anastassiadis verantwortlich, aber auch die Weigerung der Türkei, ihre Truppen aus Nordzypern abzuziehen. Nach dem Desaster von Crans Montana stuft eine politische Ratingagentur die Aussichten auf eine Wiedervereinigung Zyperns von »mager« auf »extrem unwahrscheinlich« herunter.

2020 • Im Oktober verliert Akıncı die Präsidentschaftswahl gegen den von Ankara unterstützten Nationalisten Ersin Tatar, der eine föderative Lösung ablehnt.

2021 • Am 20. Februar erklärt Erdoğan, für die Türkei stehe nur noch eine Zweistaatenlösung zur Debatte.

Gülens Netzwerk in Europa

Weil sie in ihrer Heimat politisch verfolgt werden, suchen viele Anhänger des Predigers Fethullah Gülen Zuflucht im Westen

Von Ariane Bonzon

Sesamkringel, Gurken, Oliven und Rührei mit Tomaten. In seinem gutbürgerlichen Haus im Londoner Norden serviert uns Mustafa Yeşil ein türkisches Frühstück. Der Mittfünfziger ist eine von vier Personen, deren Auslieferung der damalige türkische Ministerpräsident Binali Yıldırım 2017 von Großbritannien verlangt hat.

Die islamisch-nationalistische Regierung in Ankara beschuldigt Yeşil, der »Fethullahistischen Terrororganisation« (Fetö) nahezustehen. Gemeint ist die Bewegung, die sich um den Imam Fethullah Gülen gebildet hat, der seit 1999 im selbstgewählten Exil in den USA lebt. In Ankara gilt er als Drahtzieher des gescheiterten Putschversuchs vom 15. Juli 2016.[1]

Mustafa Yeşil ist einer der wenigen, die im direkten Kontakt mit dem Hodscha Efendi (»Meister«) stehen und in dessen Namen sprechen dürfen. Yeşil ist ein Organisationstalent und einer von jenen Apparatschiks, auf die sich die Bewegung stützt, die von den Gülen-Anhängern selbst Hizmet (»der Dienst«) genannt wird. Experten beziffern die Hizmet-Gefolgschaft auf weltweit 4 bis 8 Millionen Menschen. Yeşil studierte Ende der 1970er Jahre Islamische Theologie an der Istanbuler Marmara-Universität und arbeitete danach als Religionslehrer. 1983 stieß er auf die Predigten von Fethullah Gülen, die ihn »ergriffen wie nichts zuvor«. Heute ist Yeşil ein Abi (»großer Bruder«) und Vorsitzender des Heyet (»Rats«). Er leitet den europäischen Zweig der Gemeinschaft, die derzeit ständig anwächst, weil immer mehr Gülen-Anhänger nach Europa fliehen.

Als die Partei für Gerechtigkeit und Entwicklung (AKP) von Recep Tayyip Erdoğan 2002 an die Macht kam, stand die Hizmet-Bewegung fest an ihrer Seite. Mit ihrer Hilfe konnte der neue Regierungschef die Dominanz der republikanischen, nationalistischen, laizistischen und kemalistischen Kräfte in Justiz und Polizei brechen und sogar den Einfluss der Armee eindämmen. Doch diese Zeiten sind vorbei. Heute betrachtet das Erdoğan-Regime die Hizmet-Bewegung als ihren größten Feind.

Bevor der Konflikt zwischen Gülen-Anhängern und Erdoğan-Parteigängern offen ausbrach, war er im Staatsapparat schon verdeckt zugange.[2] Zwischen 2010 und 2015 spielte Mustafa Yeşil dabei eine Schlüsselrolle. Er verließ das Land ein Jahr vor dem Putschversuch, der die Verhängung des Ausnahmezustands auslöste.

Das Ausnahmerecht, das offiziell bis zum Juli 2018 in Kraft blieb, ermöglichte die Zerschlagung der gülenistischen Netzwerke in Armee und Verwaltung: Vereine wurden verboten, Medien und Verlage geschlossen, Schulen, Hochschulen und zahlreiche Unternehmen, die in Verbindung zur Gülen-Bewegung standen, unter die Kontrolle des Staats gebracht.[3] Nach Angaben der Regierung vom Frühjahr 2019 wurden rund 77 000 Personen wegen Zugehörigkeit zur Fetö festgenommen. Insgesamt wurden rund eine halbe Million Menschen festgenommen und gegen mindestens 30 000 Personen wurde Haftbefehl erlassen. Etwa 125 000 Beamte entließ die Regierung aus dem öffentlichen Dienst.

Tausende Gefolgsleute Gülens sind deshalb geflohen. Mustafa Yeşil gibt an, dass 55 000 von ihnen zwischen 2016 und Anfang 2019 in der EU politisches Asyl beantragt haben. Der alte Kontinent scheint heute – mit den USA – das »pulsierende Herz« der Bewegung zu sein. Das war nicht immer so.

Gülen-Gemeinden hatten sich in Europa bereits seit den 1980er Jahren etabliert, finanziert durch Spenden türkischer Unternehmer, die sich in Europa niedergelassen hatten. Aber der steile Aufstieg der Bewegung begann erst nach dem AKP-Wahlsieg von 2002.

Ein Insider aus der Hizmet-Szene, der anonym bleiben will, schildert, wie das vonstatten ging: »In Europa und anderswo verlief die Ausbreitung immer nach demselben Schema. Ein Imam wurde ernannt, um die Bewegung in dem betreffenden Land ›anzuführen‹, man bildete eine Gruppe für den interreligiösen Dialog und den Dialog mit der Zivilgesellschaft, eine andere Gruppe kümmerte sich um Wohnungen, eine um Schulen, eine um die Unternehmer. Für jede große Region gab es einen Imam, in Frankreich beispielsweise einen für Lyon oder für Seine-Saint-Denis.«

Für praktizierende Muslime mit EU-Pass bot die Gülen-Bewegung die Möglichkeit, ihren Glauben, ihre türkische Herkunft und ihre Staatsangehörigkeit miteinander zu versöhnen – und das in Ländern, die dem Islam nicht immer wohlwollend gegenüberstehen. »Dank Gülens Botschaft konnten wir eine Brücke zwischen unserem muslimischen Glauben und der modernen Welt schlagen«, sagt ein Anhänger aus London. »Als Alternative zum politischen Islam bot er einen zivilen Islam, der soziale Verantwortung, Integration und Dialog beinhaltet.«

In Europa ist die Gülen-Bewegung mit rund 50 Schulen, hunderten Abendkursen und einer Vielzahl von Kultur-, Berufs- und Frauenverbänden vertreten, am stärksten in Deutschland (wo die meisten Anhänger leben), Belgien, den Niederlanden und Frankreich. In jedem dieser Länder unterhält die Bewegung eine »Plattform zur Förderung des interreligiösen Dialogs«. Über die vergibt sie auch Stipendien, wobei Moral, Finanzlage und Lebensgewohnheiten der

Gülen-Anhänger im Golden Generation Worship & Retreat Center, Saylorsburg, Pennsylvania, USA, Januar 2016. Saylorsburg ist der Wohnort Fethullah Gülens. ∎ AP

Bewerber und ihrer Familien genau überprüft werden. Die Zeitung der Bewegung, *Zaman,* wurde allerdings einige Wochen nach dem Putschversuch von 2016 eingestellt.[4]

Die PR-Abteilung der Bewegung warb zudem eifrig um intellektuelle, religiöse und politische Kreise. Der Unternehmerverband der Bewegung, die Turkish Confederation of Businessmen and Industrialists (Tuskon), finanzierte Konferenzen, häufig in Kooperation mit Brüsseler Thinktanks. In Belgien richtete die Universität

Fethullah Gülen.
▪ FGULEN.COM

Leuven einen Fethullah-Gülen-Lehrstuhl für Interkulturelle Studien ein.

In Frankreich organisierte die Bewegung ein jährliches Diner in der Nationalversammlung. Die meisten Abgeordneten dachten wohl nicht groß darüber nach, wer hinter der Einladung stand. Die Islamexperten des Innenministeriums wusste jedoch genau, mit wem sie es zu tun hatten, zumal die Gülen-Anhänger um gute Kontakte zu den nationalen Geheimdiensten bemüht waren.

Im Europäischen Parlament zeigten sich die Grünen als besonders zugänglich. Nach Aussage eines hohen EU-Beamten, der mit der türkischen Politik vertraut ist, unterstützte die grüne Fraktion etliche Initiativen, »die eindeutig als gülenistisch erkennbar waren«. Zum Beispiel eine Fotoausstellung im Europäischen Parlament, die *Zaman* 2012 zu ihrem 25-jährigen Bestehen organisiert hatte.[5]

Der EU-Vertreter kommentiert erbost: »*Zaman* zum Symbol der Pressefreiheit zu stilisieren, das war grober Unfug.« Auch einer wie Daniel Cohn-Bendit, der als Schirmherr der Ausstellung aufgetreten sein soll, hatte damals keine Berührungsängste.

Allerdings stand Gülen 2012 noch in Erdoğans Gunst. Damals entsandte Ankara junge Staatsanwälte an den Europäischen Gerichtshof für Menschenrechte (EGMR), die eindeutig Gülenisten waren, berichtet ein hoher türkischer Beamter: »Darüber wurde im Europarat offen gesprochen. Als 2013 der Krieg zwischen Erdoğan und Gülen ausbrach, wurden sie alle abberufen.«

Nach dem Putschversuch von 2016 wurden mehrere Kader der Gülen-Bewegung von türkischen Spezialkommandos entführt. Das geschah nicht nur in Asien und Afrika, sondern auch europäischen Peripherieländern wie in der Ukraine, der Republik Moldau und im Kosovo.[6] Auch innerhalb der EU werden Gülen-Funktionäre bedroht: Fotos ihres Wohnhauses oder ihres Autos erscheinen in der regierungsfreundlichen türkischen Presse. Die Botschaft ist klar: »Ihr entkommt uns nicht.«

Diese Leute wissen zwar, dass sie in der EU besser geschützt sind als anderswo, sind aber auch enttäuscht darüber, dass der EGMR Tausende von Beschwerden abgewiesen hat, die türkische Staatsbürger nach dem gescheiterten Putsch gegen ihre Verhaftung oder Entlassung eingereicht hatten.

Viele Gülen-Anhänger, die ins Ausland fliehen, landen zuerst in Griechenland. Wer es nach Europa schafft, zahlt einen Obolus von 1000 Euro, um weitere Flüchtlinge zu unterstützen. Einer von ihnen war Staatsanwalt am obersten Gerichtshof in Ankara.

Der Mann hatte einem Schleuser 10 000 Euro gezahlt, der ihn dann auf einem Schlauchboot – zusammen mit zwei syrischen Familien – nachts in der stürmischen Ägäis seinem Schicksal überließ: »Wir schöpften ständig Wasser aus dem Boot«, erinnert sich der Geflüchtete. Als ein riesiges Schiff in der Dunkelheit auf sie zufuhr, malte er sich die Schlagzeilen in den türkischen Zeitungen aus: »Ein Richter ist vor der Demokratie geflohen, und er wurde bestraft.«

In der Türkei wird die Gülen-Bewegung unterdrückt. Sie ist finanziell geschwächt, ihre Anhänger sind in ihrer Existenz bedroht. Dennoch hat sie ihr Hauptziel nicht aufgegeben: Erdoğan zu stürzen. Aber nicht durch Gründung einer politischen Partei – was unter den jetzigen Umständen undenkbar ist –, sondern durch eine extrem aggressive Medienkampagne.

»Sie sind nur Anti-Erdoğan«, sagt der Journalist Ragıp Duran, der ebenfalls im griechischen Exil lebt: »Ansonsten sind sie sehr staatsgläubig und, was die Kurdenfrage betrifft, sehr antidemokratisch.« Positiv sieht er nur, dass sie der Linken nicht so feindlich gesinnt sind wie Erdoğan.

Der in Schweden lebende gülenistische Autor Abdullah Bozkurt nimmt, zusammen mit einer Gruppe von Journalisten, den türkischen Staatspräsidenten ins Visier. Sie publizieren regelmäßig – vor allem über Twitter – interne Dokumente, die für die Machthaber in Ankara belastend sind.

Ein scharfer Kritiker solche Praktiken ist der türkisch-schwedische Politikwissenschaftler Halil Karaveli: »Die Gülen-Anhänger haben gezeigt, dass sie Feinde der Demokratie sind: Das belegt der Putschversuch, aber noch mehr ihre finsteren Pläne, den türkischen Staat zu erobern, und ihre wahrscheinliche Verwicklung in den Mord an dem armenischen Journalisten Hrant Dink. Daran, dass die Türkei sich zu einem autoritären Staat entwickelt, haben sie genauso viel Schuld wie Erdoğan.«

Auch der Gülen-Anhänger Ahmet Dönmez lebt in Stockholm. Der junge Journalist will mehr über die Rolle herausfinden, die die Gülenisten bei dem versuchten Militärputsch gespielt haben. Ihn plagt wie viele andere, die in der Bewegung ernsthaft engagiert waren, das bittere Gefühl, getäuscht worden zu sein (was sie Ausländern gegenüber nicht immer zugeben).

An verschiedenen Orten in Europa wurden interne Versammlungen abgehalten, an denen sowohl »Alte« wie Mustafa Yeşil als auch die junge Generation teilgenommen haben. Glaubt man den Berichten zweier Teilnehmer, so gab es heftigen Widerspruch, als einer der Veteranen vorschlug, die Bewegung solle, ähnlich wie in der Türkei, auch in Europa versuchen, staatliche Institutionen zu infiltrieren.

Mustafa Yeşil spielt solche inneren Differenzen herunter: »In Europa agiert die Gülen-Bewegung absolut transparent. Die Angehörigen von Hizmet, die in den letzten Jahren nach Europa gekommen sind, haben in der Türkei einen hohen Preis bezahlt. Ihre Integration braucht einfach Zeit.«

In einem Punkt sind sich freilich alle Gülenisten einig: Europa ist die Region, wo sie hoffen können, ihre Netzwerke wieder aufzubauen. Hier sind ihre Vereinigungen ganz offiziell zugelassen. Doch die jungen Kader sehen die Zeit der Selbstkritik und der Neuorientierung gekommen.

Ein junger Gülen-Anhänger formuliert es so: »Wir haben immer gesagt, dass wir eine zivilgesellschaftliche Bewegung sind, aber wir waren auf den Staat fixiert. Wir haben gesagt, dass wir unpolitisch sind, aber wir haben eine politische Partei unterstützt. Jetzt müssen wir erst mal vor unserer eigenen Haustür kehren.« Ein anderer »Dissident« meint allerdings, die internen Diskussionen führten zu nichts. Im Übrigen seien die Traditionalisten immer noch stärker

als die Modernisierer: »Solange Fethullah Gülen lebt, wird sich nichts tun. Und danach? Da wird die Bewegung implodieren.« ●

Aus dem Französischen von Ursel Schäfer

1 Siehe Günter Seufert, »Anatomie eines Putsches«, *Le Monde diplomatique*, Oktober 2016.
2 Zum Verlauf dieses Konflikts siehe Günter Seufert, »Der mächtige Herr Gülen«, *Le Monde diplomatique*, Februar 2014.
3 Siehe Jean Marcou, »Die Welt aus der Sicht Erdoğans«, *Le Monde diplomatique*, Mai 2017. Von einem »Gegenputsch« spricht Yavuz Baydar in seinem »Brief aus dem Exil«, *Le Monde diplomatique*, Oktober 2016.
4 *Zaman* erschien in zwölf EU-Ländern und erreichte eine Gesamtauflage von bis zu 50 000 Exemplaren.
5 Es handelte sich um eine Wanderausstellung mit Fotos berühmter türkischer Fotografen, die auch in Wien, London und Athen gezeigt wurde.
6 Die Entführung von sechs Personen aus Pristina am 29. März 2018 ist dokumentiert unter: www.zdf.de/politik/frontal-21/die-verschleppten-100.html.

Erstmals erschienen in *Le Monde diplomatique* vom Oktober 2019. Aktualisiert.

Fortsetzung von Seite 11

kartografische Usurpation wurde allerdings von keiner der internationalen Ägäis-Karten übernommen.

Mit welchen rechtlichen Argumenten begründet die türkische Seite ihren Anspruch auf Territorien, die sie selbst jahrzehntelang als griechisch anerkannt hat? Im Grunde hat sie keine, genauer: Sie postuliert ein Völkerausnahmerecht alla turca. Im März 1996 verkündete die Regierung Çiller, die Türkei fühle sich in der Ägäis nur an internationale Übereinkommen gebunden, die sie selbst als gültig anerkennt und die von Griechenland und der Türkei unterzeichnet wurden.[8]

So gesehen könnte die Türkei die Souveränität Griechenlands über sämtliche Dodekanes-Inseln bestreiten. Heute negiert Ankara also nicht nur die Gültigkeit des Internationalen Seerechtsübereinkommens, sondern auch der türkisch-italienischen Grenzregelungen von 1932. Das erklärt zugleich, warum sie nicht bereit ist, die Ägäis-Problematik vor den Internationalen Gerichtshof (IGH) in Den Haag zu bringen. Ankara zieht es vor, im rechtsfreien Raum zu operieren.

Der Politikwissenschaftler Alexis Irakleidis argumentiert, die Deklaration einer selektiven 12-Meilen-Zone um die östlichsten der Dodekanes-Inseln – einschließlich Kastelorizo – wäre für Ankara unter Umständen hinnehmbar, wenn Athen zugleich hochoffiziell erklären würde, dass es auf eine entsprechende Ausdehnung seiner Hoheitsgewässer im Rest der Ägäis-Region verzichtet.[9] Was Irakleidis vorschlägt, würde auf das Angebot einer einvernehmlichen Lösung des Ägäis-Konflikts hinauslaufen, welcher seit Beginn der Krise im östlichen Mittelmeer fast in Vergessenheit geraten ist.

Eine Klärung der Frage der Hoheitszonen ist außerdem Voraussetzung dafür, dass es überhaupt zu einem Schiedsverfahren in Sachen AWZ kommen kann. Denn dafür müssen beide Seiten ein sogenanntes Compromissum ausarbeiten. In diesem gemeinsamen Antragsdokument müssten die Hoheitszonen definiert werden, jenseits derer die jeweiligen Wirtschaftszonen beginnen.

Eine solche Klärung böte auch die Chance, ein Problem zu bereinigen, das die griechische Seite mit dem Völkerrecht in Konflikt bringt. Athen beansprucht für den Luftraum über seinen Inseln eine größere Hoheitszone als auf der Wasserebene, nämlich 10 statt 6 Seemeilen.

Dies bedeutet eine weltweit einmalige Anomalie, die weder mit Unclos noch mit der Chicagoer Konvention über die internationale Zivilluftfahrt vereinbar ist.[10]

Auch in diesem Punkt müssten die Politiker der griechischen Öffentlichkeit klarmachen, dass eine Auflösung des Widerspruchs im eigenen Interesse liegt. Dies haben mehrere Athener Regierungen implizit eingestanden, indem sie über diese Frage explorative Gespräche mit der Türkei geführt haben, die 2016 von Ankara abgebrochen und erst im Januar 2021 wieder aufgenommen wurden.[11]

Die Wiederaufnahme dieser Sondierungsgespräche, die am 16. März 2021 in Athen in die zweite Runde gingen, ist ein gutes Zeichen. Zumindest sitzen beide Seiten wieder an einem Tisch. Dass diese Treffen die konfrontative Konstellation schnell entschärfen werden, darf allerdings bezweifelt werden. Denn in beiden Ländern herrscht derzeit eine Stimmung, die jedes Nachdenken über einen Kompromiss in den Ruch des Hochverrats bringt. ●

1 Interview im TV-Sender Mega vom 11. August 2020. Diese Einschätzung wurde durch eine Meldung bestätigt, wonach sich die Militärführung der Forderung Erdoğan widersetzt habe, ein griechisches Schiff anzugreifen oder ein griechisches Kampfflugzeug abzuschießen, *Die Welt*, 1. September 2020.
2 Siehe Didier Billion, »Erdoğans Poker«, *Le Monde diplomatique*, Oktober 2019.
3 *Ahval News*, 12. August 2020.
4 Siehe Günter Seufert: »Die Türkei auf dem Weg zur Seemacht«, *Le Monde diplomatique*, Mai 2019.
5 Die AWZ-Grenze entspricht in der Regel den Grenzen des Festlandsockels. Die begriffliche Differenz zwischen beiden Größen spielt im griechisch-türkischen Streitfall keine Rolle, weshalb hier nur von der AWZ gesprochen wird.
6 Interview mit *Real News* vom 30. August 2020.
7 Der Pariser Vertrag listet 14 Inseln namentlich auf, bezieht sich aber auch auf die »anliegenden Inseln«; siehe: Krateros Ioannou, »A tale of two islets«, in: *Thesis*, Frühjahr 1997, www.hri.org.
8 Siehe Deniz Bölükbasi, *Turkey and Greece. The Aegean Disputes: a Unique Case in International Law*, Oxford (Routledge-Cavendish) 2004.
9 *Efimerida ton Syntakton*, 22. Oktober 2020.
10 Siehe dazu: Alexis Irakleidis, *Aigaio kai Anatoliki Mesogeios* (Ägäis und östliches Mittelmeer. 50+1 Ansichten zu den griechisch-türkischen Streitfragen), Athen 2020.
11 Diese extensiven Erkundungsgespräche (von denen es bis 2016 insgesamt 61 Runden gab) steuerten, sicheren Informationen zufolge, auf einen Kompromiss zu, der auf eine Hoheitszone von 9 bis 10 Seemeilen (auf Meeresebene wie im Luftraum) hinauslief.

Erstmals erschienen in *Le Monde diplomatique* vom September 2020. Aktualisiert.
© 2020 *Le Monde diplomatique*, Berlin

Der Staat bin ich

Von Günter Seufert

Ein frommes Volk steht auf gegen eine entfremdete Elite. Das ist der Kernsatz der Ideologie von Recep Tayyip Erdoğan, dem Staatspräsidenten der Türkei. Seit Juni 2018 regiert Erdoğan das Land im Rahmen eines – wie er selbst sagt – Präsidialsystems »türkischer Art«.[1] Jahrzehntelang sei das Volk mit Hilfe des Militär beherrscht und permanent einer säkularen Gehirnwäsche unterzogen worden, meint Erdoğan. Der Parlamentarismus und die frühere Verfassung hätten nur den Interessen der verwestlichten kemalistischen Elite gedient. Die alte Verfassung sei aus dem Westen »exportiert« worden und »nicht auf diesem Boden gewachsen«. Sie repräsentiere deshalb nicht »die Werte der Nation«.

Was die Gewaltenteilung betrifft, so dient sie nach Erdoğans Lesart nur dazu, die Rechte und den Handlungsspielraum der vom Volk gewählten Regierung zu beschneiden. Dagegen könne es echte Demokratie nur geben, wenn ein vom Volk direkt gewählter Präsident die Werte der Nation unmittelbar verkörpere; wenn seine Herrschaft dem Willen des Volkes vollkommen entspreche und er genau deswegen seine Macht mit niemandem teilen müsse. Erst unter einer solchen Regierungsform fände die Türkei zu ihrer natürlichen Stärke zurück und könne erneut zur Führungsmacht der (sunnitischen) Muslime aufsteigen.

Die Aussicht der Türkei auf eine glänzende Zukunft erkläre, so Erdoğan, warum das missgünstige Ausland – primär der Westen – ihn unbedingt zu Fall bringen wolle. Und zwar mit Hilfe einer »fünften Kolonne«, zu der Erdoğan alle Kräfte zählt, die nicht direkt unter seinem Kommando stehen. Dazu gehören die Parteien der Opposition im Parlament, die Kommunalverwaltungen, in denen Erdoğans Gerechtigkeits- und Entwicklungspartei (AKP) nicht am Ruder ist, unabhängige Berufsverbände wie Ärzte- und Rechtsanwaltskammern, Richter und Staatsanwälte, die nicht in seinem Sinn agieren, NGOs, die sich mit anderen Dingen als Religion und Tradition befassen, die freie Presse, soziale Medien aber auch Unternehmer, die seine Wirtschaftspolitik ablehnen.

Wenige Jahre Präsidialsystem haben ausgereicht, um die politische Landschaft grundlegend zu verändern. Mittlerweile werden Neuregelungen öfter durch Präsidialverordnungen vorgenommen, die ohne Mitwirkung des Parlaments erlassen werden, als durch vom Parlament verabschiedeten Gesetze.[2] Abgeordnete können selbst für ihre Äußerungen im Parlament verklagt werden.[3] Mehr als die Hälfte der gewählten Bürgermeister der prokurdischen HDP sind ihrer Ämter enthoben und durch vom Innenminister bestimmte »Treuhänder« ersetzt worden.

Um die Rechtsanwaltskammern zum Schweigen zu bringen, wurde ihre einheitliche Struktur zerschlagen. Die Kritik der Ärztekammer an den Coronamaßnahmen der Regierung führte zu Drohungen, die Kammer umgehend aufzulösen. Präsident und Regierungspartei bestimmen die Zusammensetzung des Rats der Staatsanwälte und Richter, der die Fach- und Dienstaufsicht über die niedrigen Gerichte führt und dafür sorgt, dass Urteile im Sinne der Regierung gefällt werden. Nur so ist zu erklären, warum seit Erdoğans Amtsantritt schon mehr als 12 000 Verfahren wegen Beleidigung des Präsidenten eröffnet worden sind, ein denkbar dehnbarer Vorwurf und eine effektives Instrument gegen unliebsame Kritik.[4] Erdoğans Partei AKP verschmilzt zunehmend mit der Bürokratie, und die Türkei entwickelt sich in Riesenschritten zum Einparteienstaat.

Inzwischen hat der Staatspräsident seine Herrschaft weiter ausgebaut als jeder zivile türkische Politiker vor ihm. Doch zu welchem Zweck? Bislang hat Erdoğan kein einziges seiner politischen Ziele erreicht, die er bei seinem Regierungsantritt 2003 verkündet hat. Und seit 2013 ist die Frage, welche inhaltlichen oder zukunftsweisenden Vorstellungen er mit seiner Politik verfolgt, vollkommen hinter den Kampf um den Machterhalt zurückgetreten.

Eine transformative politische Agenda, wie sie die AKP anfangs verkündet hat, existiert nicht mehr. Vergessen sind Themen wie Demokratisierung oder die EU-Mitgliedschaft, von denen Kritiker des Staatspräsidenten ohnehin annehmen, dass sie für ihn immer nur taktische Bedeutung hatten. Aber auch politische Ziele, die sich nahtlos mit der muslimisch-konservativen Identität der AKP und ihrer neuerdings nationalistischen Orientierung decken, wurden nicht erreicht.

Das gilt zumal für die Außenpolitik. Von der Vision, die Türkei als bestimmende Macht im Nahen Osten zu etablieren, ist genau so wenig geblieben wie von der Hoffnung, das Kurdenproblem durch die Einbindung der Kurden in eine stärker muslimisch geprägte türkische Nation zu lösen. Gescheitert ist auch die Strategie, in Ägypten und Syrien der AKP verwandte Gruppierungen der Muslimbruderschaft an die Regierung zu bringen. Von einer türkischen Politik, die weit nach Osten ausgreift, kann keine Rede mehr sein: Heute beschränkt sich die Nahostpolitik Ankaras wieder – wie zu den Hochzeiten kemalistischer Herrschaft – auf das engstirnige Ziel, eine kurdische Selbstverwaltung in den Nachbarstaaten zu verhindern *(siehe den Beitrag von Günter Seufert auf Seite 38)*.

Auch das zentrale wirtschaftspolitische Ziel ist – und zwar nicht nur aufgrund der Coronapandemie – in weite Ferne gerückt: Schon heute ist klar, dass die Türkei 2023, zum 100. Jahrestag der Gründung der Republik, nicht zu den zehn führenden Industrienationen zählen wird. Im Gegenteil, die Türkei, die 1979 mit ihrem Bruttoinlandsprodukt noch Rang 16 auf der Liste der weltweit größten Volkswirtschaften belegte, ist nach Schätzungen des Internationalen Währungsfonds 2020 auf Platz 20 abgefallen.[5]

Das Bemühen, die Bevölkerung in eine einheitliche, fromme muslimische Nation zu überführen, blieb ebenso erfolglos – trotz allen staatlichen Drucks auf die säkularen Teile der Gesellschaft. Enttäuscht wurden auch die Erwartungen vieler konservativer AKP-Wähler, Korruption und Nepotismus würden sich von selbst erledigen, wenn erst einmal fromme Muslime an der Regierung sind. Es ist deshalb kein Wunder, dass sich bei Wählern wie Mitgliedern der Regierungspartei eine große Ernüchterung breit macht und die Dynamik der AKP nachgelassen hat.

Bei den Präsidentschaftswahlen vom 24. Juni 2018 konnte Erdoğan zwar schon im ersten Wahlgang mit 52,6 Prozent der Stimmen die absolute Mehrheit erringen. Doch anders als bei seiner ersten Wahl zum Staatspräsidenten im August 2014 war er 2018 auch auf jene Wähler angewiesen, die bei der gleichzeitig abgehaltenen Parlamentswahl ihr Kreuz bei der rechtsextremen Partei der Nationalistischen Bewegung (MHP) gemacht hatten – da kam die AKP nämlich nur noch auf 42,6 Prozent der Stimmen.

Der Gipfel der Wählergunst liegt für die Erdoğan-Partei nunmehr bereits zehn Jahre zurück: Im Juni 2011 hatte sie mit 49,8 Prozent fast jeden zweiten Wähler überzeugen können. Bei den Kommunalwahlen im März 2014 sackte sie auf 43,6 Prozent ab, bei den Parlamentswahlen im Juni 2015 auf 40,9 Prozent. Bei den letzten Kommunalwahlen vom März 2019 verlor die AKP trotz ihres Bündnisses mit der MHP die Rathäuser fast aller Großstädte, die von Bedeutung für das wirtschaftliche und politische Leben der Türkei sind: Istanbul, Ankara, Izmir, Antalya, Mersin und Adana. Zwischen Juni und Oktober 2020 lag die AKP in verschiedenen Meinungsumfragen nur noch zwischen 30,6 und 33,2 Prozent, und ihr Bündnis mit der rechtsextremen MHP kam über 40 Prozent der Stimmen nicht hinaus.[6]

Paradoxerweise hat das Präsidialsystem und die dadurch institutionalisierte Alleinherrschaft Erdoğans maßgeblich zum Niedergang der AKP beigetragen. Mit dem Machtantritt der AKP 2002 hatte sich das türkische Parteiensystem stabilisiert. Der religiös-konservative und gemäßigt nationalistische Teil der Bevölkerung stellt in der Türkei das bei Weitem größte politische Lager dar. Als seine Vertreterin hatte die AKP eineinhalb Jahrzehnte lang keine Mühe, die nötigen Mehrheiten einzufahren, um das Land allein zu regieren. Die Opposition focht mehr miteinander als gegen die Regierungspartei. Sie war zu stark entlang religiös-ethnischer Linien gespalten, um gemeinsame Sache gegen die AKP zu machen.

Die Republikanische Volkspartei (CHP) vermochte es nicht, andere Gruppen als streng säkulare städtische Kreise und die religiös heterodoxen Aleviten anzusprechen und erreichte deshalb schon seit 1995 nie mehr als 26 Prozent der Stimmen. Die prokurdischen Parteien stießen bei der ethnisch-türkischen Mehrheit auf Ablehnung und hatten Mühe, die Zehn-Prozent-Hürde für den Einzug ins Parlament zu überwinden. Die extrem-nationalistische MHP kam für kurdische Wähler nicht infrage, und den Wählern der CHP war sie zu bildungsfern und auch nicht säkular genug. Die Einführung des Präsidialsystems brachte Bewegung in diese erstarrte Parteienlandschaft. Die Alleinherrschaft Erdoğans servierte der ansonsten heillos zerstrittenen Opposition ein gemeinsames Ziel: die Rückkehr zum Parlamentarismus. Und in Präsident Erdoğan hatte sie einen gemeinsamen Gegner.

Weil ihr Chef Devlet Bahçeli Erdoğans Pläne unterstütze, spaltete sich die MHP, und es entstand die rechts-nationale Gute Partei (IyiP). Die schmiedete ein Wahlbündnis mit der CHP, dem auch die kleine religiös-konservative Glückseligkeitspartei (SP) beitrat. Obwohl die drei Parteien sich weigern, die prokurdische HDP als Bündnispartner anzuerkennen, unterstützte die HDP bei den letzten Wahlen die Anti-Erdoğan-Koalition. Nur aufgrund dieser Unterstützung schaffte es die CHP, der AKP so viele Bürgermeisterposten abzujagen.

Das Bündnis von AKP und MHP hat seinen Ursprung im gescheiterten Putschversuch vom 15. Juli 2016. In den Jahren davor war MHP-Chef Devlet Bahçeli einer der schärfsten Kritiker Erdoğans und dessen Plan, ein Präsidialsystem einzuführen. In den Augen Bahçelis untergrub Erdoğans Politik damals die Fundamente des türkischen Staats. Dass dieser mit den Militanten der Arbeiterpartei Kurdistans (PKK) verhandelte, den Kurden kulturelle Rechte gewährte und ihnen größere lokale oder gar regionale Selbstbestimmung zugestehen wollte, war für Bahçeli »Landesverrat«. Seiner Ansicht nach unterhöhlte Erdoğan damit den unitären, ethnisch-türkischen Charakter der Republik.[7]

Ein Dorn im Auge war Bahçeli auch, dass Erdoğan und seine AKP mit der klandestinen Gülen-Bewegung paktierten und deren Kader

in Polizei, Geheimdienst und Justiz einschleusten. Indem Gülens Gefolgsleute die Mammutprozesse[8] gegen das türkische Militär vorantrieben, legten sie in den Augen Bahçelis die Axt an einen Grundpfeiler des Staates.

Nach dem Putschversuch vom Juli 2016 wurden die Karten neu gemischt. Die AKP und Erdoğan waren geschwächt, ihr Bündnis mit Gülen war bereits im Dezember 2013 zerbrochen. Jetzt sah sich die Regierung gezwungen, Gülen-Anhänger aus der Verwaltung zu drängen, was der MHP die Chance bot, eigene Kader unterzubringen. Denn Erdoğan war aufgrund der Schwäche seiner eigenen Partei auf die Rückendeckung der MHP im Parlament, aber auch bei Wahlen angewiesen. Im Oktober 2016 vollzog MHP-Chef Bahçeli deshalb eine Kehrwende und wurde vom schärfsten Kritiker des Präsidialsystems zu seinem eifrigsten Befürworter. Zusammen peitschen Erdoğan und Bahçeli den Wechsel des Regierungssystems per Volksabstimmung durch. Der AKP-Chef bekam sein Präsidialsystem. Bahçeli und seine MHP wurden indes zum Zünglein an der Waage und gewannen unverhältnismäßig großen Einfluss auf das Regierungshandeln. Damit wandelte sich aber auch die Bedeutung und innere Logik des Präsidialsystems: Von Erdoğan war es als Vehikel gedacht, um durch die dramatische Ausweitung der präsidentiellen Befugnisse die kemalistische Elite zu entmachten und den Staat in seinem Sinn zu transformieren. Jetzt machte die Schwächung der AKP und der Einfluss der MHP das Präsidialsystem zum Mittel der Restauration des alten Staats, wenn auch in islamisierter und radikalisierter Form.

In Erdoğans Kampagne wurde die Notwendigkeit des Systemwandels auch mit der Behauptung begründet, die Wirtschaft der Türkei kranke daran, dass die politischen Entscheidungswege zu lang seien. Deshalb müsse man die Macht in einer Hand konzentrieren, auch um zu verhindern, dass Berufsverbände, Umweltschützer und die Opposition Großprojekte blockieren, die für die wirtschaftliche Entwicklung der Türkei unverzichtbar seien.

Es war deshalb keine Überraschung, dass Erdoğan sofort nach seiner Wiederwahl auch in der Wirtschaftspolitik die Zügel in die Hand nahm. In seiner neuen, im Juli 2018 berufenen Ministerriege fehlte Mehmet Şimşek, der frühere Finanzminister und Vizeministerpräsident, der bei internationalen Anlegern als verlässlich und berechenbar galt. Stattdessen berief Erdoğan seinen Schwiegersohn Berat Albayrak zum Minister für Finanzen, dem damit auch die Kontrolle über die Staatskasse oblag *(siehe den Beitrag von Jürgen Gottschlich auf Seite 46)*. Dass der junge Mann unter der Kuratel des Präsidenten stand, machte eine Episode im Oktober 2018 deutlich: Nachdem Albayrak einen Beratervertrag mit McKinsey abgeschlossen hatte, ohne seinen Schwiegervater zu fragen, musste er den Vertrag unverzüglich wieder auflösen.

Im September 2018 machte sich der Präsident selbst zum Chef des türkischen Staatsfonds. Der im August 2016 gegründete Fonds verwaltet die Anteile des Staats an einer Reihe großer Unternehmen und soll die Finanzierung von Megainfrastrukturprojekten sichern. In seiner neuen Rolle kann Erdoğan seither auch Entscheidungen über Privatinvestitionen treffen. Ein entscheidender Schritt zu Erdoğans persönlichem Regiment auch in der Finanz- und Wirtschaftspolitik war ein Dekret vom 10. Juli 2018, wonach der Präsident auch den Chef der »unabhängigen« Zentralbank ernennen kann. Erdoğan machte davon zuletzt im November 2020 Gebrauch, als er seinen Schwiegersohn Albayrak als Minister entließ und gleichzeitig den Chef der Zentralbank ersetzte. Die Türkische Lira war vorher auf einen neuen historischen Tiefstand gefallen.

Türkische Ökonomen, die nicht der AKP nahestehen, sehen in Erdoğans Wirtschaftspolitik einen explosiven Mix am Werk: Der besteht erstens aus der Unberechenbarkeit von Erdoğans wirtschaftspolitischen Entscheidungen; zweitens aus der Intransparenz der staatlichen Mittelvergabe, die zur Korruption einlädt; drittens aus der Konzentration auf überdimensionierte Infrastrukturprojekte, die viertens auf Kosten der Investitionen in den produktiven Sektoren gehen. Es ist die Kombination dieser vier Faktoren, die den Wirtschaftskurs der AKP so problematisch macht.

Die strukturellen Schwächen der türkischen Wirtschaft sind dagegen altbekannt. Die wichtigsten Stichworte sind: eine chronisch niedrige Sparquote, die Abhängigkeit der Industrie von importierten Halbfertigprodukten, geringe Produktivität und Wertschöpfung und – als Resultat all dieser Faktoren – die starke Abhängigkeit von internationalen Finanzmärkten. Vor diesem Hintergrund haben willkürliche politische Entscheidungen und ein Diskurs, der internationale Anleger verschreckt, gravierende Folgen.

Das zeigte sich am deutlichsten im Verlauf der Finanzkrise 2018 und dem damaligen rapiden Wertverlust der Türkischen Lira (TL). Im April 2018 kostete ein US-Dollar vier TL. Als die Lira unaufhaltsam fiel, reiste Erdoğan nach London. Dort traf er sich am 13. Mai im Bloomberg-Büro mit potenziellen Investoren, denen er seine Wirtschaftsphilosophie und seine Pläne für die Zukunft erläuterte. Dabei kündigte er an, dass er nach den Wahlen vom Juni im Rahmen des neuen Präsidialsystems noch stärker als bisher die Politik der türkischen Zentralbank bestimmen werde. Zudem proklamierte er als sein zentrales finanzpolitisches Ziel einen realen Zinssatz von null Komma null Prozent. Zuvor hatte er seinem verblüfften Publikum erklärt, dass die Zinsen die Inflationsrate bestimmen und nicht umgekehrt, wie es die herrschende Finanztheorie lehrt.

Die Anleger lernten daraus zwei Dinge: Erstens, dass Erdoğan eine kaum verbrämte islamische Sichtweise auf die Wirtschaft hat, die den Zins verteufelt. Und zweitens die Erkenntnis, dass Erdoğan künftig noch weniger berechenbar agieren würde. Einer seiner Zuhörer kommentierte wenige Tage später: »Ich sehe keine Hoffnung. Es scheint ganz so, als würde er auf niemanden mehr hören.«[9]

Nach diesem 13. Mai verlor die Lira binnen 24 Stunden 4 Prozent ihres Werts gegenüber dem Dollar, und dieser Trend setzte sich noch über Wochen fort. Zu einem ähnlichen Kursausschlag kam es am 10. August 2018, als sich Erdoğan weigerte, den willkürlich verhafteten US-amerikanischen Prediger Andrew Brunson, der da schon seit fast zwei Jahren im Gefängnis saß, zu entlassen. Als Trump daraufhin die Verdoppelung von Zöllen auf Stahl und Aluminium aus der Türkei anordnete, verlor die Lira an einem Tag 11 Prozent ihres Werts und der Dollarkurs kletterte auf fast sieben Lira.

Zwischen Intransparenz und Korruption einerseits und der Konzentration auf überdimensionierte Infrastrukturprojekte andererseits besteht eine enge Beziehung. Die AKP hat sich ihre eigene Klasse von Bauunternehmern herangezogen. Diese werden mittels Privatisierungen staatlicher Unternehmen und Zuteilung öffentlicher Aufträge großzügig gefördert, wofür sie sich mit Parteispenden revanchieren.[10] Dass die Regierung ihr nahestehende Unternehmen massiv päppelt, blieb auch international nicht unbeachtet. In einer Studie der Weltbank, die auflistet, welche Unternehmen von 2002 bis 2020 schwerpunktmäßig von Staatsaufträgen lebten, belegte eine türkische Baufirma den ersten Platz; auf den ersten zehn Plätzen fanden sich vier weitere Infrastrukturunternehmen aus der Türkei.[11] Um diese Vorteilsgewährung großen Stils juristisch abzusichern, wurde seit dem Machtantritt der AKP das 70 Paragrafen umfassende Gesetz über öffentliche Ausschreibungen, sage und schreibe: 191-mal geändert. Die ständig neuen Ausnahmeregelungen führten zu einer Intransparenz, die vor allem die Public-Private-Partnership-(PPP)-Projekte kennzeichnet. Auf diese Weise werden den an PPP beteiligten Unternehmen auf Kosten der Steuerzahler weit überhöhte Renditen garantiert.

Besonders großzügig sind die Kalkulationen zum Wohle der ausführenden Privatfirmen bei drei Prestigeprojekten der AKP-Regierung ausgefallen. Sowohl die dritte Brücke über den Bosporus (Yavuz-Sultan-Brücke), als auch der Eurasien-Straßentunnel unter dem Bosporus (Avrasya Tüp Tüneli) und die 2016 eröffnete Brücke über den östlichen Ausläufer des Marmarameers (Osman-Gazi-Brücke) werden wesentlich weniger genutzt als projektiert.

Die Zahl der Fahrzeuge, die diese Verkehrswege kostenpflichtig nutzen sollten, wurde bei der Yavuz-Sultan- Brücke um zwei Drittel, beim Eurasien-Tunnel um 50 Prozent und bei der Osman-Gazi-Brücke um rund 60 Prozent zu hoch angesetzt.[12] Die Differenz bezahlt der Staat, der den Unternehmen eine Rendite auf Basis von wahrscheinlich bewusst überzogenen Projektionen zugesagt hatte. 2018 zahlte der türkische Staat den Unternehmen im Rahmen solcher PPPs 7,4 Milliarden US-Dollar. Bis Ende 2021 wird diese Summe auf 44,5 Milliarden US-Dollar ansteigen.[13]

Trotz Einschüchterung und Behinderung der Opposition hing Erdoğan und Bahçelis Erfolg im April 2017 beim Referendum über die Einführung des Präsidialsystems am seidenen Faden. Nur eine denkbar knappe Mehrheit von 51,4 Prozenten stimmten für die Verfassungsänderung. Seitdem ist die Begeisterung für Erdoğans Modell vor dem Hintergrund einer verheerenden Bilanz kräftig gesunken. In einer Umfrage vom Januar 2021 sprachen sich nur noch 34,5 Prozent – etwas mehr als bei Befragungen für die AKP votieren – dafür aus, an einem Präsidialsystem »türkischer Art« festzuhalten.[14]

Die Ablehnung von Erdoğans Alleinherrschaft ist das Zugpferd für die Opposition. Wenn es den Parteien der Opposition gelingt ihre ideologischen Differenzen zu überwinden und ein gemeinsames politisches Ziel zu formulieren, dann hat sich Erdoğan mit seinem Präsidialsystem gründlich vergaloppiert. ●

1 *Hürriyet*, 29. Januar 2016.
2 Siehe Pinar Tremblay, »Is Turkey already done with executive presidency?«, *Al Monitor*, 18. Juni 2020
3 BBC Türkçe, 2. November 2018, *www.bbc.com/turkce/haberler-dunya-46073!>105*.
4 Nachrichtenwebsite *T24.com.tr*, 28. Mai 2019.
5 World Economic Outlook Database, International Monetary Fund, Oktober 2020.
6 Siehe etwa die Nachrichtenwebsites *bianet.org*, 17. August 2020, und *yurtgazetesi.com.tr*, 21. September 2020.
7 *Sözcü*, 10. Januar 2017.
8 Im sogenannten Ergenekon-Prozess zwischen 2007 und 2013 wurden zahlreiche (Ex)-Militärs aber auch viele Zivilisten zu langjährigen Haftstrafen verurteilt. Ihnen wurde vorgeworfen, Mitglieder in einer Verschwörergruppe zu sein, die als Teil des »tiefen Staats« den Sturz der AKP-Regierung geplant habe.
9 *Financial Times*, 16. Mai 2018.
10 Siehe Berk Esen und Sebnem Gumuscu, »Building a Competitive Authoritarian Regime: State-Business Relations in the AKP's Turkey«, *Journal of Balkan and Near Eastern Studies*, 4/2018, S. 349–372.
11 *T24.com.tr*, 28. Dezember 2020
12 Nachrichtenwebsite *Sputniknews*, 30. Juni 2017.
13 So die CHP-Abgeordnete Selin Sayek Böke auf der Nachrichtenwebsite *Duvar*, 14. Dezember 2018.
14 MetroPOLL-Umfrage vom Januar 2021.

Erstmals erschienen in *Le Monde diplomatique* vom Januar 2019. Aktualisiert.
© 2019 *Le Monde diplomatique*, Berlin

Alltag in Angst

Nach dem Putsch von 2016 wurden vor allem Gülen-Anhänger Opfer brutaler Repression

Puppe von Fethullah Gülen, Üsküdar, Istanbul, August 2016. ■ YANN RENOULT | WOSTOK PRESS

Von Pierre Puchot

Sechs 20-stöckige Betonhochhäuser, die einen eigenen kleinen Stadtteil von Istanbul bilden: Hier leben vor allem Mittelschichtfamilien. Alle wissen von dem Unglück, das die Familie von Ravza K. getroffen hat. Die 42-jährige Mutter von zwei Teenagern will ihren richtigen Namen nicht nennen. »Die Regierung führt einen Psychokrieg gegen uns. Immer wenn es an der Tür klopft, haben wir Angst, verhaftet zu werden. In jedem Moment, bei jeder Straßenkontrolle, durch jeden Telefonanruf kann unser Leben stehenbleiben.«

Mit der Offensive von Präsident Recep Tayyib Erdoğan gegen seinen einstigen Verbündeten Fethullah Gülen, den Milliardär, muslimischen Prediger und Gründer der Hizmet-Bewegung, fing es an.[1] Nachdem Gülen zu Beginn der 2000er Jahre Erdoğan zur Macht verholfen hatte, wurde er, der inzwischen in den USA lebt, zum »Verräter«. Im Dezember 2013 soll er geheime gerichtliche Untersuchungen gegen Erdoğans Clan beauftragt und durchgeführt haben. Erdoğan beschuldigt ihn, den gescheiterten Staatsstreich vom 15. Juli 2016 organisiert zu haben.

Das Vorgehen der Regierung gegen die Gülen-Anhänger forderte Zehntausende unschuldige Opfer. Massenverhaftungen, Ausschluss aus dem öffentlichen Dienst, dem Militär und den Sicherheitsdiensten und juristische Verfolgung zeugen von einer nie dagewesenen »Säuberung« der Gesellschaft. Nach dem Putschversuch verhängte die Regierung den Ausnahmezustand, der bis Juli 2018 in Kraft blieb. Nach Meinung vieler übertraf die Repression sogar die Maßnahmen nach den Militärputschen von 1960, 1971 und 1980.

Erdoğan hat nicht nur die Gülen-Anhänger im Visier. Die Verurteilung des Schriftstellers und Journalisten Ahmet Altan zu lebenslanger Haft im Februar 2018 hat in der Türkei wie im Ausland große Empörung ausgelöst. Ihm wurde »versuchter Sturz der Großen Türkischen Nationalversammlung«, »versuchter Sturz der Regierung« und »versuchter Umsturz der verfassungsmäßigen Ordnung« zur Last gelegt.[2]

Als Ravza K. am 18. Juli 2016, drei Tage nach dem Putsch, mit ihrem Mann auf dem Weg in ihre Heimatstadt Konya war, hörten sie, dass alle Schulen der Gülen-Bewegung geschlossen werden sollten, auch die, die ihr jüngerer Sohn besuchte. Herr K. fuhr nach Istanbul zurück, um den Jungen in einer anderen Schule anzumelden. Unterwegs rief ihn sein Arbeitgeber an und teilte ihm seine Entlassung mit. Herr K. war Geschichtslehrer. Er hatte zwar früher in einer Gülen-Schule unterrichtet, arbeitete aber seit vier Jahren in einer staatlichen Einrichtung. Nur wenige Stunden später wurde auch der Vertrag von Frau K. als Religionslehrerin an einer anderen, ebenfalls staatlichen Schule gekündigt.

Am selben Abend stand die Polizei vor ihrer Tür. Maskierte Männer stürmten die Wohnung. Herr K. wurde in Handschellen gelegt und zu Boden geworfen. Sie schlugen auf ihn ein und verlangten, er solle die Namen der Mitglieder der »terroristischen Gruppe« nennen, die hinter dem Staatsstreich steckte. Dann nahm ihn die Polizei mit. Frau K. versichert, dass sie und ihr Mann Erdoğans Partei für Gerechtigkeit und Entwicklung (AKP) gewählt haben und vor ihren Schülern immer »die Verdienste der Nation und der türkischen Republik gewürdigt« hätten. Sie kann es bis heute nicht fassen, dass man sie wie »Terroristen« behandelt hat.

Fünf Tage lang versuchte Frau K. herauszufinden, wo ihr Mann festgehalten wurde. Er war Diabetiker, und sie fürchtete, die Polizei würde ihm nicht die Insulinspritzen geben, die er unbedingt brauchte. Schließlich erfuhr sie, dass er im Zentralkommissariat in Vatan eingesperrt war, aber sie sah ihn nicht mehr lebend wieder. Offiziell starb er an Herzstillstand. Der Arztbericht (der etwa eine angebrochene Rippe erwähnte) und die Aussagen von Mitgefangenen bezeugten jedoch lange Folterungen.

Um mit ihren beiden Kindern zu überleben, kann Frau K., die keine Arbeit mehr findet, nur auf die Solidarität der wenigen Nachbarn zählen, die nicht den Blick abwenden, wenn sie sie treffen, und auf gelegentliche Näharbeiten, die ihr 700 türkische Lira (etwa 77 Euro) im Monat einbringen.

Besonders tragisch ist, dass die für die Bearbeitung der Einsprüche entlassener Beamter eingerichtete Kommission, Herrn K. offiziell entlastete – 18 Monate nach seinem Tod. Bis Juli 2020 hat diese »Untersuchungskommission für die Maßnahmen des Ausnahmezustands« über 108 000 Fälle entschieden. Aber nur rund 12 000 entlassene Beamtinnen und Beamten erhielten ihre Stellen zurück.

Taner N. – auch dieser Name wurde geändert – hat Herrn K. in Vatan, dem Ort seines Leidens, nur um drei Tage verfehlt. Immer wieder kommen die Wörter *cehennem und terör* (Hölle und Terror) im Bericht des 31-jährigen Lehrers vor, der dicht an den Hauswänden entlangläuft und sich ständig umsieht, weil er fürchtet, belauscht zu werden. Auch N. war Lehrer an einer Gülen-Schule. Er wurde von einem Schüler angezeigt, der selbst verhaftet worden war, nachdem ihn der Hausmeister dabei ertappt hatte, wie er ein Buch von Gülen in den Müll warf. In der Haft nannte der junge Mann den Namen eines Lehrers, der kurz zuvor eine SMS mit seinem Freund N. ausgetauscht hatte und unter den Schlägen der Polizisten dessen Namen preisgab. In Vatan stürzten sich sofort fünf Polizisten auf ihn und verprügelten ihn stundenlang, damit er seine Beteiligung an einer »Gülen-Terrorgruppe« gestand. »Ich bin ein einfacher Lehrer, ich hatte nichts mit dem Staatsstreich zu tun«, klagt er heute und erzählt mit Tränen in den Augen von den erlittenen Qualen. Nach acht Tagen Haft kam er vor Gericht. »Sie haben mir gar nicht zugehört. Für sie war es eine reine Formalität.«

Im Gefängnis wurde er mit dreißig anderen in eine für sieben Häftlinge vorgesehene Zelle gepfercht. Erst am 28. Dezember 2016 kam er frei. Heute ist Taner N. ein gebrochener Mann. Warum flieht er nicht ins Ausland wie so viele andere in den letzten Jahren? »Ich habe alles verloren, und meine Familie hat schon sehr gelitten. Aber ich bin Muslim, ich glaube immer noch, dass das Gute über das Böse siegen wird.«

Wie Ravza K. und Taner N. leben gegenwärtig Tausende Türkinnen und Türken wie auf Abruf. Seit August 2016 veröffentlichte das offizielle Amtsblatt Namenslisten, auf denen jeden Monat 2000 bis 3000 Personen der geheimen Zusammenarbeit mit terroristischen Organisationen verdächtigt wurden. Die staatsnahen Medien verbreiteten diese Listen. Etwa 130 000 Bürger verloren so ihren Job, ihre Rentenansprüche und zwischenzeitlich sogar ihren Pass.

Kaum jemand traut sich noch, die Fragen ausländischer Journalisten zu beantworten. »Wer auf der Liste steht, ist ein Paria«, erklärt Ekin F., ein junger Psychologe, der arbeitslos ist, seit er auf den Index gesetzt wurde. Auch er hat seine Arbeitslosen- und Sozialversicherung verloren. Seine Freunde besuchen ihn nicht mehr. Er schlägt sich durch, so gut er kann. »Das Schlimmste ist die soziale Isolation. Ich arbeite noch ein bisschen für private Praxen. Aber die Einsamkeit, die Freunde, die sich abwenden, aus Angst, ›angesteckt‹ zu werden … Zum Glück bin ich mit anderen in Kontakt, die das Gleiche erleben.« Sie treffen sich einmal in der Woche und nutzen die sozialen Netzwerke, um ihre Situation öffentlich zu machen. Immer in der Angst vor der nächsten Verhaftung.

Mustafa Sezgin Tanrıkulu, kurdischer Abgeordneter der Republikanischen Volkspartei (CHP, Mitte-links), kämpft schon seit den 1980er Jahren in verschiedenen NGOs für die Einhaltung gesetzlich verbriefter Rechte. Einige seiner Weggefährten wurden ermordet. In den Videos, die er jeden Freitag über Twitter an seine 750 000 Follower schickt, informiert er über die »nie dagewesene« Situation.

Er selbst wurde unter Artikel 301 des türkischen Strafgesetzbuchs angeklagt, der die »Herabsetzung der türkischen Nation, des Staats der Republik Türkei, der Institutionen des Staats und seiner Organe« unter Strafe stellt. Einmal in der Woche trifft Tanrıkulu sich mit ein paar Anwälten, die sich für politische Häftlinge einsetzen.

Das türkische Parlament betrachten viele inzwischen nur noch als ausführendes Organ. »Es gibt keine parlamentarische Arbeit mehr, die diesen Namen verdient«, sagt Ayhan Bilgen von der prokurdischen Demokratischen Partei der Völker (HDP). Bei den Kommunalwahlen von 2019 wurde er zum Bürgermeister der Stadt Kars im Osten des Landes gewählt. Wenig später setzte ihn das Innenministerium zusammen mit anderen HDP-Bürgermeistern ab. Derzeit verbüßt er eine Haftstrafe im Gefängnis in Ankara.

Auch der ehemalige HDP-Vorsitzende Selahattin Demirtaş sitzt seit Herbst 2016 in Haft. Er wurde beschuldigt, die verbotene Arbeiterpartei Kurdistans (PKK) zu unterstützen und zu einer mehrjährigen Gefängnisstrafe verurteilt. Gegen Demirtaş Nachfolgerin, die HDP-Co-Vorsitzende Pervin Buldan, ermittelt die türkische Justiz wegen »Terrorpropaganda«. Buldan hatte es gewagt, die Offensive der türkischen Armee im syrischen Afrin Anfang 2018 zu kritisieren.

Für viele Beobachter erinnert diese Repressionsstrategie an andere Phasen in der Geschichte der Türkei. »Die Macht musste sich immer wieder einen Gegner suchen«, sagt ein im französischen Exil lebender Journalist. »Mal waren es die Aleviten, mal die Armenier.« Heute sind es die Gülen-Bewegung und die Kurden. ●

Aus dem Französischen von Claudia Steinitz

1 Siehe Günter Seufert, »Der mächtige Herr Gülen«, *Le Monde diplomatique*, Februar 2014.
2 Anfang November 2019 wurde Altan auf Anordnung eines Gerichts unter Auflagen freigelassen, nur um einige Tage später erneut festgenommen zu werden. Er sitzt bis heute im Gefängnis.

Erstmals erschienen in *Le Monde diplomatique* vom April 2018. Aktualisiert.

Mit den Kurden,
gegen die Kurden

Die 180-Grad-Wende des Recep Tayyip Erdoğan

Von Günter Seufert

Als Parteivorsitzender stellte sich Recep Tayyip Erdoğan 1991 hinter einen Bericht seiner damaligen Wohlfahrtspartei (RP), der aufzeigte, dass die östlichen und südöstlichen Provinzen der Türkei im Osmanischen Reich wie in den ersten Jahren der Republik als »Kurdistan« bezeichnet wurden. Er brach damit ein Tabu, denn in den 1990er Jahren galt schon die bloße Nennung des Begriffs als staatsgefährdender Separatismus und wurde hart bestraft. Aber das von Erdoğans damaliger Partei verfasste Dokument ging noch weiter und gestand den Kurden eine eigene »nationale Identität« und Sprache zu. Es beklagte, dass die Kurden jahrzehntelang unter »Ausnahmezustandsrecht« leben und »Staatsterror« erdulden mussten. Um den Konflikt zu lösen, wurde unter anderem die Einführung von Schulunterricht auf Kurdisch und die Gründung »lokaler Parlamente« vorgeschlagen.[1]

In seiner Amtszeit als Ministerpräsident (2003–2014) hat Erdoğan gleich mehrmals Verhandlungen mit der verbotenen Arbeiterpartei Kurdistans (PKK) angestoßen. Gründe dafür gab es genug. Schließlich hatte der Konflikt seit 1984, dem Beginn der PKK-Anschläge, selbst nach amtlichen Angaben mehr als 40 000 Todesopfer gefordert – in der Mehrzahl Kurden.[2] 2005 räumte Erdoğan in einer historischen Rede in der türkisch-kurdischen Großstadt Diyarbakir ein, dass der türkische Staat in seiner Kurdenpolitik Fehler gemacht habe.

2009 begannen unter Erdoğans Regie die ersten verdeckten Gespräche mit der PKK. 2012 kam es in Oslo zu mehreren Treffen des türkischen Geheimdiensts mit der PKK, und 2013 begann schließlich die offizielle Verhandlungsrunde, die rund zwei Jahre andauerte.

Die Aufnahme dieser Gespräche war revolutionär. Denn zwar fungierten Vertreter prokurdischer Parteien als Mittelsmänner, aber die Verhandlungen wurden mit Abdullah Öcalan geführt, dem inhaftierten Anführer der PKK, der in den vorangegangen 30 Jahren zum zentralen Feindbild von Volk und Vaterland stilisiert worden war. Damit nicht genug: Indem sie mit Öcalan und der PKK in Verhandlungen trat, bestätigte die Regierung stillschweigend die Sichtweise, der Souverän in der Türkei bestehe im Grunde aus zwei Völkern, den Türken und den Kurden, deren Vertreter nun miteinander verhandelten.

Parallel zur innenpolitischen Liberalisierung vollzog sich – erneut unter Erdoğans Leitung – seit 2003 eine zunächst wirtschaftliche und später auch politische Annäherung der Türkei an die Kurdische Regionalregierung (KRG) im Nordirak. Die traditionelle türkische Politik, jede Form kurdischer Staatlichkeit im Nahen Osten als Casus Belli zu betrachten, hatte sich angesichts des Interesses der USA an Irakisch-Kurdistan als wirkungslos erwiesen. Zudem verhinderte sie ein ökonomisches Engagement der Türkei in einer vielversprechenden Nachbarregion. Schließlich war in der Autonomen Region das Pro-Kopf-Einkommen zwischen 2004 und 2011 von etwa 300 auf 4500 US-Dollar angestiegen.

Im März 2009 nahm Erdoğans Parteifreund, der damalige Staatspräsident Abdullah Gül, erstmals offiziell das Wort »Irakisch-Kurdistan« in den Mund. Bald darauf kamen in der Region Nahrungsmittel und Bekleidung zu 80 Prozent aus der Türkei, und schon 2011 stammten 60 Prozent aller ausländischen Firmen, die sich im kurdischen Nordirak registrieren ließen, aus der Türkei. Türkische Hoch- und Tiefbauunternehmen stampften in der irakisch-kurdischen Hauptstadt Erbil ganze Stadtteile aus dem Boden.[3] 2014 war die Türkei nach den Vereinigten Arabischen Emiraten zweitgrößter Investor in Irakisch-Kurdistan.

Von der ökonomischen Verflechtung profitierten vor allem die schwachen Regionen im Osten und Südosten der Türkei. Der Irak wurde drittgrößter Außenhandelspartner der Türkei, wobei 70 Prozent der türkischen Exporte in den Irak nach Kurdistan gingen. In Ankara und Erbil begann man bereits von einer Komplementarität beider Volkswirtschaften zu sprechen: Kurdistan war in der Lage, die türkischen Industriegüter mit Erdöllieferungen zu bezahlen, die die rohstoffarme Türkei dringend brauchte. Den Höhepunkt der energiepolitischen Zusammenarbeit bildete 2013 die Unterzeichnung eines ganzen Pakets von Vereinbarungen, die unter anderem den Bau einer Öl- und einer Erdgaspipeline aus Irakisch-Kurdistan in die Türkei vorsahen.[4]

Im Januar 2014 floss das erste kurdische Erdöl durch die neue Pipeline von Kirkuk zum türkischen Mittelmeerhafen Ceyhan, und zwar zunächst in Übereinstimmung mit dem irakischen Erdölministerium. Doch nachdem kurdische Milizen, die Peschmerga, am 12. Juni 2014 Kirkuk eingenommen hatten – die irakische Armee hatte vor dem anrückenden »Islamischen Staat« (IS) das Weite gesucht –, exportierte die KRG auf eigene Rechnung. Die Zentralregierung in Bagdad protestierte vergeblich gegen diesen Schritt, der erstmals die Perspektive eröffnete, dass Irakisch-Kurdistan auch ohne Bagdad wirtschaftlich überleben könnte, was in Erbil die Diskussion über eine mögliche Unabhängigkeit vom Irak befeuerte.

Ankara reagierte damals auf diese Entwicklung so gelassen, dass Bagdad und Teheran stark beunruhigt waren. Im Juni 2014 äußerte der damalige türkische Regierungssprecher Hüseyin Çelik, im Falle eines Scheiterns des Iraks als Staat könne die Türkei die Unabhängigkeit Irakisch-Kurdistans anerkennen. Und ein Jahr später erklärte Erdoğan den Fall zur ausschließlich inneren Angelegenheit des Nachbarlands.

Bei seiner Politik gegenüber Irakisch-Kurdistan ging es Erdoğan jedoch nicht nur um das Wohl des türkischen Staats. In jenen Jahren betrachtete Erdoğan Masud Barzani, den Präsidenten der Autonomen Region Irakisch-Kurdistan, als Gegengewicht zur PKK, weshalb er ihn entsprechend hofierte. Ein gutes Verhältnis mit dem eher religiös-konservativen Barzani sollte Erdoğans Gerechtigkeits- und Entwicklungspartei (AKP) bei den türkischen Kurden noch mehr Zuspruch verschaffen. 2013 legalisierte die türkische Regierung die jahrzehntelang verbotene Demokratische Partei Kurdistans/Türkei, einen Ableger von Barzanis Demokratischer Partei Kurdistans (KDP), und Barzani wurde von Erdoğan nach Diyarbakir eingeladen.

Ende Februar 2017 besuchte Barzani die Türkei erneut und wurde dort mit allen Ehren empfangen. Als türkische Nationalisten kritisierten, dass bei diesem Staatsbesuch neben der irakischen auch die kurdische Fahne gehisst wurde, antwortete der damalige Ministerpräsident Binali Yıldırım – Erdoğan war mittlerweile Staatspräsident –, die Autonome Region Kurdistan werde nicht nur vom irakischen Zentralstaat sowie auf internationaler Ebene anerkannt, sondern sei zurzeit auch »unser wichtigster Verbündeter gegen die PKK im Irak«.

Auch die Verhandlungen mit der PKK zur innenpolitischen Lösung des Kurdenproblems hatten viel mit Erdoğans Streben nach der Absicherung, ja dem Ausbau seiner Macht zu tun. Schon als die Verhandlungen mit der PKK begannen, verfolgte Erdoğan das Ziel, ein Präsidialsystem zu installieren, das ihn vom Parlament weitgehend unabhängig und praktisch zum Alleinherrscher machen würde *(siehe den Beitrag von Günter Seufert auf Seite 32)*.

Doch für die dazu notwendige Verfassungsänderung benötigte Erdoğan im Parlament eine Zweidrittelmehrheit. Weil damals sowohl die größte Oppositionspartei, die säkulare Republikanische Volks-

●···

Die Verhandlungen mit der PKK zur innenpolitischen Lösung des Kurdenproblems hatten viel mit Erdoğans Streben nach der Absicherung seiner Macht zu tun

···

partei (CHP), als auch die rechtsextreme Partei der Nationalistischen Bewegung (MHP) die Pläne Erdoğans ablehnten, blieb diesem nur, es mit den Kurden zu versuchen. Im Gegenzug dafür, dass sie die Einführung des Präsidialsystems mittragen, sollten den Kurden kulturelle Rechte und eine Stärkung der Lokalverwaltung gewährt werden – so war damals die Überlegung. Doch weder innenpolitisch noch außenpolitisch entwickelten sich die Dinge im Sinne Erdoğans.

Am 7. Juni 2017 verkündeten Barzanis KDP und andere irakisch-kurdische Parteien, man werde am 25. September desselben Jahres ein Referendum über die Unabhängigkeit der Autonomen Region Kurdistan von Bagdad durchführen. Daraufhin änderte sich der Ton aus der Türkei schlagartig.

Statt das Referendum als innere Angelegenheit des Iraks zu betrachten, wie er es noch 2015 getan hatte, sprach Erdoğan jetzt von einem »Recht der Türkei« auf die Annexion der beiden Provinzen des Osmanischen Reichs, die heute Irakisch-Kurdistan ausmachen. Er verwies auf »historische Dokumente«, die man »jederzeit hervorholen könne«. Erdoğan drohte Barzani auch mit der Schließung der Ölpipeline, ja sogar mit militärischem Eingreifen und einer Einstellung des Handelsverkehrs, der die Kurden aushungern würde.

In Ankara hatte sich Erdoğan mittlerweile die rechtsextreme MHP als neuen Bündnispartner ausgesucht. Ihr Chef, Devlet Bahçeli, degradierte Barzani zu einem »Stammeshäuptling«, dem man seine Grenzen aufzeigen müsse. Bahçeli riet dem KDP-Führer auch, sich an das Schicksal seines Großvaters Muhammad Barzani zu erinnern, den die osmanische Obrigkeit 1917 nach einem Aufstand hingerichtet hatte. 5000 Mitglieder der MHP-Jugendorganisation seien bereit, nach Kirkuk zu ziehen und die Stadt mit Waffengewalt von den Kurden zu säubern, und wenn die Zeit reif sei, könne niemand die Türkei daran hindern, Kirkuk und Mossul zu ihrer 82. und 83. Provinz zu machen.

Auch innenpolitisch scheiterten Erdoğans Pläne mit den Kurden. Die prokurdische HDP (Partei der Demokratie der Völker) entschied sich dagegen, Erdoğan bei der Einführung eines autoritären Präsidialsystems zu unterstützen. Stattdessen ging die HDP bei der Parlamentswahl im Juni 2015 ein Wahlbündnis mit kleinen Parteien der türkischen Linken ein. So schaffte sie den Sprung über die landesweite Zehn-Prozent-Hürde für den Einzug ins Parlament. Dadurch verlor die AKP die absolute Mehrheit in der Volksvertretung und als Reaktion auf diese – wenn auch nur relative – Niederlage, setzte Erdoğan umgehend Neuwahlen an.

Um Stimmen von rechtsaußen zu gewinnen, schlug Erdoğan in der Kurdenfrage nun einen unnachgiebigen Kurs ein, das genaue Gegenteil der Politik des Ausgleichs, die er bis dahin vertreten hatte. Durch die Unterstützung der extrem nationalistischen Wähler erreichte die AKP bei der Wiederholung der Wahl im November 2015 tatsächlich erneut die absolute Mehrheit.

Dem inneren Frieden der Türkei hat das nicht gedient. Als die türkische Regierung eine Verhaftungswelle anordnete, beschloss die PKK, wieder zu den Waffen zu greifen. In der Folge trugen die kurdischen Militanten den Krieg erstmals in die Städte des mehrheitlich kurdisch besiedelten Südostens der Türkei. Die PKK mobilisierte ihre Jugendorganisationen, die sie im großen Stil mit Waffen ausgerüstet hatte.

Das Ergebnis war ein Häuserkampf, bei dem der türkische Staat neben Spezialeinheiten auch schwerste Waffen einsetzte. Das Altstadtviertel Sûr von Diyarbakir und die Grenzstadt Nusaybin wurden nahezu dem Erdboden gleichgemacht *(siehe den Beitrag von Laura-Maï Gaveriaux auf Seite 42)*. Auch in anderen kurdischen Städten war die Zerstörung so groß, dass man sich an Syrien erinnert fühlte. Etwa 300 000 Einwohner mussten ihre Heimatorte verlassen. Nachdem das türkische Militär die PKK aus den Städten vertrieben hatte, startete es im September 2016 einen nie da gewesenen Drohnenkrieg, bei dem innerhalb eines Jahres 600 kurdische Kämpfer getötet wurden.[5]

Bewaffnete Drohnen, die aus der Fabrik von Erdoğans Schwiegersohn Selçuk Bayraktar stammen *(siehe den Beitrag von Samuel Brownsword auf Seite 20)*, werden mittlerweile nicht nur vom Militär eingesetzt, sondern auch von Polizeieinheiten, die dem Innenministerium unterstehen. Dabei gibt es für ihren Einsatz keine für alle Einheiten verbindlichen Regelungen, und eine gesellschaftliche Diskussion über die völkerrechtliche Legitimität des neuen Kampfmittels findet nicht statt. Als Antwort auf den massenhaften Drohneneinsatz ließ die PKK ihre inoffizielle Stellvertretermiliz von der Leine. Mitglieder der sogenannten Freiheitsfalken Kurdistans begingen Selbstmordattentate im Stile des IS, so zum Beispiel das Attentat vom 11. Dezember 2016 in Istanbul, bei dem 45 Personen getötet wurden. So schaukelte sich die ungehemmte Gewalt zwischen dem türkischen Staat und der PKK gegenseitig hoch. Bis heute sind alle Kanäle für einen Dialog zwischen der PKK und der Regierung hoffnungslos blockiert.

Mittlerweile spielt die PKK in der Türkei militärisch so gut wie keine Rolle mehr. Doch in der türkischen Politik wurden die Kurden zum Zünglein an der Waage und gerieten damit erneut ins Visier von Recep Tayyip Erdoğan. Diese Entwicklung hatte nicht zuletzt mit der Einführung des Präsidialsystem zu tun, das Erdoğan und Bahçeli 2018 gegen den Widerstand der Hälfte der Bevölkerung durchgedrückt haben. Im früheren System, dem Parlamentarismus, hatte die AKP seit ihrem Machtantritt 2002 nie Schwierigkeiten, als stärkste Partei allein zu regieren, vertrat sie doch die religiös-konservativen Schichten, das größte politische Lager innerhalb der türkischen Gesellschaft. Die Opposition war stets zerstritten. Die strikt säkulare CHP konnte und wollte nicht mit der extrem nationalistischen MHP, und keine dieser beiden Parteien wollte mit der pro-kurdischen HDP kooperieren.

Das Präsidialsystem hat diese Ordnung umgewälzt. Es verschaffte der zerstrittenen Opposition ein gemeinsames Anliegen, die Ablehnung der Alleinherrschaft Erdoğans, die mit dem neuen System eingeführt wurde, und die Rückkehr zum Parlamentarismus. Vor diesem Hintergrund schlossen die Oppositionsparteien ein Bündnis, das vorher so nicht möglich gewesen wäre. Ihm gehört neben der CHP und der durch die Spaltung der MHP entstandenen Guten Partei (IyiP) auch die religiös-konservative Glückseligkeitspartei (SP) an. Doch für eine Mehrheit an der Wahlurne braucht dieses Oppositionsbündnis die Unterstützung der kurdischen Wähler. Für das Regierungslager aus AKP und MHP bedeutet dies, dass man jetzt alles daran setzt, die kurdische Politik zu verteufeln und zu kriminalisieren. Alle anderen Parteien sollen davor abgeschreckt werden, kurdische Anliegen aufzunehmen oder auch nur mit Vertretern der Kurden zu verhandeln.

Die Kommunalwahlen vom Juni 2019 haben jedoch gezeigt, dass die Opposition nur dann Chancen auf einen Sieg hat, wenn ihr auch die Kurden ihre Stimme geben. Beim Rennen um die lokalen Verwaltungen verlor die AKP die Rathäuser fast aller industrieller Zentren, die für die Zukunft des Landes entscheidend sind: Istanbul, Izmir, Ankara und die umliegenden Provinzen, sowie die Küstenregionen an der Ägäis und am Mittelmeer.

Gleich nach der Wahl verstärkte die Regierung den Druck auf die HDP. In 47 der 65 von den Kurden eroberten Kommunalverwaltungen wurden ihre Bürgermeister des Amts enthoben und durch Treuhänder des Innenministeriums ersetzt.[6] Obwohl der Europäische Gerichtshof für Menschenrechte seine sofortige Freilassung fordert, sitzt der Co-Vorsitzende der HDP Selahattin Demirtaş bereits seit 2016 hinter Gittern. Elf aktuelle und frühere Abgeordnete der HDP und neun ihrer gewählten Bürgermeister sind im Rahmen politischer Prozesse inhaftiert.[7] Und im September 2020 wurde ein neuer politischer Massenprozess eingeläutet. Aus heiterem Himmel wurden HDP-Funktionäre für gewalttätige Demonstrationen verantwortlich gemacht, die bereits sechs Jahre zurückliegen.

Ihren vorläufigen Höhepunkt erreichte die Repression gegen die HDP am 18. März 2021. An diesem Tag verkündete die Generalstaatsanwaltschaft in Ankara, man habe beim Verfassungsgericht Klage wegen »terroristischer« Aktivitäten eingereicht. Ziel ist es, die Partei verbieten zu lassen. Zudem sollen 687 der wichtigsten HDP-Funktionäre mit einem fünfjährigen Politikverbot belegt werden.

Viermal hat die Türkei bisher in Syrien interveniert, und dreimal ging es dabei primär gegen die Kurden Syriens. Doch anders als die Regierung glauben machen will, dienten die Feldzüge nicht nur der Abwehr einer »existenziellen Bedrohung der Türkei«, die dadurch entstanden sein soll, dass auf der anderen Seite der Grenze Kurden sich selbst verwalten. Die Militäroperationen waren auch stets innenpolitisch motiviert.

Am 24. August 2016, marschierte die Türkei das erste Mal in Syrien ein. Dort gingen türkische Soldaten zwar auch gegen den Islamischen Staat vor. Doch das primäre Ziel bestand darin, zu verhindern, dass die dortigen Kurden ihre Kontrolle auf den gesamten Norden Syrien ausdehnen konnten. Zugleich diente der Feldzug dazu, einem tief traumatisierten türkischen Militär Gelegenheit zu geben, sein Ansehen wieder aufzupolieren.

Denn nur fünf Wochen vorher, am 15. Juli 2016, hatten Teile der türkischen Streitkräfte einen Staatsstreich gegen die Regierung

Erdoğan unternommen. Die Mehrheit der Armee, die Polizei und Anhänger der AKP hatten den Aufstand niedergeschlagen. Sofort nach dem Putsch setzte die Regierung schon lange gehegte Pläne zur Zerschlagung des Militärs als Staat im Staate um. Erdoğan rief den Ausnahmezustand aus und machte sich zum Befehlshaber der Teilstreitkräfte. Die Gendarmerie und die Küstenwache wurden dem Innenminister unterstellt und der Generalstab zur Koordinierungsstelle herabgestuft. Vor diesem Hintergrund war es notwendig, die türkischen Generäle zu beschäftigen und zu verhindern, dass sie Einfluss auf die politischen Weichenstellungen in Ankara nehmen.

Weniger als zwei Jahre später, am 24. März 2018, griffen türkische Truppen die kurdisch besiedelte syrische Provinz Afrin an und machten der dortigen kurdischen Selbstverwaltung ein Ende. Die Operation besiegelte das Bündnis Erdoğans mit der MHP und ist ein deutliches Zeichen dafür, dass Erdoğan in der Kurdenpolitik zum Zweck der Machterhaltung auf die Linie seines rechtsextremen Partners eingeschwenkt ist. Drei Wochen nach der »Eroberung« Afrins setzte die türkische Regierung Neuwahlen an. Im darauffolgenden Wahlkampf präsentierten sich AKP und MHP als die entschlossenen Verteidiger des Vaterlands und zeichneten die Opposition als die Parteigänger von Terroristen.

Auch im Vorfeld der Kommunalwahlen vom März 2019 versuchten AKP und MHP die Kurden Syriens zum beherrschenden Wahlkampfthema zu machen. Das nackte Überleben der Türkei stehe auf dem Spiel. Es sei deshalb erforderlich, in den Teilen Nordsyriens, die noch unter kurdischer Verwaltung standen, eine türkische Schutzzone zu errichten. Das Militär marschierte an der Grenze auf, und die Regierung zeichnete das Bild einer unmittelbaren Bedrohung, die einen militärischen Befreiungsschlag notwendig mache. Erneut stellte die Regierung die Opposition als Risiko für die nationale Sicherheit dar; und jede Zusammenarbeit mit der prokurdischen Partei galt als Beweis für das Paktieren mit dem Feind.

Zwar zeigte der Ausgang der Kommunalwahl 2019, dass sich die türkische Bevölkerung nicht andauernd ins Bockshorn jagen lässt. Doch die ungelöste Kurdenfrage bleibt das zentrale Hindernis für jede Demokratisierung der Türkei.   ●

1 Diese und die folgenden Informationen auf der Nachrichtenwebsite *Internethaber.com* vom 24. August 2012 mit Aktualisierung vom 28. Oktober 2015.
2 So im April 2015 der damalige Finanzminister Mehmet Şimşek, siehe *Radikal*, 1. April 2015.
3 Siehe Nimep Insight 2011, Tufts University.
4 Siehe Gülistan Gürbey, »Von der Konfrontation zur Kooperation«, in: Günter Seufert (Hg.), *Der Aufschwung kurdischer Politik*, SWP-Studie, Berlin 2015, S. 27–31.
5 Diese und die folgenden Informationen bei Metin Gurcan, »Turkey-PKK ›Drone-Wars‹ escalate«, *Al Monitor*, 18. September 2017.
6 Website der HDP vom 19. August 2020.
7 Nachrichtenwebsite *T24.com.tr*, 16. April 2020

Erstmals erschienen in *Le Monde diplomatique* vom Januar 2018. Aktualisiert.
© 2018 *Le Monde diplomatique*, Berlin

In den Ruinen von Cizre und Sûr

Im Sommer 2015 begann die türkische Regierung eine brutale Militäroffensive in den kurdischen Gebieten

Von Laura-Maï Gaveriaux

Silopi liegt im Südosten der Türkei, knapp 15 Kilometer von der Grenze zu Syrien und zum Irak entfernt. Zwischen Dezember 2015 und Januar 2016 gingen die türkischen Sicherheitskräfte in der 120 000-Einwohner-Stadt mit großer Härte gegen die Bevölkerung und Kämpfer der kurdischen Arbeiterpartei PKK vor. Die PKK fordert eine weitgehende Autonomie der mehrheitlich kurdischen Gebiete in der Türkei und bezieht sich dabei auf den »demokratischen Konföderalismus«[1] Die Kämpfe in Silopi blieben der öffentlichen Wahrnehmung weitgehend verborgen: Mehrmals wurden – wie in anderen kurdischen Städten – lange Ausgangssperren verhängt, und die Stadt war für 37 Tage von der Außenwelt abgeschnitten.

Im ganzen Land kommt es immer wieder zu Anschlägen auf die staatlichen Sicherheitskräfte, auch in Istanbul und Ankara, was zu immer neuen Repressionen führt, die wiederum mit neuen Anschlägen vergolten werden. Am 10. Dezember 2016 bekannte sich die Gruppe TAK (Teyrêbazên Azadîya Kurdistan, Freiheitsfalken Kurdistans), eine Abspaltung der PKK, zu einem Autobombenanschlag im Zentrum von Istanbul, bei dem 48 Menschen getötet wurden, darunter 7 Polizisten. Bereits im Mai 2016 hatte das türkische Parlament für die Aufhebung der Immunität von mehr als einem Viertel der Parlamentarier gestimmt, wovon vor allem 59 Abgeordnete der prokurdischen HDP betroffen waren.

An diesem frühlingshaften Morgen ist die Stimmung in Silopi gespannt. Die patrouillierenden Panzerfahrzeuge der türkischen Polizei und der am Himmel kreisende Hubschrauber erinnern daran, dass der Krieg nie weit weg ist. Auf dem sonnigen Hauptplatz von Silopi stehen die Leute vor zwei Amtsschreibern Schlange, die sich mit Klapptischen und Schreibmaschinen hier niedergelassen haben. In diesen unruhigen Zeiten haben sie mehr zu tun als sonst. Die Leute kommen wegen eines Formulars, das sie wegen der Zerstörung ihres Hauses einreichen wollen, wegen eines Schreibens an den Gefängnisdirektor oder um den Tod eines Familienangehörigen zu melden.

Die 60-jährige Riskiye Seflek lebt mitten in dem Gebiet, wo gekämpft wurde. »Der Panzer hinter unserm Haus hat eigentlich auf die Moschee gezielt, aber das Geschoss ist mitten durch unser

Wohnzimmer geflogen«, erzählt sie. Sie sieht müde aus unter ihrem weißen spitzenbesetzten Kopftuch, das sie locker über dem Haar trägt. Sie empfängt uns in ihrem Haus, zusammen mit ihrem Mann, ihren Töchtern und Enkeln. Einer der Jungen hat neue Kleidung mitgebracht, die von der Familie begutachtet wird.

»Das ist für Temer, meinen Enkel«, erklärt Riskiye Seflek ernst. »Er ist 16 und sitzt im Gefängnis. Davor war er drei Wochen im Krankenhaus, weil eine Kugel seine Hüfte durchschlagen hat.« Der Jugendliche war gar nicht an den Kämpfen beteiligt, er geriet einfach zwischen die Fronten, wie alle Bewohner von Silopi, gefangen in einer isolierten Stadt, die zur tödlichen Falle geworden war.

In allen Städten, die wir in den Kurdengebieten der Türkei besucht haben, haben wir ähnliche Geschichten zu hören bekommen. Und überall sagen sie: Der Friedensprozess zwischen dem türkischen Staat und der PKK, der nach Kämpfen mit mehr als 40 000 Toten in Jahr 2009 begonnen hatte, ist beendet. Für den türkischen Präsidenten Recep Tayyip Erdoğan ist keinerlei Dialog mit der PKK mehr möglich. Stattdessen sprachen er und sein früherer Ministerpräsident Binali Yıldırım unzweideutig von »Säuberung«, »Tilgung« und dem »totalen Sieg«.

Im Frühjahr 2013 führten die Verhandlungen zwischen Ankara und der PKK dazu, dass sich die kurdischen Kämpfer in den Irak zurückzogen. Die Entwicklung des syrischen Bürgerkriegs setzte der hoffnungsvollen Annäherung jedoch ein Ende. Mit der Schlacht um die syrische Grenzstadt Kobani, in der PKK-nahe kurdische Kräfte in Syrien den »Islamischen Staat« (IS) bekämpften, nahmen die Spannungen wieder zu.[2]

In den kurdischen Städten der Türkei gab es zahlreiche Demonstrationen, die die Zurückhaltung der türkischen Regierung im Krieg um Kobani verurteilten und ihr vorwarfen, heimlich mit dem IS zusammenzuarbeiten. Am 20. Juli 2015 kamen bei einem Anschlag des IS 33 Menschen ums Leben, etwa 100 wurden verletzt. Die Opfer waren junge türkische und kurdische Sozialisten, die sich im Kulturzentrum der Stadt Suruç nahe der syrischen Grenze versammelt hatten und beim Wiederaufbau von Kobani helfen wollten.

Die Demonstrationen nahmen weiter zu, und zwei Tage nach dem Attentat von Suruç tötete die PKK mit der Begründung, Ankara kooperiere mit den Dschihadisten, zwei Polizisten in der südtürkischen Stadt Ceylanpınar, ebenfalls unweit der Grenze zu Syrien. Für die türkischen Behörden reichte das, um einen »Krieg gegen den Terror« auszurufen. Dieser sollte sich auch gegen den IS richten, tatsächlich aber hatte man vor allem kurdische Kräfte im Visier.

Seit September 2015 flammten in den wichtigsten kurdischen Hochburgen zunehmend Auseinandersetzungen auf, die immer heftiger wurden. Anfang September errichteten Gruppen der Patriotischen Revolutionären Jugendbewegung (YDG-H) in den Straßen von Silopi Barrikaden, um sich »gegen die türkische Polizei zu schützen«. Gleichzeitig erklärten sie die Stadt zur autonomen Zone. Die jungen Milizionäre wurden bald von erfahrenen Kämpfern unterstützt, die über die Grenze aus dem Irak gekommen waren, vor allem aus den Kandil-Bergen, wo sich die Kommandozentrale der PKK befindet.

Diese Aufstände in den Städten provozierten den Aufmarsch von 10 000 Soldaten der türkischen Infanterie, unterstützt durch Panzer und Hubschrauber. Überall wurden dauerhaft Blockaden errichtet und ganze Städte abgeriegelt. Die Repressalien nahmen ihren Lauf. »Die Ausgangssperren wurden zu einem Instrument der Zerstörung unserer Städte«, sagt der HDP-Abgeordnete Ferhat Encü. Wenn die Kämpfe in einem Gebiet abflauten und sich die PKK-Kämpfer aus den Orten zurückzogen, bekamen die kurdischen Gemeinden die volle Repression des Staats zu spüren. Zahlreiche HDP-Bürgermeister sind verhaftet worden, wie Emine Esmer in Silopi, die wegen »Aufrufs zur bewaffneten Rebellion gegen die Regierung« angeklagt wurde und bis August 2016 im Gefängnis saß.

Im Südosten der Türkei sind viele überzeugt, dass Präsident Erdoğan heimlich mit dem IS im Bunde war und dass es ein Abkommen gab, um die kurdischen Ansprüche zu blockieren. Nach dem Anschlag auf eine Friedensdemonstration der HDP in Ankara am 10. Oktober 2015, bei der 102 Menschen starben, ohne dass die Verantwortlichen verhaftet oder identifiziert wurden, hat sich dieser Verdacht noch verstärkt.

Das Gleiche gilt für die Verfolgung von zwei Journalisten der Zeitung *Cumhuriyet,* die wegen »Preisgabe von Staatsgeheimnissen« verurteilt wurden, nachdem sie ein Video veröffentlicht hatten, welches nahelegt, dass türkische Geheimdienste Waffen an syrische Islamisten lieferten.[3] Einige Zeugen berichteten zudem, dass die türkischen Truppen während der Kämpfe im Südosten von dschihadistischen Kämpfern unterstützt worden seien.

»Die haben kein Türkisch gesprochen, vielleicht war es Azeri«, erzählt Abdülkerim F.[4], der im Sûr-Viertel von Diyarbakır lebt. »Sie hatten lange Bärte und sahen aus wie die Leute vom IS.« Nachdem er sein Haus wegen des wochenlangen Tränengasbeschusses verlassen hatte, sei er zurückgekehrt, um Dokumente zu holen, und habe die Männer in seinem Wohnzimmer beim Gebet überrascht.

Solche Angaben sind nicht überprüfbar. Aber zahlreiche Beobachter und Diplomaten haben kritisiert, dass zu jener Zeit Dschihad-Aspiranten die Grenze nach Syrien problemlos überqueren konnten – ebenso wie die Lkw-Kolonnen mit Schmuggelbenzin aus dem IS-Gebiet in die umgekehrte Richtung. Durch die Militäroffensiven gegen kurdische Gebiete in Nordsyrien seit 2016 kontrolliert die Türkei mittlerweile auch große Gebiete auf der syrischen Seite der Grenze.

Dass auch die Spezialeinheiten der Polizei (Polis Özel Harekat, PÖH) und der Gendarmerie (Jandarma Özel Harekat, JÖH) an den Operationen beteiligt waren, bezeugen die Graffiti, die sie an den Hauswänden der kurdischen Städte hinterlassen haben. An einer Mauer in Silopi steht zum Beispiel: »Meine geliebte Türkei – im Namen Allahs – wir werden dich reinigen: Wir sind die JÖH, und wir

sind gekommen, euch in die Hölle zu schicken!« In den Ruinen der Stadt Cizre richten sich die Drohungen vor allem gegen kurdische Frauen: »Jetzt sind wir dran, euch zu erziehen! – PÖH«; »Wir sind hier, Mädchen. Wo seid ihr? JÖH«.

Nach Informationen von Journalisten vor Ort und von HDP-Abgeordneten ist es sehr wahrscheinlich, dass auch der Jitem, der informelle »Geheimdienst der Gendarmerie zur Terrorabwehr«, wieder aktiv war, obwohl er eigentlich als aufgelöst galt. Diese geheime Organisation operiert in Zellen, denen Mitglieder der Gendarmerie, des Militärs und der ultranationalistischen Gruppe »Graue Wölfe« angehören.[5] In den 1990er Jahren verübte sie zahlreiche Massaker an der kurdischen Bevölkerung. Dass sie auch an den Kämpfen im Viertel Sûr von Diyarbakır beteiligt war, lässt ein dort hinterlassenes Graffito vermuten: »Die Wölfe werden vom Blut angelockt – zittert!«

Das alte Viertel innerhalb der historischen Stadtmauer gilt als Hauptstadt Türkisch-Kurdistans. Im Lauf der Kämpfe wurde die Westhälfte zu 70 Prozent zerstört, und alle dortigen Bewohner wurden vertrieben.[6]

Die Methoden, die gegen die kurdische Zivilbevölkerung eingesetzt werden, sind dieselben wie vor 20 Jahren. Und die Gruppen, die sich dem Jitem zurechnen, dokumentieren ihre Aktionen sogar in den sozialen Netzwerken. Sie posten Fotos von kurdischen Kämpfern, die von Granaten zerfetzt oder mit Benzin verbrannt wurden. Körpern von Frauen gilt ihr besonderes Interesse.

Die türkische Menschenrechtsorganisation TIHV schätzt, dass es 300 bis 400 zivile Tote gegeben hat. Rund 600 000 Menschen seien vertrieben worden. Die türkische Regierung sprach von über 2500 »getöteten Terroristen« im Zeitraum Juli 2015 bis Mai 2016. Bereits im Januar 2016 verurteilte Amnesty International die Offensive der türkischen Regierung als »Kollektivstrafe«, die »das Leben von bis zu 200 000 Menschen gefährdet«.[7]

Anfang April 2016 besuchte der damalige Ministerpräsident Ahmet Davutoğlu unter massiven Sicherheitsvorkehrungen Sûr. Er sprach von einem Plan zur Sanierung und zum Wiederaufbau des zerstörten Viertels, den Präsident Erdoğan verfolge: »Wir machen aus Sûr das neue Toledo!«, rief er. Die ausgewählte Zuhörerschaft spendete brav Applaus. Ein paar Straßen weiter standen die jungen Angestellten eines Restaurants wie versteinert vor dem Fernseher; es war ihre Stadt und ihr Leben, das man dort unter Triumphgeheul versprach niederzureißen.

Nach den großen Reden und der Abreise der Hauptstadtpolitiker wurden die Bewohner von Sûr wieder ihrem mühsamen Alltag überlassen. Bis heute gilt in sechs Stadtteilen von Diyarbakır eine Ausgangssperre. Nach dem Ende der Kämpfe im März 2016 wurden zahlreiche zerstörte Häuser abgerissen, ihre Bewohner mussten gehen. Viele von ihnen wohnen mittlerweile in Neubausiedlungen am Stadtrand.

Dass sie irgendwann wieder in die Altstadt zurückkehren können, ist unwahrscheinlich. »Das ist hier besetztes Gebiet!«, sagt der Lehrer Gafur S. zornig. Eigentlich ist er eher ein ruhiger Typ. Jeden Morgen muss er durch die Polizeisperren, um an der einen von zwei Schulen zu unterrichten, die nicht niedergebrannt wurden. Und jeden Tag wird er von denselben Polizisten gefilzt, muss seinen Oberkörper entblößen und die Fragen der Beamten beantworten, die ihn doch längst kennen.

Gafurs Einkommen würde ausreichen, um in den modernen Stadtvierteln zu wohnen; mit seinen mehr als zehn Jahren Berufserfahrung könnte er sogar eine Versetzung beantragen. Aber daran denkt er nicht: »Ich werde diese Kinder nicht im Stich lassen. Sûr ist schon der ärmste Stadtteil von Diyarbakır. Sie müssen dieselben Tests bestehen wie alle anderen Schulkinder in der Türkei, nur dass auf deren Häuser keine Bomben fallen. Wo ist die Gleichberechtigung im Bildungssystem zwischen den Türken im Westen des Landes und den Kurden? Alle diese Kinder könnten Ingenieure werden, man muss ihnen nur die Chance dazu geben.«

Gafur gehört zu der Generation, die sich noch gut an die früheren Schikanen der Polizei erinnert, wenn man etwa auf der Straße Kurdisch sprach. Die miterlebte, wie die Großeltern im Krankenhaus abgewiesen wurden, weil sie kein Türkisch konnten.

Als 2015 die Kämpfe eskalierten, errichtete die türkische Armee auf allen Straßen in Botan[8] Kontrollposten, die teilweise bis heute bestehen. Ob man durchgelassen wird, hängt von der Laune der Polizisten ab. Es kommt vor, dass man mit dem Auto sieben Stunden von Diyarbakır nach Cizre braucht; eine Strecke, die normalerweise in vier Stunden zu bewältigen ist.

Als wir Ende März 2016 nach Cizre kamen, war die Stadt weitgehend verwüstet, die Bewohner traumatisiert und die Sicherheitslage unübersichtlich. Vom Cudi-Viertel auf der linken Seite des Tigris waren nur noch die Ruinen eingestürzter Häuser übrig; ein Hinweis darauf, dass die Panzer mit ihren Granaten systematisch auf die Stützpfeiler der Wohnhäuser zielten. 80 Prozent der Wohngebiete in Cizre sollen zerstört worden sein.

Damals, Wochen nach dem Ende der Blockade der Stadt, die vom 14. Dezember 2015 bis zum 2. März 2016 dauerte, kam es vor, dass Bewohner auf der Suche nach persönlichen Gegenständen in den Trümmern ihrer Häuser Leichenteile entdeckten. Von den Übergriffen auf die Zivilbevölkerung während der 79 Tage andauernden totalen Abschottung von Cizre sind den Bewohnern vor allem die »Keller-Massaker« im Gedächtnis geblieben. Von wenigstens zwei Fällen wurde berichtet: Beide Male seien etwa 30 Personen im Untergeschoss eines bombardierten Wohnhauses tage-, teilweise sogar wochenlang eingeschlossen gewesen. Die türkischen Sicherheitskräfte hätten alle Ausgänge versperrt, und die Verletzten seien einer nach dem anderen gestorben. Am Ende einer solchen »Antiterroroperation« habe man nur noch verbrannte Leichen bergen können, darunter auch Kinder.

Die Verwandten der Opfer mussten DNA-Proben abgeben, damit ihre Angehörigen identifiziert werden konnten. Später wurde ihnen ein Plastiksack übergeben: »Fünf Kilo verbranntes Fleisch und Knochen«, erzählte uns ein damals 17-Jähriger, so habe er seinen Vater zurückbekommen.

Als wir einen Keller in der Bostancı-Straße betraten, hing immer noch Verwesungsgeruch in der stickigen Luft. Auf dem Boden waren die Umrisse eines Körpers nachgezeichnet. In einem Haufen Asche fanden wir noch ein Stück Knochen. Die monatelange Offensive gegen die türkischen Kurden hatte in diesem Keller einen grausamen Höhepunkt erreicht. Hier sollte nicht einmal mehr ein Ort zum Erinnern bleiben: Nach unserem Besuch wurde das Haus abgerissen.

Durch den Sanierungsplan der Regierung sind in Cizre auch die anderen Keller den Bulldozern und Kränen zum Opfer gefallen; zusammen mit allen Spuren, die den Nachweis über die begangenen Kriegsverbrechen hätten liefern können.

Während unseres Besuches in Cizre 2016 erlebten wir auch die Arbeit des Vereins Rojava Solidarity, in dem sich Freiwillige aus den türkischen Kurdengebieten zusammengetan hatten, um der Bevölkerung von Rojava zu helfen, und der auch in Kobani aktiv gewesen war. In Cizre verteilten die Helfer vor allem Lebensmittel in einem leer stehenden Lagerhaus in der Nähe des Cudi-Viertels. Ihnen schlossen sich auch Freiwillige aus Rojava an, ebenso Aktivisten aus der Westtürkei, die den autoritären Auswüchsen in ihrem Land etwas entgegensetzen wollten.

Damals trafen wir Ferid B., dessen eine Gesichtshälfte von einer explodierenden Granate weggerissen worden war. Er erzählte uns vom ersten »schmutzigen Krieg« zwischen der türkischen Armee und kurdischen Kämpfern in den 1990er Jahren. Wegen seines Engagements für die PKK hatte er viele Jahre im Gefängnis verbracht und dort viele Bücher über die Französische Revolution gelesen: »Ich kann nicht beurteilen, ob Frankreich eine Revolution des Volkes oder eine Revolution des Bürgertums gemacht hat. Aber wir in Kurdistan haben verstanden, dass man die Revolution reformieren muss. Die kurdische Demokratie ist feministisch und ökologisch, und sie basiert auf lokaler Autonomie. Deswegen schleifen sie die gefolterten Körper unserer Frauen durch die Straßen, zerstören unsere Natur und verhaften unsere Bürgermeister.«

Die Kämpfe in den Kurdengebieten im Südosten der Türkei sind zwar seit Frühjahr 2016 beendet und die Regierung hat ihre Militäroperation für abgeschlossen erklärt. Die Repression gegen die kurdische Bevölkerung geht jedoch weiter. Das zeigte etwa die Absetzung dutzender HDP-Bürgermeister und Bürgermeisterinnen, die bei den Kommunalwahlen 2019 in den Städten im Südosten gewählt worden waren. Als Begründung musste stets eine angebliche Unterstützung der PKK herhalten. Auf ihren Posten sitzen heute AKP-treue Zwangsverwalter aus Ankara. ●

Aus dem Französischen von Jakob Farah

1 Das Konzept wurde von Abdullah Öcalan formuliert, der sich von den Arbeiten des ökoanarchistischen Theoretikers Murray Bookchin (1921–2006) inspirieren ließ. In einer programmatischen Schrift hatte sich Öcalan bereits 2005 vom Prinzip des Nationalstaats verabschiedet, das er als ernsthaftes Hindernis für die Entwicklung einer freiheitlichen demokratischen Gesellschaft betrachtete.
2 Die kurdische Stadt in Syrien wurde im Oktober 2014 teilweise vom IS erobert. Im Januar 2015 gelang es den kurdischen Truppen, die IS-Kämpfer aus der Stadt und den Dörfern der Umgebung zu vertreiben. Siehe auch: Allan Kaval, »Die Kurden, eine neue Ordnungsmacht«, *Le Monde diplomatique*, November 2014.
3 Chefredakteur Can Dündar, der seit 2016 im Exil in Deutschland lebt, wurde zunächst zu fünf Jahren und zehn Monaten Haft verurteilt. Nachdem das Urteil durch den Obersten Gerichtshof aufgehoben wurde, verurteilte ihn ein Istanbuler Gericht Ende Dezember 2020 erneut: zu mehr als 27 Jahren Haft wegen Spionage und Terrorunterstützung. Der Leiter des Ankara-Büros, Erdem Gül, erhielt zunächst eine fünfjährige Haftstrafe, wurde im Juni 2018 jedoch freigesprochen. Er kandidierte bei den Kommunalwahlen 2019 als Kandidat der CHP für das Amt des Bürgermeisters von Adalar und gewann.
4 Einige unserer Gesprächspartner wollten ihren Familiennamen nicht nennen.
5 Der Papst-Attentäter von 1981, Mehmet Ali Ağca, war Mitglied der Grauen Wölfe. Die Organisation ist immer noch aktiv und wendet auch Gewalt an.
6 Angabe der Stadtverwaltung von Diyarbakir, 1. März 2016.
7 Amnesty International, »Turkey: Onslaught on Kurdish areas putting tens of thousands of lives at risk«, 21. Januar 2016, www.amnesty.org.
8 Name der historischen kurdischen Region im Irak und in der Türkei. Vom 15. bis 19. Jahrhundert existierte auf dem Gebiet ein halbautonomes kurdisches Fürstentum. Heute nennen die Kurden ihr Siedlungsgebiet in der Türkei »Botan«.

Erstmals erschienen in *Le Monde diplomatique* vom Juli 2016. Aktualisiert.

Das Ende des Booms

Wie Erdoğan und sein Schwiegersohn die Wirtschafts- und Finanzpolitik gegen die Wand fuhren

Von Jürgen Gottschlich

In den letzten Wochen des Katastrophenjahrs 2020 gab es in politisch interessierten Kreisen in der Türkei nur ein Small-Talk-Thema: Wo steckt eigentlich Berat Albayrak, was ist aus dem ehemaligen Finanzminister und zweitmächtigsten Mann des Landes geworden? Es gab Gerüchte über einen Hausarrest in einer Luxusferienanlage am Schwarzen Meer, einer wilden Flucht nach London und vieles mehr. Es ist in der Türkei kein Geheimnis, dass Präsident Recep Tayyip Erdoğan auf Kabinettsmitglieder, die seine Erwartungen enttäuschen, sehr wütend werden kann. Wen der Bannstrahl des Herrschers trifft, hat nichts mehr zu lachen. Seine oder ihre politische und geschäftliche Zukunft in der Türkei sieht dann schnell sehr düster aus.

Aber Berat Albayrak ist schließlich nicht irgendwer, sondern seit 2004 der Schwiegersohn des Präsidenten der lange den Eindruck vermittelte, er sei der Kronprinz am Hofe Erdoğans. Was also ist los mit Berat Albayrak, warum verschwand er nach seinem Rücktritt am 9. November völlig aus der Öffentlichkeit? Das Albayrak auch im Januar 2021 noch nicht wieder aufgetaucht war, konnte nur eines bedeuten: das Zerwürfnis mit dem Präsidenten ist tief, Berat Albayrak wurde verstoßen.

Am 8. Januar meldete dann einer der bekanntesten Journalisten der Türkei, Fatih Altaylı, auf dem Online-Nachrichtenportal des Senders Habertürk den bis dahin verlässlichsten Stand in Sachen Schwiegersohn: Aus zuverlässigen Quellen innerhalb der regierenden AKP habe er erfahren, dass Albayrak wieder in Istanbul sei. Tatsächlich sei er nach dem Rauswurf durch seinen Schwiegervater zunächst nach Trabzon ans Schwarze Meer gefahren, wo sein Vater Sadık Albayrak lebt. Von dort habe ihn ein Privatflieger nach Katar gebracht. Seit seiner Rückkehr nach Istanbul suche er nun nach einer Villa am Bosporus, um dort ein Consulting-Büro einzurichten. Mit Politik wolle Albayrak angeblich nichts mehr zu tun haben, so Altaylı.

Es hat schon viele Stürze und schmerzhafte Abgänge gegeben, seit Recep Tayyip Erdoğan die Türkei regiert. Doch kein Sturz bislang war so tief, kein Abgang so spektakulär wie der seines Schwiegersohns. Bis zum Sonntag des 8. November 2020 schien kein Blatt zwischen den Präsidenten und seinen Kronprinzen zu passen. Erst kurz vor dem Sturz hatte Erdoğan ihn noch medienwirksam einen großen Gasfund im Schwarzen Meer verkünden lassen, obwohl das eigentlich gar nicht in Albayraks Geschäftsbereich als Finanzminister fiel.

Türkische Medien kolportierten, dass zwei Tage vor Albayraks Abgang, an einem Freitag, der frühere Finanzminister Naci Ağbal Präsident Erdoğan in seinem Palast in Ankara aufgesucht hatte, um ihm reinen Wein über den Zustand der türkischen Wirtschaft und die Finanzen des Landes einzuschenken. Wie so häufig bei Autokraten bekam Erdoğan sonst immer nur geschönte Meldungen aus seinem Umfeld zugetragen, jetzt machte Ağbal Schluss damit.

Seit Monaten war die Türkische Lira da schon auf dramatischer Talfahrt, keine andere Währung eines industriellen Schwellenlands hatte gegenüber dem Dollar so viel an Wert verloren wie die Lira. Und während Berat Albayrak bei seinen öffentlichen Auftritten das Problem herunterspielte und witzelte, »wer zahlt schon mit Dollar?«, machte Ağbal Erdoğan klar, dass die großen türkischen Banken spätestens im Frühjahr 2021 pleite gehen würden, wenn nicht sofort dramatisch umgesteuert werde.

Der Auftritt von Naci Ağbal muss für Erdoğan ein Realitätsschock gewesen sein. Er wusste aus eigener Erfahrung, was passiert, wenn Banken in Schwierigkeiten geraten und die Leute ihr Geld verlieren. 2001 hatte eine im Wesentlichen politisch verschuldete Bankenkrise dazu geführt, dass die Lira über Nacht die Hälfte ihres Werts verlor und alle Geschäfte plötzlich stillstanden. Die damalige Regierung unter Führung des Sozialdemokraten Bülent Ecevit musste den Internationalen Währungsfonds (IWF) um Hilfe bitten, der zwar Milliardenkredite gab, doch zugleich seinen bekannten neoliberalen Sanierungskurs durchsetzte. Bei der Wahl ein Jahr später flog die Partei Ecevits aus dem Parlament und die neugegründete AKP Erdoğans gewann mit einem Erdrutschsieg die absolute Mehrheit.

Das warnende Beispiel Ecevits vor Augen zog Erdoğan die Notbremse. Bereits einen Tag nach Ağbals Auftritt, am Samstag den 7. November, machte der Präsident ihn zum neuen Chef der Zentralbank, offenbar ohne überhaupt zuvor mit seinem Schwiegersohn und ökonomischen Chefstrategen gesprochen zu haben. Albayrak war beleidigt, sah sich in seiner Kompetenz beschnitten und kündigte am Sonntag, den 8. November auf Instagram an, er werden aus gesundheitlichen Gründen zurücktreten. Offenbar ging er davon aus, sein Schwiegervater würde ihn davon abhalten und ihn bitten zu bleiben. Doch er hatte sich getäuscht. Bereits am Tag darauf wurde er offiziell gefeuert.

Damit endete eine Episode in der türkischen Wirtschaftsgeschichte, die gut zwei Jahre zuvor begonnen hatte und durch einen doppelten Größenwahn bestimmt war. Im Juli 2018 war Erdoğan auf der Basis einer im Jahr davor durchgesetzten neuen Präsidialverfassung

Der türkische Finanzminister Berat Albayrak mit Vertretern der Versicherungsbranche, Februar 2020.
VERBAND DER TÜRKISCHEN VERSICHERER

offiziell zum Alleinherrscher der Türkei gewählt worden. Gerade in seiner Paradedisziplin, der Wirtschafts- und Finanzpolitik, sollte nun durchgestartet werden. Jetzt, wo er keinerlei Widerspruch mehr dulden musste, machte er seinen selbst in der eigenen Partei als inkompetent und arrogant verschrienen Schwiegersohn zum Finanzminister und Schatzmeister, ausgestattet mit der Rahmenkompetenz für sämtliche ökonomische Entscheidungen der Regierung.

Albayrak sollte Erdoğans islamisch angehauchte Theorie einer möglichst zinslosen Geldwirtschaft umsetzen. Und der Schwieger-

---

Der zunächst langsame Niedergang hatte verschiedene innen- und außenpolitische Gründe, an allererster Stelle aber den zunehmenden Größenwahn Erdoğans

---

sohn hielt sich selbstverständlich dazu befähigt. Das Ergebnis war ein beispielloses Desaster, das Erdoğans Macht nun ernsthaft bedroht. Und das ausgerechnet in dem Bereich, der lange Zeit die Basis für seine Erfolge war.

In den ersten zehn Jahren seiner Regierungszeit, von 2002 bis 2012 hatte Erdoğan einen enormen Wachstumsschub auslösen können. Das Durchschnittseinkommen verdoppelte sich in diesem Zeitraum und 2008 überschritt das jährliche Bruttoinlandsprodukt pro Kopf erstmals die magische Grenze von 10 000 Dollar, wodurch die Türkei in den Club der entwickelten Länder aufstieg. Dazu gab es eine Krankenversicherung für alle und einen forcierten staatlichen Wohnungsbau, der es selbst den unteren Einkommensschichten ermöglichte, Eigentumswohnungen in den großen Städten zu erwerben. Der Lohn für Erdoğan waren 49,8 Prozent der Wählerstimmen für ihn und seine AK Parti bei den Wahlen 2011.

Dieser weltweit beachtete Erfolg, der auch dem Wunsch der Türkei, Vollmitglied der EU zu werden, eine materielle Grundlage verschaffte, hatte mehrere Gründe. Die AKP war eine frische, extrem wirtschaftsfreundliche Partei, die im Eiltempo bürokratische Hürden für Unternehmer abbaute, den alten verkrusteten kemalistischen Apparat aufbrach und zumindest in den ersten Jahren auch keine große Korruption der eigenen Kader zuließ. Das setzte einen Kreativ- und Investitionsschub in der türkischen Gesellschaft frei, der die Wachstumsraten in die Höhe schießen ließ. Hinzu kam, dass Erdoğan in den ersten Jahren seiner Herrschaft tatsächlich Anstrengungen unternahm, das Land durch entsprechende Reformen für einen Beitritt zur EU tauglich zu machen (siehe den Beitrag von Cengiz Aktar auf Seite 80). Das schuf eine Aufbruchstimmung, die auch viele internationale Investoren anlockte, was wiederum weiteres Wachstum erst möglich machte.

Denn die Türkei ist auf ausländische Investitionen angewiesen. Das Land hat ein strukturelles Leistungsbilanzdefizit, das heißt, jedes Jahr wird mehr Geld für Importe ausgegeben als durch Exporte eingenommen. Der Hauptgrund dafür ist, dass die Türkei einen großen Teil ihres Energiebedarfs durch Öl- und Gasimporte decken muss, weil die heimischen fossilen Energieträger nicht reichen und viel zu spät und viel zu wenig in erneuerbare Energie investiert wurde. Je besser die Wirtschaft läuft, umso mehr Energie wird benötigt und umso höher wird die Energierechnung. Die aber kann nur bezahlt werden, wenn ausländische Investoren das Leistungsbilanzdefizit immer wieder ausgleichen und frisches Geld bringen.

Um diesen steten Geldzufluss sicherzustellen, setzte die AKP auf ein möglichst investorenfreundliches Umfeld und brachte Leute an die Schaltstellen der Wirtschafts- und Finanzpolitik, die im angloamerikanischen Finanzkasino einen guten Namen hatten. Einer der wichtigsten von ihnen war Ali Babacan, ausgebildet an einer US-amerikanischen Universität, der von 2002 bis 2007 Wirtschaftsminister war, dann zwei Jahre das Außenministerium leitete, um von 2009 bis 2015 wieder den Job als Staatsminister für Wirtschaft, Ban-

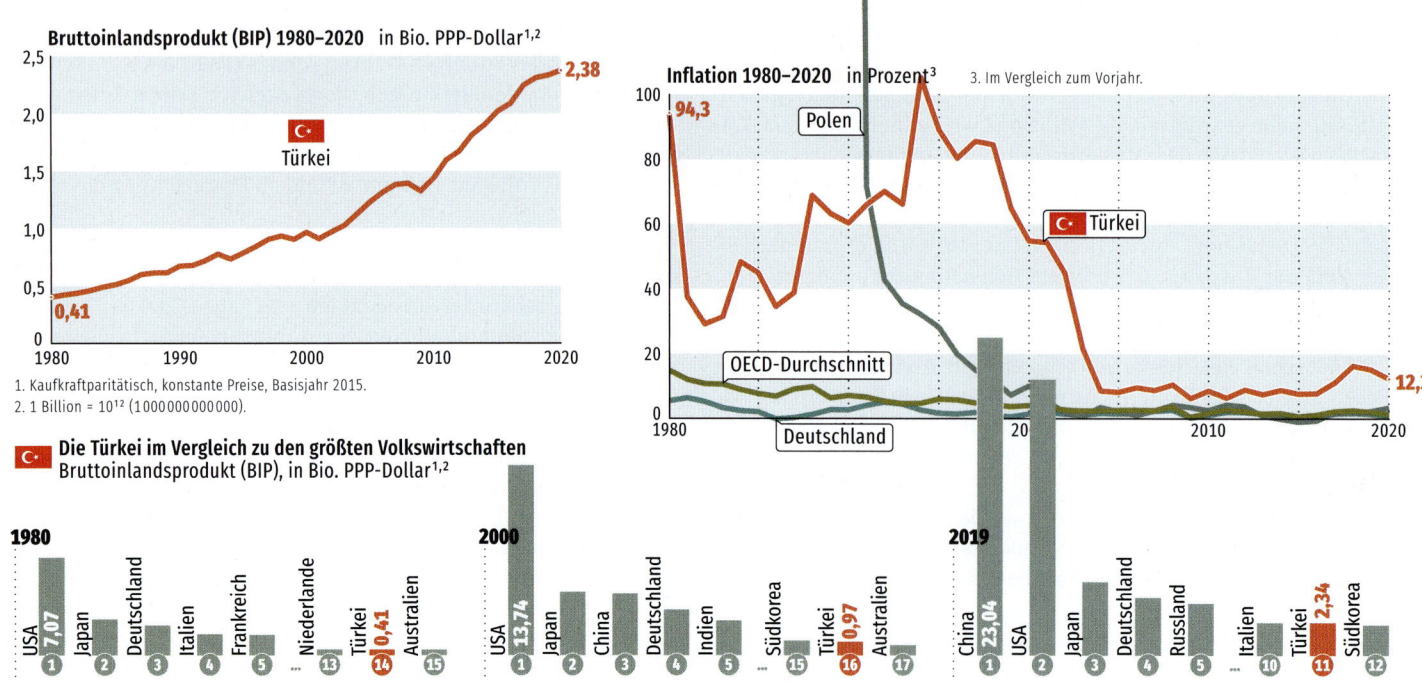

Bruttoinlandsprodukt (BIP) 1980–2020 in Bio. PPP-Dollar[1,2]

Türkei 2,38 0,41

1. Kaufkraftparitätisch, konstante Preise, Basisjahr 2015.
2. 1 Billion = 10^{12} (1 000 000 000 000).

Inflation 1980–2020 in Prozent[3] 3. Im Vergleich zum Vorjahr.

94,3 Polen Türkei OECD-Durchschnitt Deutschland 12,3

Die Türkei im Vergleich zu den größten Volkswirtschaften
Bruttoinlandsprodukt (BIP), in Bio. PPP-Dollar[1,2]

1980
USA (1) 7,07 Japan (2) Deutschland (3) Italien (4) Frankreich (5) ... Niederlande (13) Türkei (14) 0,41 Australien (15)

2000
USA (1) 13,74 Japan (2) China (3) Deutschland (4) Indien (5) ... Südkorea (15) Türkei (16) 0,97 Australien (17)

2019
China (1) 23,04 USA (2) Japan (3) Deutschland (4) Russland (5) ... Italien (10) Türkei (11) 2,34 Südkorea (12)

ken und Finanzen zu übernehmen. Ihm zur Seite stand Mehmet Şimşek, der sich zuerst als Investmentbanker bei der UBS, der Deutschen Bank und bei Merrill Lynch einen Namen gemacht hatte, bevor er 2007 in die Türkei zurückkehrte, um Staatsminister für Finanzen zu werden. Babacan und Şimşek sorgten dafür, dass die internationalen Großinvestoren genug Vertrauen in die Türkei entwickelten, um große Summen an der türkischen Börse oder in türkische Anleihen zu investieren oder sich mit Direktinvestitionen an großen staatlichen Infrastrukturprojekten zu beteiligen. Erleichtert wurde den beiden der Job dadurch, dass gerade in dem Jahrzehnt von 2002 bis 2012 viel in Schwellenländer insgesamt investiert wurde, weil Zinsen und Erträge speziell nach dem Finanzcrash 2008 in den etablierten Industriestaaten mau waren.

Das Jahr 2011, das Jahr des Triumphs Erdoğans an der Wahlurne, läutete dann gleichzeitig das Ende des Booms ein. Der zunächst langsame Niedergang mit erst stagnierendem Wachstum bis hin zur aktuellen, veritablen Wirtschaftskrise, hatte wiederum verschiedene innen- und außenpolitische Gründe, an allererster Stelle aber den zunehmenden Größenwahn Erdoğans. Aus dem schlauen Machtpolitiker wurde der anmaßende Autokrat, der glaubte, alles müsse sich nach seinen Vorstellungen entwickeln.

Ausgerechnet der sogenannte Arabische Frühling, bei dem 2011 in mehreren arabischen Ländern die Bevölkerung gegen ihre autokratischen Herrscher auf die Straße ging, bot Erdoğan die Möglichkeit, seine Türkei international neu aufzustellen. Er wollte nicht mehr demütig an die Tür der EU klopfen, sondern die Türkei, als angeblich demokratische Vormacht im Nahen Osten, zu altem osmanischen Ruhm zurückführen. Das Wort vom neo-osmanischen Projekt machte die Runde, und als in Ägypten der von Erdoğan protegierte Muslimbruder Mohammed Mursi zum Präsidenten gewählt wurde, schien der Traum vom türkischen geführten neuen Nahen Osten in Erfüllung zu gehen. Wir wissen heute, wie schnell aus dem Traum ein Albtraum wurde und Erdoğan die Türkei statt zu neuer Größe direkt in die Wirren des syrischen Bürgerkriegs führte.

Zu dem außenpolitischen Desaster kamen innenpolitische Probleme. Im Sommer 2013 lehnte sich ein großer Teil der demokratisch gesinnten Bevölkerung gegen den zunehmenden Autoritarismus Erdoğans auf. Der sogenannte Gezi-Aufstand, benannt nach einem Park in Istanbul, war eine landesweite Bewegung überwiegend junger Leute, die sich von Erdoğan nicht länger vorschreiben lassen wollten, wie sie zu leben haben. Der Kulturkampf wurde von Erdoğan letztlich mit brutaler Polizeigewalt ganz im Stil der arabischen Potentaten in seinem Sinne entschieden. Allerdings um den Preis der Aufgabe einer freiheitlichen, liberalen Demokratie, die sich viele von Erdoğan noch einige Jahre zuvor erhofft hatten.

Erdoğan ließ alle demokratischen Mäntelchen fallen und präsentierte sich offen als autoritärer Herrscher, der höchstens noch manipulierte Wahlen zuließ, mit denen seine Herrschaft legitimiert werden sollte. Erstmals sprach er bei der Niederschlagung des Gezi-Aufstands auch davon, dass das internationale Finanzkapital – das »jüdisch« klang im Subtext dabei mit – seine Gegner unterstützt und finanziert habe. Mit der Anklage gegen den international gut vernetzten Unternehmer und Kulturmäzen Osman Kavala, der angeblich Finanzier und Drahtzieher des Aufstands war, sollte das bewiesen werden (siehe den Beitrag von Christiane Schlötzer auf Seite 60).

Erdoğans neuer Kurs blieb für die Wirtschafts- und Finanzpolitik des Landes nicht ohne Folgen. Der stetige Geldzufluss aus dem Ausland, vor allem aus der EU und den USA, versiegte und brachte das türkische Wirtschaftswachstum ins Stocken. Alle Versuche Erdoğans, den Westen, also Europa und die USA, finanziell zu ersetzen, scheiterten. Sein groß propagierter islamischer Markt kam nicht in Gang, und auch die Annäherungen an Russland und China brachten finanziell keinen Ausgleich für den Rückzug des europäischen und angloamerikanischen Kapitals.

Auch die Personen, die den Erfolg der 2000er Jahre verkörpert hatten, verschwanden. Ali Babacan wurde aussortiert, Mehmet Şimşek blieb zwar noch bis 2018 im Amt, hatte aber zunehmend weniger zu sagen und wurde nach dem vereitelten Putsch 2016 mehr

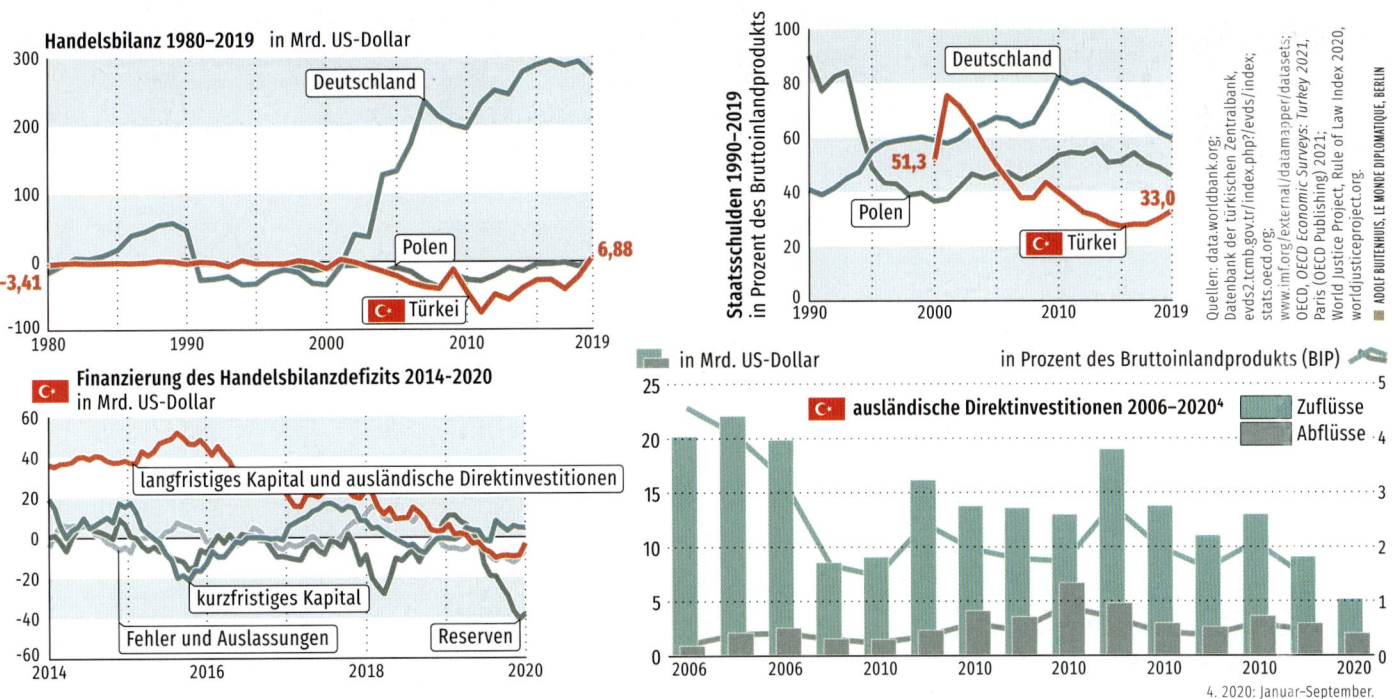

und mehr zur tragischen Figur. Er schied im Sommer 2018 nach Erdoğans Wahl zum Präsidenten aus dem Kabinett aus und verschwand in der Versenkung. Ali Babacan dagegen trat aus der AKP aus und gründete zusammen mit anderen Erdoğan-Kritikern die wirtschaftsliberale Partei für Demokratie und Fortschritt (Deva), die an die Erfolge der alten AKP anknüpfen will.

Am 9. Juli 2018, unmittelbar nach der Präsidentschaftswahl war eine der ersten Entscheidungen Erdoğans, Berat Albayrak zum neuen Finanzminister zu ernennen und ihm die Koordination der gesamten Wirtschafts- und Finanzpolitik des Landes zu übertragen. Das Urteil der Finanzmärkte war eindeutig. Innerhalb von nur einer Stunde nach Bekanntwerden der Ernennung verlor die Lira 3,8 Prozent ihres Werts gegenüber dem Dollar.

Erdoğan war das offenbar egal, für ihn zählten jetzt andere Qualitäten als Kompetenz und Reputation. Seit dem niedergeschlagenen Putschversuch 2016 geht es dem Präsidenten vor allem um vollständige Loyalität seiner Minister und Berater.

Albayrak war gewissermaßen der Prototyp des neuen politischen Personals. Als Schwiegersohn gehört er zur Familie, dem Goldstandard in Sachen Loyalität. Außerdem ist Erdoğan mit seinem Vater, dem Schriftsteller und Journalisten Sadık Albayrak, der in den 1990er Jahren schon mal für die Islamisten im Parlament saß, seit Jahrzehnten befreundet.

Als Kind der neuen islamischen Bourgeoisie machte Berat Albayrak schnell Karriere. Schon mit 29 Jahren war er nach einem Wirtschaftsstudium in Istanbul und den USA CEO der Çalık Holding, einem der größten Konzerne des Landes, der im Immobilien-, Bau- und Mediensektor, unter Erdoğan großgeworden war, weil er ständig mit lukrativen Staatsaufträgen versorgt wurde. Im letzten Kabinett vor der Alleinherrschaft Erdoğans war Albayrak bereits Energieminister und ließ den damaligen Ministerpräsident Binali Yildirim spüren, dass er als Schwiegersohn Erdoğans eine Sonderrolle spielte. Amerikanische und russische Geheimdienste sagten ihm nach, dass er

damals illegale Öllieferungen vom IS aus Syrien und dem Irak in die Türkei organisiert habe.

An der ersten wirtschaftlichen Großkrise in seiner Amtszeit war Albayrak allerdings unschuldig. Als sich nach dem Putschversuch 2016 die Beziehungen der Türkei zu Europa und den USA dramatisch verschlechterten, ließ Erdoğan verschiedene europäische und US-amerikanische Bürger unter fadenscheinigen Anschuldigungen verhafteten, um für ihre Freilassung politische Zugeständnisse zu erpressen. Einer dieser Geiseln war ein US-Pastor einer evangelikalen Pfingstgemeinde, Andrew Brunson, der wegen angeblicher Unterstützung der PKK und Spionage angeklagt wurde. Weil der damalige US-Außenminister Mike Pompeo allerdings Mitglied derselben Pfingstgemeinde war, machte Washington Druck, um Brunson frei zu bekommen. Als Erdoğan sich stur stellte, drohte Trump mit einem Wirtschaftsboykott und verhängte im August 2018 Strafzölle auf Stahl und Aluminium aus der Türkei. Damit begann der rasante Niedergang der Türkischen Lira; ausländische Investoren zogen Milliarden Dollar aus der Türkei ab.

Erdoğan musste Einlenken und schickte Brunson zwei Monate später nach Hause, doch der Schaden war nicht wiedergutzumachen. Auch wenn die Lira sich nach Erdoğans Einknicken wieder etwas erholte – das Vertrauen der Investoren war dahin. Hinzu kam, dass Albayrak unfähig war, das Verhältnis zu ausländischen Investoren wieder zu verbessern. Bei einer großen Investorenkonferenz, die die Investmentbank JP Morgan für ihn im April 2019 am Rande eines IWF-Treffens in Washington ausrichtete, blamierte sich Albayrak bis auf die Knochen. Er machte großspurige Ankündigungen, ohne sagen zu können, wie er die umsetzen wollte. Statt frisches Kapital einzuwerben, war das Ergebnis der Konferenz ein neuerlicher Absturz der Lira um 1,4 Prozent am Tag danach.

Während sich die internationale Finanzelite einig war, dass der Lira-Kurs nur durch eine massive Zinserhöhung stabilisiert werden kann, war Erdoğan genau gegenteiliger Meinung. Die Zinsen sollten

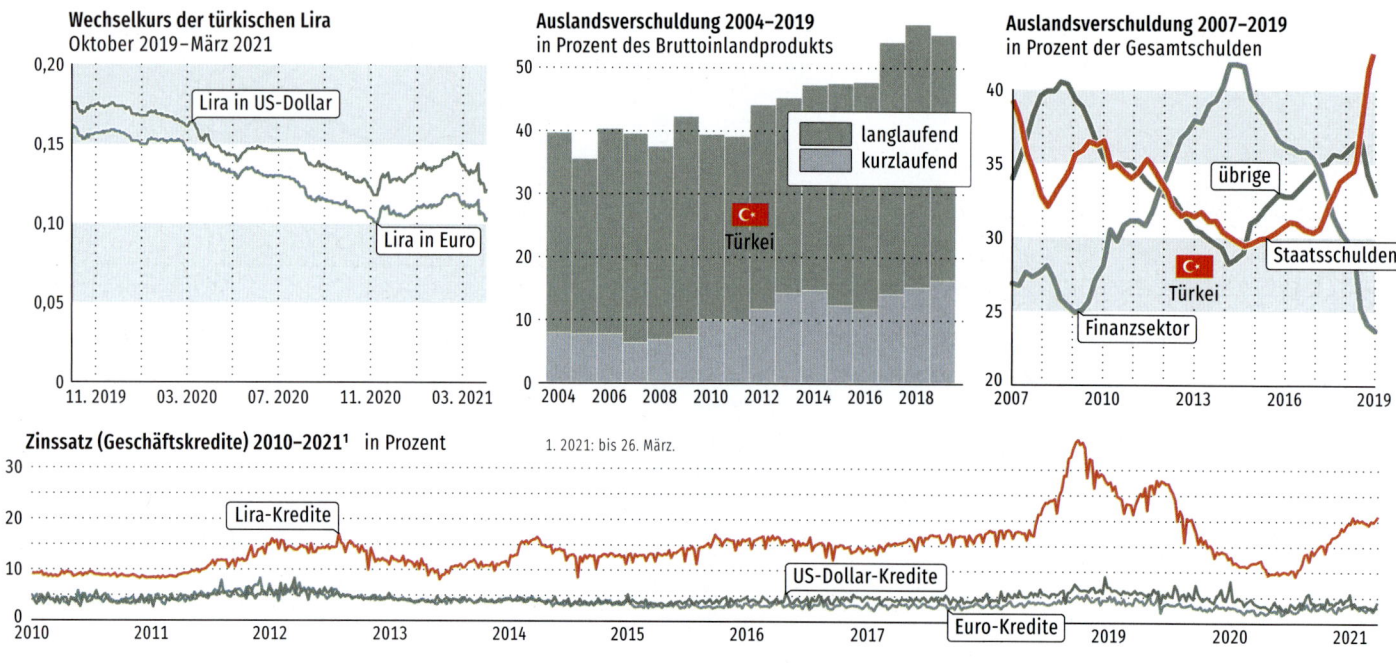

Wechselkurs der türkischen Lira
Oktober 2019–März 2021

Auslandsverschuldung 2004–2019
in Prozent des Bruttoinlandprodukts

Auslandsverschuldung 2007–2019
in Prozent der Gesamtschulden

Zinssatz (Geschäftskredite) 2010–2021¹ in Prozent
1. 2021: bis 26. März.

runter, damit die heimische Wirtschaft billige Kredite aufnehmen und so das Wachstum wieder angekurbelt werden konnte. Seinem damaligen Zentralbankchef gab Erdoğan entsprechende Anweisungen. Um den Lira-Kurs nicht ins Bodenlose stürzen zu lassen, wies Berat Albayrak die Zentralbank an, mit den vorhandenen Devisenreserven die Lira zu stützen. In den beiden Jahren, in denen Albayrak die finanziellen Geschicke der Türkei lenkte, verbrannte die Zentralbank sage und schreibe 120 Milliarden Dollar für Stützungskäufe, letztlich ohne Erfolg, weil die Zinsen unterhalb der Inflationsrate lagen und kein Mensch in Lira investieren wollte. Jeder, der in Türkei etwas Geld auf dem Konto hatte, tauschte seine Ersparnisse in Dollar oder Euro um.

Die Folge davon war, dass Importe immer teurer wurden und entsprechend die Preise in der Türkei stiegen. Vor den Kommunalwahlen im Frühjahr 2019 explodierten geradezu die Preise bestimmter Grundnahrungsmittel wie Zwiebeln, was mit dazu beitrug, dass Erdoğans AKP die Wahl in den größten Städten des Landes, inklusive Istanbul, verlor. Dass der Präsident trotzdem erst einmal weiterhin an Albayrak festhielt, hatte vor allem mit dem Ausbruch der Coronapandemie zu tun. Als überall die Wirtschaft zusammenbrach, übertünchte dies die Fehlleistungen der eigenen Politik. Doch letztlich konnte auch die Coronakrise nicht verschleiern, dass viele türkischen Banken und Unternehmen hohe Schuldenstände in Dollar begleichen müssen, was umso schwieriger wird, desto stärker die Lira an Wert verliert. Genau das machte Ağbal Präsident Erdoğan bei ihrem Treffen im November 2020 klar.

Einer der ersten Anordnungen Ağbals als Zentralbankchef war dann auch die Erhöhung der Leitzinsen. Im Dezember 2020 folgte eine zweite Erhöhung, sodass die Zinsen wieder deutlich über der offiziellen Inflationsrate lagen. Erste Erfolge dieser Maßnahmen zeichneten sich im Januar 2021 ab. So berichtete der Wirtschaftsjournalist Boris Soydan im Onlinedienst T 24, das so genannte »Hot Money«, also kurzfristig angelegtes ausländisches Spekulations-

kapital, sei zurückgekehrt. Obwohl es vor allem von kleineren Unternehmen die auf billige Kredite in der Corona-Krise angewiesen sind zu deutlichen Unmutsbekundungen kam, setzte Ağbal seinen Kurs unbeirrt fort. Mitte März 2021 hob er den Leitzins noch einmal um zwei Prozentpunkte an und verkündete obendrein, er denke nicht daran, in 2021 die Zinsen wieder zu senken.

Nun zeigte sich, dass Berat Albayrak zwar aus der Öffentlichkeit verschwunden war aber innerhalb der AKP nach wie über großen Einfluss verfügt. Bereits Anfang März 2021 begann in der Parteizeitung Yeni Şafak, die unter dem Dach einer Holding erscheint, die von der Albayrak Familie kontrolliert wird, ein massive Kampagne gegen Naci Agbal und seine Finanzpolitik.

Einer der Wortführer war der AKP Abgeordnete Şahap Kavcıoğlu, ein Vertreter der islamisch unterfütterten Niedrigzinstheorie, die eigentlich auch Erdoğan selbst vertritt. Yeni Şafaks Kampagne trug schließlich Früchte: In der Nacht vom 19. auf den 20. März, nur zwei Tage nach seiner letzten Zinsentscheidung, wurde Ağbal gefeuert. Sein Nachfolger wurde niemand anderes als Albayraks Mann Şahap Kavcıoğlu.

Die Reaktion der Finanzmärkte auf diese erneute 180-Gradwende Erdoğans in der Finanzpolitik ließ nicht auf sich warten: Als am Montag den 22. März die Börsen öffneten, erlebte die Lira einen historischen Absturz. Zeitweilig 15 Prozent verlor die türkische Währung und stabilisierte sich am Ende mit einem Verlust von 10 Prozent gegenüber dem Dollar. Die Entlassung von Naci Ağbal kostete die Türkei wohl mehr als zehn Milliarden Dollar – an einem Tag. ●

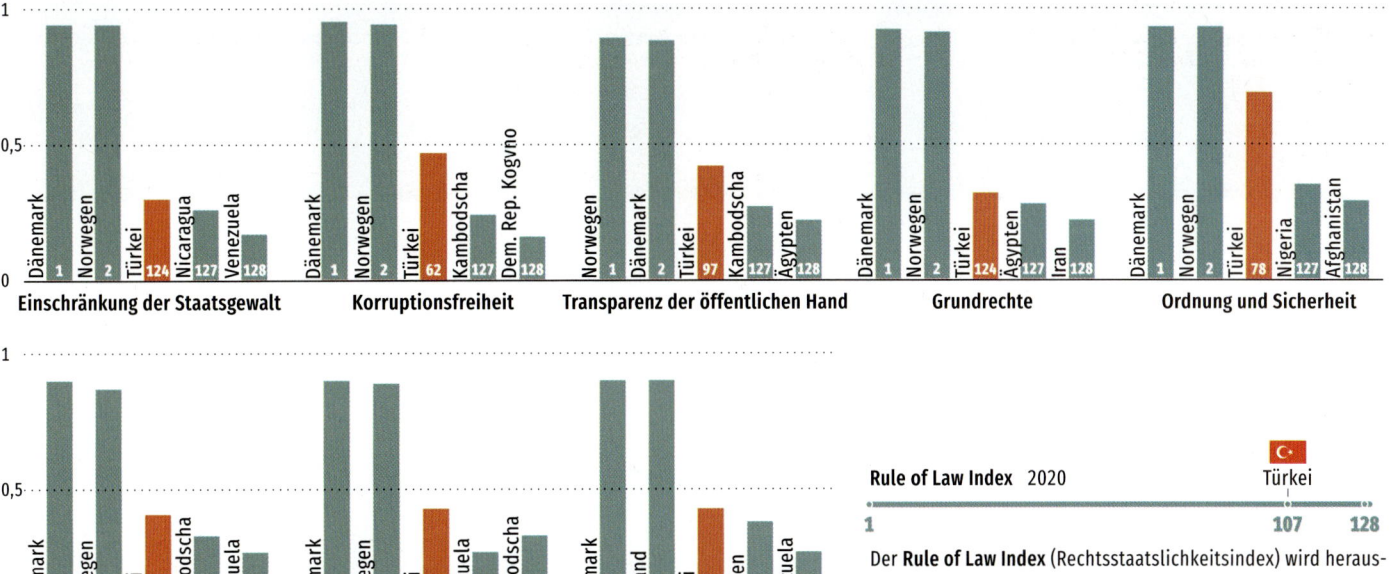

Einschränkung der Staatsgewalt
Dänemark 1 · Norwegen 2 · Türkei 124 · Nicaragua 127 · Venezuela 128

Korruptionsfreiheit
Dänemark 1 · Norwegen 2 · Türkei 62 · Kambodscha 127 · Dem. Rep. Kogvno 128

Transparenz der öffentlichen Hand
Norwegen 1 · Dänemark 2 · Türkei 97 · Kambodscha 127 · Ägypten 128

Grundrechte
Dänemark 1 · Norwegen 2 · Türkei 124 · Ägypten 127 · Iran 128

Ordnung und Sicherheit
Dänemark 1 · Norwegen 2 · Türkei 78 · Nigeria 127 · Afghanistan 128

Durchführung rechtlicher Bestimmungen
Dänemark 1 · Norwegen 2 · Türkei 109 · Kambodscha 127 · Venezuela 128

Zivilgerichtsbarkeit
Dänemark 1 · Norwegen 2 · Türkei 103 · Venezuela 127 · Kambodscha 128

Strafjustiz
Dänemark 1 · Finnland 1 · Türkei 84 · Bolivien 127 · Venezuela 128

Rule of Law Index 2020 — Türkei
1 · 107 · 128

Der **Rule of Law Index** (Rechtsstaatlichkeitsindex) wird herausgegeben von der US-amerikanischen NGO World Justice Project. Der Index ist ein Mittelwert aus 8 Faktoren. 2020 belegte die Türkei Platz 107 von 128.

Erdoğans Krieg gegen die unabhängigen Medien

Kein freies Wort mehr

Von Yavuz Baydar

Was die Freiheit, Unabhängigkeit und Pluralität der Medien betrifft, so gleicht die heutige Türkei jener infernalischen »Republik der Angst«, die George Orwell in »1984« ausgemalt hat, einem Land also, in dem es für alle Beteiligten gefährlich ist, auf Fakten basierende Berichte und kritische Reportagen oder Kommentare zu publizieren.

Willkürliche Verhaftungen und kafkaeske Prozesse gegen Dissidenten, Gefängnisstrafen für Medienschaffende und staatliche Zensurmaßnahmen sind in der heutigen Türkei zur Normalität geworden. Zudem hat die systematische Repression eine Kultur der Selbstzensur gefördert, sodass heute in den allermeisten Redaktionen die Grundprinzipien des Journalismus außer Kraft gesetzt sind.

Die NGO Freedom House führt die Türkei in seinem Pressefreiheits-Index bereits seit 2014 als ein »nicht freies« Land. Auf der aktuellen Rangliste der Pressefreiheit von Reporter ohne Grenzen (RoG) liegt die Türkei unter 180 Ländern an 154. Stelle. Und die meisten Klagen, die 2020 beim Europäischen Gerichtshof für Menschenrechte wegen Verletzung der Meinungsfreiheit eingingen, richteten sich gegen die Türkei, die damit an der Spitze der 47 Mitgliedstaaten des Europarats liegt.

Nach den Daten der »Platform for Independent Journalism« (P24), einer in Istanbul ansässigen NGO, saßen im Februar 2021 mindestens 83 Medienschaffende im Gefängnis. Das Stockholmer Center for Freedom weist für Januar 2020 sogar 175 inhaftierte Journalisten aus; auf der polizeilichen Fahndungsliste stehen weitere 167 Personen, die entweder im Exil oder untergetaucht sind. Und bei fast 50 türkischen Journalisten und Journalistinnen wurde seit Ende 2016 das persönliche Vermögen konfisziert.

Auch willkürliche Kündigungen sind eine immer wiederkehrende Strafmaßnahme. In den letzten fünf Jahren haben türkische Medienunternehmen insgesamt 3436 Leute gefeuert (2020 waren es 215). Das Thema Jobsicherheit war in der Medienindustrie seit jeher ein notorisches Problem, zumal der gewerkschaftliche Organisationsgrad in der Branche bei lediglich 8 Prozent liegt.

Während des Ausnahmezustands, den die Regierung nach dem gescheiterten Putsch vom Juli 2016 ausgerufen hatte und der zwei Jahre lang in Kraft blieb, wurden mindestens 189 Mediengruppen und -unternehmen (inklusive privater Agenturen) geschlossen oder beschlagnahmt. Seit dieser Säuberung konnten sich neben dem massiven Block regierungsfreundlicher Tageszeitungen nur noch eine Handvoll »kritischer« landesweiter Zeitungen behaupten. Allerdings haben sie extrem niedrige Auflagen (durchschnittlich etwa 10 000) und stehen vor immer größeren Finanzierungs- und Vertriebsproblemen.

Das Fernsehen stellt für Erdoğan eine stärkere Bedrohung dar als die im Niedergang begriffenen Printmedien. Während Teile der älteren Bevölkerungsgruppen in der Westtürkei – noch – Zeitung lesen, deckt eine große Mehrheit der Gesellschaft in den östlichen Provinzen und ländlichen Gebieten ihren Bedarf an »Nachrichten und Kommentaren« ausschließlich – und kostenlos – bei den TV-Nachrichtensendern. Dieses TV-affine Segment macht nach Unesco-Angaben 85 bis 90 Prozent der türkischen Gesamtbevölkerung aus.

Diese Zahl dokumentiert die einzigartige Macht des Fernsehens und erklärt, warum dieses Medium für die politischen Machthaber so wichtig ist. Erdoğan weiß genau, dass er mit der Kontrolle über die TV-Redaktionen den gesamten politischen Willensbildungsprozess beeinflusst und den Zugang zu kritischen Berichten und unerwünschten Meinungen einschränken kann.

Für Erdoğan hatten und haben deshalb die TV-Nachrichtensender stets die höchste Priorität. Im Zuge seines beispiellosen Feldzugs zur Informationskontrolle hat er mittlerweile fast alle dieser Sender vereinnahmt. Das erklärt auch, warum sich die freie Verbreitung von Nachrichten und Diskussionen weitgehend ins Internet und in die sozialen Medien verlagert hat, wo öffentlicher Dissens noch zum Ausdruck kommt. Da die Bedeutung des Internets, insbesondere für die jungen Generationen, auch Erdoğan und seinen Beratern klar ist, versuchen sie, die Reichweite dieses Mediums möglichst zu beschränken. Dabei haben sie auch im Auge, dass bei den nächsten für Sommer 2023 geplanten Parlaments- und Präsidentschaftswahlen die Kohorte der unter 30-Jährigen fast die Hälfte der Wahlberechtigten ausmachen wird.

Dies ist der Hintergrund für den ständigen Kampf gegen freien Internetzugang, den Erdoğan und seine AKP vor etwa zehn Jahren aufgenommen haben. Nach Angaben der türkischen NGO »Vereinigung für Meinungsfreiheit« (İfade Özgürlüğü Derneği, İFÖD) wurde in den letzten sieben Jahren der Zugang zu knapp 600 000 Internet-Domains und URL-Adressen, 42 000 Tweets und 11 000 Youtube-Videos gesperrt (Stand Oktober 2020).

Seit Juli 2020 kommt auch ein neuer Strafmechanismus zum Einsatz: Die staatlichen Behörden sperren regelmäßig den Zugriff auf bestimmte Inhalte oder löschen diese endgültig. Das geschieht so massiv, dass viele Nachrichten – vor allem über Korruption und Machtmissbrauch – spurlos und für immer verschwinden. Mit anderen Worten: Das öffentliche Gedächtnis wird systematisch gelöscht.

Auch die Giganten der sozialen Medien sind ins Fadenkreuz geraten; speziell Twitter, weil das Unternehmen sich geweigert hat, Vertretungsbüros in der Türkei zu eröffnen, wie es ein neues Gesetz verlangt, das viele als einen Schritt zur erzwungenen Zensur ansehen. Seit April 2021 müssen Unternehmen, die der Forderung nicht nachkommen, mit erheblichen Geldstrafen rechnen.

Mit ihrer ultraautoritären Politik haben Erdoğan und seine Partei ein vielschichtiges Zensursystem etabliert. Zusammen mit den etappenweisen radikalen Veränderungen der Besitzverhältnisse in der gesamten Medienlandschaft ist so eine kompakte Propagandamaschine entstanden. In diesem Sinne wurden auch die bestehenden Regularien geändert und insgesamt vier neue Instrumente zur Kontrolle der sozialen Medien geschaffen.

Das wichtigste unter ihnen ist das »Direktorat für Kommunikation« (TIB), das im Juli 2018, genau zwei Jahre nach dem gescheiterten Putsch eingerichtet wurde. Das TIB funktioniert als Unterabteilung des »Palastes« und sein Präsident ist Erdoğan gegenüber direkt verantwortlich. Die immer weiter expandierende Behörde, die mit ihren rund 1500 Angestellten ein 30-stöckiges Hochhaus im Zentrum Ankaras belegt, ist von der Rechenschaftspflicht gegenüber dem Parlament ausgenommen. Die Hauptaufgabe des TIB besteht darin, das gesamte Spektrum der Print- und der audiovisuellen Medien tagtäglich zu überwachen und gegen Inhalte einzuschreiten, wann immer es geboten scheint. Das TIB ist auch für die Ausgabe der offiziellen »nationalen Presseausweise« an türkische Journalisten zuständig, ebenso wie für die Akkreditierung ausländischer Korrespondenten. Die Vergabe läuft häufig nach dem Prinzip »Belohnung oder Strafe«, je nachdem wie gefällig oder kritisch die jeweiligen Journalisten oder Korrespondentinnen berichtet haben. In den letzten Jahren hat das TIB die Vergabe eines Presseausweises auch ganz verweigert, wenn die Ansichten oder die ethnische Herkunft des Antragstellers (wie kurdisch) nicht genehm waren. Und vor Kurzem kam heraus, dass der TIB-Präsident den Fernsehsen-

●..

Die Demontage der journalistischen Standards begann Mitte 2013 im Gefolge der Gezi-Proteste und dauert bis heute an

....

dern eine Liste von Experten übermittelt hat, die »für den Auftritt in Talkrunden zugelassen« sind.

Das zweite Kontrollinstrument ist der »Oberste Rundfunk- und Fernsehrat« (RTÜK), dessen Funktion als unabhängige Regulierungsinstanz nur auf dem Papier steht. Die neun Mitglieder des RTÜK werden von den politischen Parteien gemäß der Stärke ihrer Parlamentsfraktionen nominiert. Die Mehrheit in dem Gremium stellen also die herrschende AKP und ihr Regierungspartner, die nationalistische MHP. Diese Mehrheit missbraucht ihre Macht, indem sie die Vergabe von Sendelizenzen an »oppositionelle Medien« verweigert oder endlos verzögert. Der RTÜK erlässt auch Publikationsverbote und *gag orders* für TV-Sender und auch digitale Streaming-Anbieter wie Netflix. Bei Ausstrahlung kritischer Inhalte kann der Rat Sendeverbote für mehrere Tage verhängen.

Das dritte Instrument ist die »Informations- und Kommunikationstechnologie-Behörde« (BTK), die direkt dem Transport- und Infrastrukturministerium untersteht. Sie wurde im Jahr 2000 noch unter der Regierung Ecevit gegründet und war von Beginn an das Produkt einer gewissen Zensurmentalität. Im Laufe der Jahre wurde sie mehrmals auf eine Weise umgemodelt, die der konservativen Entwicklung und der wachsenden Intoleranz der politischen Klasse entsprach.

In ihrer heutigen Verfassung überwacht die BTK den gesamten Bereich des Internet und der sozialen Medien. Sie kann willkürlich Verbote und Einschränkungen verhängen, wobei bestimmte Fälle vor ein »Friedensgericht« kommen, dessen Richter im Einvernehmen mit dem Präsidentenpalast ernannt werden. Dank ihrer wachsenden Macht greift die BTK immer tiefer in die digitale Domäne ein, und zielt besonders auf diejenigen sozialen Medien, die für das Erdoğan-Regime gefährlich werden könnten.

Als viertes Instrument ist die staatliche Werbeagentur BIK zu nennen, die für die amtlichen Mitteilungen und Anzeigen von Behörden und staatlichen Institutionen in der Printpresse zuständig ist. Seit dem Putschversuch von 2016 werden die verbliebenen kritischen Presseorgane und die Zeitungen oppositioneller Parteien von der Vergabe staatlicher Anzeigen systematisch ausgeschlossen.

Im Gegensatz zu einer weit verbreiteten Einschätzung geht die Zerstörung der türkischen Medienlandschaft nicht ausschließlich auf das Konto von Erdoğan. Denn als der an die Macht kam, war die journalistische Szene bereits stark geschwächt und konnte den massiven Eingriffen und Manipulationen wenig entgegensetzen.

Erdoğan wusste Bescheid über die zutiefst korrupte Mentalität der Medienbesitzer und deren notorisch schmutzige Geschäfte mit früheren Regierungen; desgleichen über die Zustände in der journalistischen Zunft, die durch innere Polarisierung, ideologisch aufgeheizte Grabenkämpfe und das Fehlen jeglicher Gruppensolidarität gekennzeichnet war.

Bis zu Beginn der 1990er Jahre hatte der stramm kontrollierte staatliche Fernsehsender TRT (Türkiye Radyo ve Televizyon Kurumu) keinerlei Konkurrenz. Die einflussreichen Tageszeitungen waren im Besitz traditioneller Verlegerfamilien *(Hürriyet, Milliyet, Dünya)* oder wurden – wie etwa *Cumhuriyet* – von Stiftungen getragen. Diese Publikationsorgane hatten die nationalistische Ideologie weitgehend internalisiert: Man respektierte die nationalen Tabus und praktizierte eine Selbstzensur bei »sensiblen« Themen wie der kurdischen oder armenischen Frage und generell beim Thema Außenpolitik.

Die Deregulierung des Medienmarktes in den frühen 1990ern hat diesen Zustand dramatisch verändert. Mit der Zulassung von privaten Radio- und Fernsehsendern konnten etliche Geschäftsleute, die in wichtigen Wirtschaftssektoren engagiert waren, auf den Medienmarkt vordringen. Das war für diese Leute allerdings, wie sich alsbald zeigte, nur eine weitere Methode, um große Gewinne einzustreichen. Die Macht der privaten Medien verschaffte ihnen immer mehr Einfluss auf die Regierungen. Und dank dieser neu entdeckten Macht konnten sie öffentliche Ausschreibungen gewinnen und sich finanzielle Vergünstigungen sichern, die ihnen eine Ausweitung ihrer vielfältigen unternehmerischen Aktivitäten ermöglichte.

Keiner dieser Newcomer brachte irgendwelche Erfahrungen oder Kenntnisse über Journalismus und dessen besondere gesellschaftliche Rolle mit. Und so kam es, wie es kommen musste: Die geschäftlichen Interessen der neuen Medieneigentümer erweiterten das System der Selbstzensur. Und die Inhalte, die diese Medien verbreiteten, wurden nicht durch journalistische Faktoren bestimmt, sondern durch Hinterzimmerabsprachen mit der Regierung und der Bürokratie. Die wechselseitige Korrumpierung der politischen Klasse und der Medienmogule wurde am Ende so selbstverständlich, dass ihre Beziehung zur Illustration des Henne-oder-Ei-Problems taugen könnte.

Als die Türkei dann aber Ende der 1990er Jahre von einer schweren Wirtschaftskrise erschüttert wurde, lag nicht nur das politische System, sondern auch der gesamte Mediensektor in Trümmern. Viele große Mediengruppen waren am Ende, darunter einige besonders skrupellose, die sogar ihre eigenen Banken betrieben. Ihre Eigentümer landeten im Gefängnis oder gingen in Konkurs.

Als die AKP 2002 an die Macht kam, fand sie einen angeschlagenen und diskreditierten Mediensektor vor, der sich für Manipulationen geradezu anbot. Ermutigt durch eine Serie von Übernahmen und Aufkäufen, ging Erdoğan daran, seine eigene Fraktion islamistisch-konservativer Unternehmer hochzupäppeln, von denen einige die neuen Eigentümer AKP-freundlicher Medien wurden.

Von 2002 bis 2010 erlebten die türkischen Medien einen kurzfristigen Frühling. Den verdankten sie zum Teil dem Bankrott der korrupten Medieneigentümer, vor allem aber den Reformen der AKP-Regierung, die mit Blick auf die EU-Beitrittsperspektive den Raum für mehr Freiheit, Unabhängigkeit und Pluralität der Medien schufen.

Es war eine Zeit, in der Tabus fielen und die Bandbreite öffentlicher Diskussionen durch die Angebote konkurrierender Nachrichtensender erweitert wurde. Eine Zeitlang sah es so aus, als würde sich die Türkei auf demokratische Verhältnisse zubewegen.

Doch das war schnell vorbei. Um das Jahr 2011 wurde klar, dass Erdoğan auf eine Einmannherrschaft zusteuerte. Und auf diesem Weg musste er vier wichtige Zwischenziele erreichen: Er musste seine Rivalen innerhalb der AKP beseitigen; er musste die Gülen-Bewegung loswerden, die ihm bis dahin ein nützliches Fußvolk von Mitläufern gestellt hatte; er musste die volle Kontrolle über die Medien erobern; und zu gegebener Zeit auch über die Justiz.

Die Demontage der journalistischen Standards und die Transformation der – schon vorher problematischen – Eigentümerstrukturen im privaten Mediensektor begann Mitte 2013 im Gefolge der Gezi-Proteste und dauert bis heute an. Zunächst nahm Erdoğan drei große Mediengruppen und ihre Eigentümer ins Visier: die Ciner-Gruppe, deren Besitzer vor allem im Bergbau- und Energiesektor engagiert war, die Doğuş-Gruppe des Unternehmers Ferit Şahenk und die Doğan-Media-Gruppe.

Seit dem 27. Mai 2013, dem ersten Tag der Gezi-Proteste, war Erdoğan persönlich bemüht, die Kontrolle über die Redaktionen zu gewinnen. Er rief bei den einflussreichen TV-Kanälen an – und setzte sich durch: Alle Eigentümer waren von finanziellen Vergünstigungen der Regierung abhängig und knickten sofort ein.

Von da an wusste Erdoğan, das er sich auf Ciner und Şahenk verlassen konnte, ebenso wie auf deren viel gesehene Nachrichtensender Habertürk TV und NTV. Nicht so sicher konnte er auf zwei andere Medienkonzerne zählen: zum einen die Doğan-Media-Gruppe, ein riesiges Reich von mehreren Fernsehsendern und Zeitungen, die mit ihren Auflagen den Markt der Printmedien dominierten. Und zum anderen die Zaman-Gruppe und die Koza-Holding.

Seine Abneigung gegen Aydın Doğan hat Erdoğan nie verbergen können, denn dessen Medien hatten seinen Aufstieg an die Spitze des Staats entschieden bekämpft. In den 1990er-Jahren galt der Mogul als »Königsmacher«, der über seine Medien erheblichen Einfluss ausübte. In dieser Rolle sah sich Doğan selbst dann noch, als Erdoğan im März 2003 Ministerpräsident einer Einparteienregierung wurde, die über die absolute Mehrheit in der Nationalversammlung verfügte. Der große Showdown schien unvermeidlich. Er kam 2005, als die Doğan-Medien einen Spendenbetrugs-Skandal um die AKP-nahe islamische Hilfsorganisation »Deniz Feneri« (Leuchtturm) zu einem großen Thema machte. Doch Erdoğan schaffte es mit Hilfe seiner wachsenden eigenen Medienmacht, die Auswirkungen des Skandals einzudämmen. Dabei machte er sich juristische Verfehlungen von Aydın Doğan zunutze, indem er dessen Mediengruppe deftige Bußgelder androhte. Die Botschaft kam an: Der Mogul steckte zurück, und die Selbstzensur in seinen Medien nahm zu.

2011 ging Erdoğan einen Schritt weiter. Doğan wurde gezwungen, mit der Tageszeitung *Milliyet* sein wichtigstes Medium an die Familie Demirören zu verkaufen, von der man weiß, dass sie Erdoğan hörig ist. Kurz nach der Übernahme wurden viele *Milliyet*-Redakteure und -Kolumnisten gefeuert. Doch der entscheidende Schlag gegen Doğan ließ noch bis 2018 auf sich warten. Dazu weiter unten mehr.

Die Zaman-Gruppe und die Koza-Holding waren am anderen Ende des politischen Spektrums angesiedelt: beide waren mit dem Prediger Fethullah Gülen assoziiert, dem Oberhaupt einer weit verzweigten islamischen Bewegung, die viele ihrer Anhänger im Staatsapparat und in der Justiz untergebracht hatte. Und zwar mit Unterstützung Erdoğans, der seit Beginn der AKP-Herrschaft ein politisches Bündnis mit Gülen eingegangen war, weshalb die von ihm kontrollierten Mediengruppen die Erdoğan-Regierung in den ersten Jahren rückhaltlos unterstützten. Doch das Bündnis Erdoğan-Gülen wurde durch gegenseitiges Misstrauen ausgehöhlt: Beide Männer vertraten in einigen innen- und außenpolitischen Fragen unterschiedliche Positionen, obwohl beide aus demselben tief religiösen Segment der sunnitischen Mehrheitsgesellschaft stammen.

Der endgültige Bruch erfolgte Ende 2013. Auslöser waren zwei juristische Ermittlungsverfahren wegen Korruption und Machtmissbrauch unter der Erdoğan-Regierung. Das erste betraf die Umgehung der Sanktionen gegen Iran durch türkische Banken, das zweite undurchsichtige Kontakte mit al-Qaida. Beide Geschichten schlugen wie eine Bombe ein. In den Medien waren die Ermittlungen das große Thema, wobei sich die Gülen-Zeitungen besonders ins Zeug legten.

Allerdings war die Gülen-Bewegung der türkischen Gesellschaft mittlerweile so suspekt, ja geradezu verhasst, dass sie politisch isoliert und damit angreifbar wurde. Als dann die übrigen Medien aus taktischen und ideologischen Gründen aufhörten, umfangreich über die Skandale zu berichten, war dies für Erdoğan ein »Geschenk Gottes«. Er verfolgte weiterhin das Ziel, die traditionellen wie die digitalen Medien einer Zensur zu unterwerfen, vollzog zugleich aber einen strategischen Schwenk und schmiedete ein politisches Bündnis mit seinen ehemaligen Feinden: dem kemalistischen und dem ultranationalistischen Lager.

Da Erdoğans Erzfeind nunmehr Gülen hieß, war es nur logisch ein Bündnis mit dessen Feinden zu schmieden. Ab 2014 war Erdoğans zentrales Ziel die Zerschlagung der gülenistischen Medien. Dabei war ihm allerdings bewusst, dass seine neuen Verbündeten (die alten Feinde) sich damit nicht begnügen würden. Denn die säkularen Nationalisten hatten es auch auf die verhassten liberalen, pazifistischen und pro-kurdischen Medien abgesehen. Die Anti-Gülen-Kampagne ging also einher mit der Einebnung der gesamten Medienlandschaft, mit der Folge, dass seitdem auch verschiedene Segmente der kritischen Medien abgeräumt wurden.

Dann kam der 16. Juli 2016, der Erdoğan sein zweites und ultimatives »Gottesgeschenk« bescherte. Nach dem Putschversuch von Teilen des Militärs konnte er zum »Gnadenstoß« ansetzen und mittels Dekreten und personellen Umbesetzungen sowohl die Medien als auch die Justiz gefügig machen. Mit der Schließung kritischer Medien wurden häufig auch deren digitale Archive für immer gelöscht.

Nachdem der Autokrat im April 2017 mittels eines Verfassungsreferendums ein »Super-Präsidialsystem« etabliert hatte, stand seinem Endziel nur noch ein Hindernis im Weg: Die Doğan-Media-Gruppe. Zu ihr gehörten zwei einflussreiche TV-Sender und die führende Tageszeitung *Hürriyet,* die hohe Werbeeinnahmen erzielte, da ihre Auflage rund 40 Prozent der gesamten türkischen Printauflage ausmachte.

Politisch und finanziell unter Druck gesetzt musste Aydın Doğan am Ende kapitulieren. Seine Mediengruppe, deren politische Einschätzungen und Bewertungen die öffentliche Meinungsbildung und die türkische Innenpolitik über Jahrzehnte maßgeblich beeinflusst hatte, wurde 2018 an die AKP-nahe Familie Demirören verkauft.

Was zurückbleibt, ist eine verwüstete türkische Medienlandschaft und ein Journalismus, der ums Überleben kämpft. Heute wird das

Fortsetzung auf Seite 59

Zwischen Gott, Staat und Patriarchat

Der Kampf der Frauen für Selbstbestimmung und mehr politische Teilhabe

Von Banu Güven

Am 11. Mai 2011 versammelten sich die Verhandlungsführer aus 13 Mitgliedstaaten des Europarats in Istanbul, um das »Übereinkommen zur Verhütung und Bekämpfung von Gewalt gegen Frauen und häuslicher Gewalt« zu unterzeichnen. Wenige Monate später ratifizierte die Türkei als erstes Land die gemeinhin als Istanbul-Konvention bekannte Übereinkunft.

Zehn Jahre später beschließt derselbe Mann, der als Ministerpräsident die einstimmige Annahme der Istanbul-Konvention durch das türkische Parlament ermöglicht hat, aus der Vereinbarung auszusteigen. Das entsprechende »präsidiale Dekret«, eine neue Form von Legislative à la Erdoğan, wurde am 20. März 2021 um zwei Uhr morgens im Amtsblatt veröffentlicht.

Alle Juristinnen und Juristen des Landes, außer denen, die der AKP angehören, waren sich über die Rechtswidrigkeit des Verfahrens einig. Ein internationales Abkommen, das vom Parlament angenommen worden war, darf nur durch das Parlament aufgekündigt werden. Während die Menschen in der Türkei zu Hunderten vor das Oberverwaltungsgericht zogen, um gegen Erdoğans Vorgehen zu klagen, nahm der Europarat dessen Entscheidung umgehend an. Am 1. Juli 2021 wird die Türkei offiziell aus der Istanbul-Konvention ausgetreten sein.

Was war der Grund für Erdoğans radikale Aktion? »Wir haben erst später bemerkt, dass einige Begriffe in der Konvention instrumentalisiert wurden, um unseren Glauben und unsere Kultur anzugreifen. Niemand kann uns vorschreiben, wie wir die Beziehungen zwischen den Geschlechtern definieren. Um diesen Streit endgültig zu beenden, haben wir uns entschieden, aus der Konvention auszutreten«, hieß es sinngemäß in seinem Redemanuskript für den AKP-Parteitag am 24. März 2021. Doch als er dann auf der Bühne stand, ließ der Präsident diesen Teil weg und redete nur davon, dass es Menschen gebe, die zum Schutz von Frauen Papiere benötigten, als einfach nur auf ihr Gewissen zu hören. Er sprach von Terrorbekämpfung und davon, wie wichtig es sei, zuerst die Familie zu schützen.

Die Familie ist einer der wichtigsten Pfeiler der patriarchal-konservativen Regierung Erdoğans, in der es zwar ein »Ministerium für Familie und Soziales« gibt, aber keines für Frauen. So beklagt Erdoğan auch immer die angeblich hohe Scheidungsrate in der Türkei[1], aber nie die tragisch hohe Zahl an Femiziden und Fällen häuslicher Gewalt.

In der Türkei sterben täglich Frauen durch die Hand von ihnen nahestehenden Männern. Kontaktverbote, elektronische Armbänder und andere Maßnahmen gegen notorische Gewalttäter werden viel zu selten angewandt. Allein innerhalb der 12 Stunden nach dem umstrittenen Austritt aus der Istanbul-Konvention wurden am 23. März vier Frauen ermordet, drei von ihren Ehemännern und die vierte von ihrem Freund.

Nach Angaben der Initiative »Wir werden Frauenmorde stoppen« (Kadın Cinayetlerini Durduracağız), die Informationen über die 2020 begangenen Femizide in der Türkei zusammengetragen hat, wurde fast ein Drittel der 300 getöteten Frauen von ihren Partnern ermordet, weil Letztere sich nicht scheiden lassen oder trennen wollten. 171 zusätzliche Sterbefälle wurden als »suspekt« eingestuft, darunter auch angebliche Selbstmorde.[2] Nach Angaben des Innenministeriums wurden allein im ersten Halbjahr 2020 außerdem 117 192 Fälle von häuslicher Gewalt angezeigt, mit 126 880 Betroffenen, darunter auch Kinder.

Und im Jahr 2021 sah es keineswegs besser aus: Allein in den ersten drei Monaten des Jahres, in dem die Türkei aus der Istanbul-Konvention ausgetreten ist, kamen 80 Frauen bei Mordanschlägen ums Leben und 39 Frauen wurden mutmaßlich getötet.

Diese grausamen Tatsachen kennen alle Frauen in der Türkei, auch Erdoğans jüngste Tochter Sümeyye. Als die religiösen Gemeinden (Cemaat) in den Medien und in der Öffentlichkeit begannen, den Präsidenten unter Druck zu setzen, machte sie sich persönlich für die Istanbul-Konvention stark. Der konservative Frauenverein Kadem, dessen Mitgründerin und Vizepräsidentin sie ist, veröffentlichte eine entsprechende Stellungnahme, unterstützt von den organisierten Feministinnen. Gegner der Istanbul-Konvention griffen daraufhin auch Sümeyyes Verein in den sozialen Netzwerken an. Am Ende war der Druck der religiösen Gemeinden wirksamer als Sümeyyes Protest gegen einen möglichen Austritt aus der Konvention.

Für Erdoğan und seine Anhänger verkörpern Feministinnen in allem das Gegenteil der nach ihren Maßstäben idealen türkischen Frau. Pünktlich zum Internationalen Frauentag am 8. März 2021 veröffentlichte das Direktorat für Kommunikation ein Musikvideo, das Erdoğans Gegenentwurf zur selbstständigen, freien Frau propagiert: Frauen gehören nämlich zuerst ihrer Familie, ihren Kindern und ihrem Mann, nebenbei dürfen sie Sozialarbeit zum Wohle der Gesellschaft leisten, aber sie sind jederzeit bereit, ihr Land gegen die inneren und äußeren Feinde zu verteidigen. Das ist die Frau, die Erdoğans AKP braucht, um ihre Macht zu konsolidieren.

Von Erdoğan selbst existieren zahllose Zitate über seine Musterfrau und wie sie auf keinen Fall sein soll. »Eine Frau, die wegen ihres Berufs auf die Mutterschaft verzichtet«, stellte er etwa 2016 fest, leugne ihre Weiblichkeit. Und weiter: »Eine Frau, die die Mutterschaft ablehnt, sich nicht mehr um den Haushalt kümmert, ist mangelhaft, egal wie erfolgreich sie in ihrem Beruf ist. Deswegen rate ich allen, mindestens drei Kinder zu bekommen.«

Und statt stolz darauf zu sein, dass die Türkische Republik fortschrittlicher war als viele andere europäische Staaten, als sie 1934 das passive und aktive Frauenwahlrecht einführte, sagte er in seiner Rede zu dessen 86. Jahrestag nur, dass jeder Angriff auf die Familie ein Angriff auf die Nation sei.

Und natürlich passt ihm auch der internationale Frauentag überhaupt nicht. So sagte er am 8. März 2021: »Es gibt Menschen, die die Mädchen aufrufen, schnellstmöglich ihr Vaterhaus[3] zu verlassen. Sie sagen, sie sollen auf die Straße gehen. Was für eine Mentalität ist das denn? Wo gibt es solch eine Immoralität? Das ist das Zeichen einer seelischen Krankheit. Die Türkei kann das Problem von Gewalt lösen, dabei kommt die eigentliche Bedrohung von dieser krankhaften Mentalität … Die Frau ist in erster Linie Mutter. Sie ist die erste Heimat ihrer Kinder.« Laut Erdoğan seien Frauen zwar genauso viel wert wie Männer, aber »von der Schöpfung her anders«. Also könnten sie gar nicht gleichgestellt werden. Das ist die bittere Wahrheit, die seine treuen Anhängerinnen, die meinen, ohne ihn würden sie politisch gar nicht existieren, gern verdrängen.

In den offiziellen Darstellungen über die jüngere türkische Vergangenheit wird die relativ frühe Einführung des passiven Frauenwahlrechts indes gern betont. Die Hervorhebung dieser unbestrittenen Tatsache vermittle allerdings ein unvollständiges und auch falsches Bild von der Wirklichkeit, meint Şirin Tekeli, Feministin und Gründerin der Istanbuler Frauenbibliothek: Die neugegründete Republik, in der bald ein Einparteienregime herrschte, habe den Frauen zwischen 1926 und 1934 zwar viele Rechte verliehen, aber die Frauenbewegung wurde dann genauso wie alle anderen zivilgesellschaftlichen Organisationen unterdrückt.

»Die Union der Türkischen Frauen wurde gezwungen sich aufzulösen, nachdem die ersten Frauen 1935 ins Parlament eingezogen waren«, schreibt Tekeli.[4] Die 17 weiblichen Abgeordneten waren damals alle von der regierenden Republikanischen Volkspartei (CHP) nominiert worden. Feministinnen, die nicht in die Partei eintreten wollten, hatten hingegen überhaupt keine Chance auf ein politisches Mandat.

Jahrzehnte vergingen, bis auch Frauen aus anderen Parteien in den Genuss des passiven Wahlrechts kamen. 2013 erschienen erstmals vier AKP-Abgeordnete mit Kopftüchern zu einer Parlamentssitzung, ohne dass es wie früher Proteste gab oder sie beleidigt wurden wie etwa 14 Jahre zuvor die junge Abgeordnete der islamischen Fazilet Partei, Merve Kavakçı. Sie wurde am 2. Mai 1999 des Saales verwiesen und verlor ihr Mandat, nur weil sie sich geweigert hatte, bei der Vereidigung im Parlament ihr Kopftuch abzulegen. So streng wurde das ungeschriebene Kopftuchverbot in öffentlichen Gebäuden damals noch geahndet. Heute sitzen 28 Frauen mit Kopftuch in der Nationalversammlung in Ankara.

Auch für Studentinnen ist das Leben in dieser Hinsicht einfacher geworden. Die Zeiten, in denen etwa kemalistische Professorinnen regelmäßig kopftuchtragende Studentinnen beiseitenahmen, um sie in ihrem Büro davon zu überzeugen, das Kopftuch abzulegen, gehören der Vergangenheit an.

Dafür denken heute Frauen wie Özlem Zengin, die stellvertretende AKP-Fraktionsvorsitzende, sie hätten ihre Gleichberechtigung und das Recht auf politische Teilnahme dem Staatspräsidenten zu verdanken. Ihr Thema ist vor allem die Gleichstellung mit anderen Frauen, nicht mit Männern. Dabei wird auch Zengin von Erdoğan-Anhängern diskriminiert, nur weil sie es als geschiedene Frau gewagt hat, Mehmet Boynukalın wegen eines Tweets zum Weltfrauentag zu kritisieren. Der Professor für Islamisches Recht an der Marmara-Universität ist seit Sommer 2020 einer von drei Imamen der Hagia Sophia, die neuerdings wieder als Moschee dient.[5]

Boynukalın, der also auf der höchsten türkischen Minbar predigt, hatte am 8. März 2021 getwittert, dass die aus seiner Sicht penetrante Berichterstattung über Frauenmorde in den Medien nur männerfeindliche Propaganda sei. Özlem Zengin hatte daraufhin in einem Interview entgegnet, dass sich jeder um seinen eigenen Job kümmern solle und dass Aussagen wie die von Boynukalın die Arbeit von Politikerinnen behindern würden.

Das gefiel den konservativen Erdoğan-Anhängern gar nicht. Ein Mitglied einer regierungsnahen Anwaltskammer entgegnete auf Twitter: »Schwester, wir haben genug von Ihnen! Sie vertreten den Islam und die Muslime nicht. Lasst doch unseren Hodscha in Ruhe und versucht, woanders Unfrieden zu stiften.«

Regierungsnahe Kolumnisten verbündeten sich ebenfalls gegen Zengin. Einer von ihnen bezeichnete die Ayasofya, wie die Hagia Sophia auf Türkisch heißt, als »Symbol der Unabhängigkeit der Türkei« und behauptete, Zengins Versuch, dem Imam dieser Moschee eine »Strafpredigt« zu halten, sei eine Gefahr für das Land. Die Männer von der AKP fühlen sich offensichtlich in die Enge getrieben und haben Angst vor Veränderungen und dem Verlust ihrer Autorität.

Dabei haben Frauen auch früher schon gegen diese patriarchale Ideologie opponiert, nur mit anderen Mitteln. So erzählt die Istanbuler Anthropologin Ayşe Çavdar, wie sie in den 1990er Jahren nur deshalb ein Kopftuch getragen hat, damit sie am öffentlichen Leben teilnehmen konnte. Ihr Vater hätte ihr sonst nicht erlaubt, auf die Universität zu gehen. Çavdar führt seit einigen Jahren Interviews mit jüngeren Frauen, die ähnliche Erfahrungen gemacht haben, aber ihre Kopftücher aus anderen Gründen abgelegt haben als Çavdar: »Sie wissen alle viel besser als ihre Eltern, was der Islam vorschreibt. Sie beobachten die sozialen und politischen Ungerechtigkeiten in der Türkei und möchten sich von der autoritären Regierung und deren Scheinheiligkeit distanzieren. Sie sagen, ›Islam kann doch nicht so was sein.‹«

Viele berichten von heftigen Auseinandersetzungen mit ihren Familien. Als eine Tochter ihrem Vater ins Gesicht sagt: »Wie kannst du mich dazu zwingen, Kopftuch zu tragen? Bist du mein Gott?«, lautete seine Antwort: »Ja, ich bin dein Gott!« Eine andere junge Frau erzählte, dass ihre Eltern fürchteten, wegen der Entscheidung ihrer Tochter selbst in die Hölle zu kommen.

Manchen wurde sogar damit gedroht, von der Familie verstoßen zu werden. Sie sind trotzdem standhaft geblieben, auch weil sie wissen, dass sie mit ihrer Entscheidung nicht mehr auf sich allein gestellt sind. Neben Chat-Gruppen auf Whatsapp gibt es etwa Onlineplattformen wie »Du wirst nicht alleine gehen«[6]. Hier erzählen sich aber nicht nur Frauen, die das Kopftuch boykottiert haben, ihre Geschichten. Die Plattform ist umgekehrt auch für Frauen offen, die gerade wegen ihres Kopftuchs diskriminiert werden. So verliert die AKP ihr Monopol auf die Verteidigung der Religionsfreiheit.

Die jüngere Generation von Frauen verlangt viel mehr als das, was Erdoğan und seine Partei für sie vorgesehen haben. Die jungen Frauen, die heute studieren können, was sie wollen, erweitern in jeder Hinsicht ihren Horizont. Sie lesen zwischen den Zeilen und entlarven die patriarchalischen Töne der Parteipolitiker. Egal was man ihnen erzählt, sie wissen, dass die konservativ-repressiven Verhältnisse, in denen Frauen, die eigenständig sein möchten, das Leben zur Hölle gemacht wird, für die vielen Femizide verantwortlich sind. Und sie wissen, wie wichtig es für sie ist, frei zu sein und auf eigenen Beinen zu stehen, auch wenn sie später vielleicht eine Familie gründen.

Die 25-jährige Nesibe Kırış kommt aus einer gläubigen Familie. Sie hat Soziologie und Jura an der Koç-Universität in Istanbul studiert, bezeichnet sich als Menschenrechtsaktivistin und arbeitet als selbstständige Beraterin. Ihre Alterskohorte, die sogenannte Generation Z, entspricht nicht unbedingt Erdoğans Wunschvorstellungen. Kırış möchte sich von niemandem definieren lassen. Sie tritt für die Rechte von Frauen und LGBT+ ein und schreibt an den kollektiven Manifesten auf einer Plattform namens metapolitik.net mit.

»Wer ein Problem mit dem Patriarchat hat, kann diese Regierung nicht unterstützen«, sagt Kırış. Global vernetzt über die sozialen Medien, weiß diese Generation, wie sich überall auf der Welt Frauen gegen Unterdrückung, Misogynie und Femizide solidarisieren und wie sie um ihr Recht auf Abtreibung und körperliche Selbstbestimmung kämpfen.

Säkularität werde von dieser jungen Generation neu definiert, erklärt Ayşe Çavdar. »Diese Leute sind vielleicht religiös, aber, zur Verwunderung der Old-School-Laizisten, weltlich in ihrer Denkweise und Rhetorik.« Das Stück Stoff, das »früher aus politischer Überzeugung Türban« genannt wurde, bezeichnen heute viele Jugendliche nicht einmal mehr als »Kopftuch«, sondern vollkommen neutral und ohne politischen Beiklang als »Schal«.

Die Frauen, die ihre Kopftücher ablegen möchten, stehen manchmal doppelt unter Druck: Durch ihre Eltern und durch die Gemeinde, die für viele AKP-Anhänger in wirtschaftlich schwierigen Zeiten zum Lebensretter der Familie wird. Die AKP-Anhänger aus dem Mittelstand, die weiterhin vom Klientelismus und der Vetternwirtschaft profitieren möchten, fürchten nichts so sehr wie den Ausschluss aus der Gemeinde, wenn ihre Töchter das Kopftuch ablegen.

Ohne eigene soziale Absicherung unterstützen die Frauen in den patriarchalen Familienstrukturen als Hausfrau, Mutter oder Tochter zudem das System. Sie sind mehr oder weniger billige Arbeitskräfte. Feride Özalp, eine der umtriebigsten feministischen Aktivistinnen, ist fest davon überzeugt, dass das politische und wirtschaftliche System in der Türkei kollabieren würde, wenn die Frauen aus ihrer Rolle ausscheren und nicht mehr mitmachen würden.

Özalp sitzt auch in den Organisationskomitees der feministischen Kundgebungen und der »Frauen für Frieden«. Bei den Demonstrationen ist sie immer dabei, meistens mit einem Megafon in der Hand. Auf einer der Protestkundgebungen nach Erdoğans Ausstieg aus der Istanbul-Konvention rief sie in die Menge: »Werden wir es zulassen, dass sie uns unsere Rechte wieder wegnehmen?« Die Frauen antworten mit einem lauten »Nein«.

Seit ein paar Jahren sind Demonstrationen im Stadtzentrum von Istanbul auf der europäischen Seite verboten. Trotzdem versammeln sich am 8. März jedes Jahr immer mehr Frauen in der Innenstadt – mit den entsprechenden Konsequenzen. Am 10. März 2021 wurden 12 Frauen mitten in der Nacht verhaftet, Präsidentenbeleidigung lautete der Vorwurf. Die Slogans »Tayyip, lauf, lauf, lauf, es kommen die Frauen« und »Hops, hops, wer nicht hopst, wird ein Tayyip« gefielen den Sicherheitsbehörden gar nicht.

Im Polizeiverhör wurde den Frauen gesagt, trotz ihrer Mundschutzmasken seien sie aufgefallen, weil sie im Rhythmus der Slogans hochgesprungen seien. Der Staatsanwalt ließ die Verhafteten später wieder laufen. Einige der betroffenen Frauen erhielten jedoch ein Ausreiseverbot, andere mussten sich danach wöchentlich bei der Polizei melden.

Doch die Frauen lassen sich nicht einschüchtern. Auch in Kadıköy, auf der asiatischen Seite der Stadt, strömen sie zu den Kundgebungen. Die Masse wird immer größer und diverser. Ob mit oder ohne Kopftuch, die Frauen kämpfen im wahrsten Sinn des Wortes um ihr Überleben. ●

....

1 Laut Eurostat lag die Türkei 2016 mit 21,2 Scheidungen pro 100 Eheschließungen weit unter dem EU-Durchschnitt (43,1). 2019 wurden in dem 82-Millionen-Land allerdings mit 156 587 mehr Ehen geschieden als in der Bundesrepublik (149 010).
2 www.kadincinayetlerinidurduracagiz.net. Frauenrechtsgruppen gehen von einer weit höheren Dunkelziffer aus, weil viele Opfer zu Selbstmörderinnen erklärt werden; siehe auch Burcu Karakaş, »Frauenmorde in der Türkei«, Euraktiv, 4. März 2021.
3 Das ist tatsächlich die türkische Bezeichnung für Elternhaus.
4 Şirin Tekeli, *Feminizmi Düşünmek*, Istanbul (Bilgi Üniversitesi Yayınları) 2017.
5 Die im 6. Jahrhundert erbaute Kathedrale wurde nach der Eroberung Konstantinopels durch die Osmanen ab 1453 als Moschee genutzt. Mustafa Kemal, der Gründer der modernen Türkei, hatte die Hagia Sophia 1934 zum Museum umgewidmet. Sie entwickelte sich zu einer der touristischen Hauptattraktionen Istanbuls, mit zahlreichen Souvenirläden und Imbissbuden davor. Am 10. Juli 2020 entschied das oberste Verwaltungsgericht über die Umwidmung des Museums zur Moschee.
6 Siehe www.yalnizyurumeyeceksin.com.

───

Fortsetzung von Seite 55: Yavuz Baydar, Kein freies Wort mehr

ganze Land systematisch falsch informiert oder ganz im Dunkeln gelassen. Eine pluralistische öffentliche Debatte findet praktisch nicht mehr statt. Und die Propaganda- und Medienmaschinerie des Regimes hat den Aufstieg eines offensiven Nationalismus und eines aggressiven Islamismus gefördert.

Nachdem Erdoğan die traditionellen Medien zerstört hat, treibt er den Onlinejournalismus und die sozialen Medien immer weiter in die Enge. Sein rastloser Kampf richtet sich gegen einen ehrenwerten Beruf, der unverzichtbar ist. Jedenfalls dann, wenn es in der Türkei auch künftig noch eine demokratische Opposition geben soll – und eine Basis, von der aus die Gesellschaft zur Demokratie zurückfinden kann.

Allerdings scheinen die Aussichten auf eine solche demokratische Entwicklung zunehmend düster. ●

Aus dem Englischen von Niels Kadritzke

....

Osman Kavala, Mai 2017. ◼ ANADOLU KÜLTÜR

Die verrückte Hoffnung des Osman Kavala

Von Christiane Schlötzer

Man lebt in diesem Land, das man liebt, zwischen Vorsicht und der vielleicht verrückten Hoffnung, dass man selber verschont bleibt.« Der südafrikanische Schriftsteller André Brink hat sich an diesem Satz festgehalten. In einer ähnlich verrückten Hoffnung lebte Osman Kavala. Bis zum 18. Oktober 2017. An diesem Tag wurde der türkische Kulturmäzen auf dem Flughafen von Istanbul ohne Nennung von Gründen festgenommen.

Er war gerade aus Gaziantep gelandet. Mit an Bord waren Mitarbeiter des Goethe-Instituts, mit denen er in der südostanatolischen Stadt über Kulturprojekte für syrische Flüchtlinge gesprochen hatte. Seit 20 Jahren fördert Kavalas Stiftung Anadolu Kültür Kulturprojekte, häufig richten sie sich an marginalisierte Gruppen: ein armenisch-türkisches Jugendorchester, ein Kulturzentrum im kurdisch dominierten Diyarbakır, Ausstellungen zur Vertreibung der Griechen. Präsident Recep Tayyip Erdoğan nannte Kavala – es sollte abschätzig klingen – den »Soros der Türkei«, weil er ähnlich wie der in Budapest geborene US-Milliardär George Soros auch Bürgerrechtsorganisationen unterstützt.

Seit jenem Oktobertag 2017 sitzt Kavala im Hochsicherheitsgefängnis Silivri in Untersuchungshaft, ohne dass er je schuldig gesprochen worden wäre. Im Gegenteil, am 18. Februar 2020 wurde er von einem türkischen Gericht freigesprochen. Die Anklage hatte ihm vorgeworfen, 2013 die regierungskritischen Gezi-Proteste in Istanbul finanziert zu haben, um die verfassungsmäßige Ordnung zu beseitigen. Kavala hat dies entschieden bestritten, und das Gericht fand – wie zuvor der Europäische Gerichtshof für Menschenrechte – für die Vorwürfe keine Beweise in der mehr als 600 Seiten langen Anklage. Darin war so Abwegiges aufgeführt wie eine Karte über die Verbreitung von Bienen im Nahen Osten, die sich auf Kavalas Handy fand. Die Anklage wertete sie als Beleg dafür, dass Kavala die Grenzen der Türkei verändern wolle, also ein Separatist sei.

Zusammen mit Osman Kavala standen ein Dutzend Vertreter der Zivilgesellschaft vor Gericht. Für das Verfahren hatte man einen Saal für Massenprozesse gewählt, aber nur Kavala wurde aus der Haft vorgeführt. Nach den Freisprüchen für alle feierten Freunde und Unterstützer Kavalas vor dem Gerichtsgebäude. Sie freuten sich zu früh.

Hätte es noch einer Bestätigung dafür bedurft, dass die Justiz in der Türkei einem Scherbenhaufen gleicht, dann wurde sie an jenem kühlen Februartag erbracht. Wer ein Staatsfeind ist, bestimmt kein Richter, sondern der Präsident. »Mit einem Manöver haben sie gestern versucht, ihn freizusprechen«, sagte Erdoğan am Tag nach der Gerichtsentscheidung vor der AKP-Fraktion im Parlament in Ankara. Erdoğan nannte keinen Namen, aber jeder wusste, wer gemeint war. Denn da saß Kavala schon wieder in seiner Zelle.

Nur Stunden nach dem Freispruch präsentierte ein Staatsanwalt einen neuen Haftbefehl. Die Vorwürfe nun: Spionage und Mitverantwortung für den versuchten Militärputsch vom Juli 2016. Urheber des Putschversuchs ist für Erdoğan sein einstiger Weggefährte, der Prediger Fethullah Gülen. Er lebt seit 1999 in den USA, verfügte aber in der Türkei über ein großes Netzwerk. Etwa 150 000 Beamte wurden seit dem Putschversuch entlassen, darunter nach offiziellen Angaben auch mehr als 4500 Richter und Staatsanwälte. Nach Auffassung Erdoğans hat man aber wohl noch nicht alle gefunden, denn er unterstellte den Richtern, die Kavala freisprachen, sie seien Gülenisten.

Von Sympathien des Mäzens für den Prediger ist jedoch nichts bekannt, im Gegenteil: Kavala hatte früh vor dem Einfluss Gülens gewarnt. Die Vorwürfe der zweiten Anklage sind so absurd wie die der ersten, die zudem teilweise in der zweiten wiederholt werden, was allein schon ein Verstoß gegen die türkische Prozessordnung ist. Am 18. Dezember 2020 begann das neue Verfahren, in dem Kavala zusammen mit dem US-Akademiker und Türkei-Experten Henri Barkey angeklagt ist. Als Verbindung zwischen den beiden Männern führt die Anklage auf, dass ihre Handys mehrmals in derselben Funkzelle eingeloggt waren. Nun befindet sich dieser Funkmast an einer zentralen Stelle Istanbuls und in der Nähe von Kavalas Büro. Auch gegen Barkey, gegen den in Abwesenheit verhandelt wurde und dem ebenfalls vorgeworfen wird, zu den Organisatoren des Putschs zu gehören, gibt es bislang keine Beweise.

Dies war sogar dem ehemaligen Parlamentspräsidenten Bülent Arınç zu viel. Der Jurist war 2001 einer der Mitgründer von Erdoğans islamisch-konservativer AKP. »Nicht einmal ein Kind« hätte die zweite Anklage verfassen können, so lächerlich sei sie, befand Arınç. Erdoğan warf seinem langjährigen Mitstreiter daraufhin vor, er schüre »das Feuer der Zwietracht«. Arınç trat als Präsidentenberater zurück, mit einer Begründung für die Geschichtsbücher: »Unser Land muss sich entspannen und eine Lösung für die Probleme unserer Nation finden.«

Über seine Anwälte ließ Kavala im Januar 2020 aus der Haft der *Süddeutschen Zeitung* einen persönlichen Text zukommen. Darin schrieb er von einer globalen Atmosphäre des »Postfaktischen«, in der es auf Tatsachen nicht mehr ankomme. Damals war noch Donald Trump US-Präsident. Nun regiert in Washington der Demokrat Joe Biden, und Erdoğan spürt, dass sich der Wind für ihn drehen könnte. Erdoğan hat zuletzt eine Justizreform versprochen, und dass sich die Türkei wieder auf die EU zubewegen werde.

Bislang ist davon nichts zu merken, wie man auch am Fall Kavala ablesen kann: Am 29. Dezember 2020 lehnte das türkische Verfassungsgericht eine Beschwerde Kavalas wegen der langen, vom Europäischen Gerichtshof für Menschenrechte mit Nachdruck kritisierten U-Haft ab. Kavalas Verteidiger nennen die lange Einzelhaft ohne Anklage eine »Form der Folter«. Danach ging es Schlag auf Schlag: Am 22. Januar 2021 hob ein Berufungsgericht gar den Freispruch für Kavala wieder auf und verlangte, auch über die erste Anklage erneut zu richten. Und am 5. Februar legte ein Gericht in Istanbul die beiden Verfahren gegen den Mäzen zusammen.

Als das US-Außenministerium unter der Führung von Antony Blinken Ankara erstmals wegen der Behandlung Kavalas kritisierte, reagierte die türkische Regierung schroff. Sie verbat sich jede Einmischung mit dem Satz, »kein Land und keine Person« könne den »unabhängigen« türkischen Gerichten Anweisungen geben. Im Gegenzug beschwerte sich Ankara darüber, dass sich die USA weigerten, Fethullah Gülen auszuliefern. Damit macht die türkische Regierung Kavala zur politischen Geisel im Streit um eine Überstellung des Predigers in die Türkei.

Aber wieso stellt ein Mann, der einst einen renommierten Literaturverlag gründete und versucht Brücken zu bauen zwischen den Minderheitenkulturen und der Mehrheitsgesellschaft, eine solche Gefahr für den türkischen Staat dar, dass er dauerhaft weggesperrt wird? Ein Blick auf die Menschen, die mit Kavala bereits im ersten Verfahren angeklagt waren – Architekten, Stadtplaner, Journalisten, Anwälte, Schauspieler –, gibt eine Antwort. Auch sie wurden, soweit sie das Land nicht verlassen haben, erst freigesprochen und dann erneut angeklagt. So wird die Justiz zum Damoklesschwert, das über den Köpfen aller Widerspenstigen hängt. Wer sich noch zu einer kritikbereiten Zivilgesellschaft zählt, soll verunsichert und eingeschüchtert werden.

Eine Politik aber, die überall Widerstand wittert und deshalb Angst verbreitet, spricht nicht für einen Souverän, der sich seiner Macht sicher ist. Wie gering die Toleranzschwelle mittlerweile ist, zeigt auch die Auseinandersetzung um die renommierte staatliche Bosporus-Universität in Istanbul. Erdoğan setzte zu Jahresbeginn 2021 einen neuen Rektor ein, der bislang nicht durch akademische Brillanz auffiel, aber als Parteisoldat gilt. Als Studenten dagegen protestierten, ging die Polizei mit unerbittlicher Härte gegen sie vor. Die Elite-Universität mit ihrem an Harvard erinnernden Campus hoch über dem Bosporus galt bislang als ein Tempel der akademischen Freiheit in der Türkei. Erdoğan dürfte ihr selbstbewusster Lehrkörper lange schon ein Dorn im Auge sein.

Kavalas Frau, die Wirtschaftsprofessorin Ayşe Buğra, gehört auch dazu. Und auch sie geriet bereits in Erdoğans Visier. Anfang Januar 2021 verkündete der Präsident, auch die Frau der »Person Osman Kavala« sei »unter den Provokateuren« an jener Universität. Buğra, die sich mit politischen Äußerungen stets zurückhält, um ihrem Mann nicht zu schaden, reagierte mit dem Hinweis, sie sei traurig über den Zustand ihres Landes.

Kavalas Vater wurde einst als Tabakhändler reich, später gründete er einen Mischkonzern. Der Sohn besuchte das englischsprachige Robert College, aus dem die Bosporus-Universität hervorging. Danach studierte er Wirtschaftswissenschaften in Manchester. Nach dem Tod des Vaters übernahm er 1982 die Firma, die damals auch noch für das Militär arbeitete. Aus dem aktiven Geschäft zog der Pazifist sich später zurück und widmete sich hauptberuflich der Kulturförderung.

Vor seiner Festnahme hätte er jederzeit die Türkei verlassen können. Er hat Freunde und seine Stiftung hat Partner in fast allen europäischen Hauptstädten. Aber Kavala lebte eben nicht nur in der »verrückten Hoffnung«, verschont zu bleiben. Er liebt sein Land, wie André Brink das seine liebte. Er ist ein Mann, der selbst aus dem Gefängnis die Bitte übermittelt, man solle keine Kulturboykotte gegen die Türkei organisieren, sein Land nicht isolieren. Und Kavala hegt auch immer noch die »verrückte Hoffnung«, dass sich die Dinge wieder zum Besseren wenden. In seinem Dankesschreiben für die Verleihung des Hrant-Dink-Preises 2020 schrieb er aus seiner Gefängniszelle: »Wenn diese Phase der Erfindung fiktiver Verbrechen, in der wir leben, zu Ende geht, hoffe ich, dass die Bedingungen für ein friedliches Zusammenleben erfüllt werden.« ●

Exil in Gaziantep

Mehr als die Hälfte der syrischen Bürgerkriegsflüchtlinge lebt in der Türkei

Flüchtlingslager Nizip, Provinz Gaziantep, Februar 2016.

Von Ariane Bonzon

Nach offiziellen Schätzungen leben etwa 3,5 Millionen Syrerinnen und Syrer in der Türkei, die vor dem Krieg in ihrem Heimatland geflohen sind. Mehr als die Hälfte der insgesamt rund 6,6 Millionen ins Ausland geflüchteten Syrer wurde also von der Türkei aufgenommen. Laut einer Studie der Berliner Stiftung Wissenschaft und Politik glauben 60 Prozent der Türken, ihr Land habe sein Bestes für die Syrer getan – und mittlerweile 80 Prozent wollen sie nicht mehr im Land haben.[1]

Bei der Aufnahme der Geflüchteten hatte die Solidarität unter Muslimen eine wichtige Rolle gespielt. Aber mittlerweile sind sieben von zehn Türken der Ansicht, die Anwesenheit der Flüchtlinge belaste das soziokulturelle Gefüge und verschlechtere die Qualität der öffentlichen Dienstleistungen. Aus den »Eingeladenen« sind Unerwünschte geworden.[2]

»In den ersten fünf Jahren ging das Zusammenleben gut, weil wir glaubten, dass die Syrer wieder gehen würden«, sagt İsmail Saymaz von der Tageszeitung *Hürriyet*. »Aber dann wurde uns klar, dass die Politik uns etwas vorgemacht hat und die Syrer bleiben werden.« Die türkische Regierung steht wegen ihrer Hinhaltetaktik in der Coronakrise ohnehin in der Kritik, die Stimmung ist angespannt. Teile der Opposition erklärten dem Präsidenten, die Bevölkerung erwarte, dass zur Bekämpfung der Epidemie mindestens ebenso viel aufgewendet werde wie die 40 Milliarden US-Dollar, die die Regierung angeblich für die Syrer ausgegeben hat.

Und eine weitere Formel taucht in den Diskussionen immer wieder auf: Das »andere arabische Land« – also Syrien – sei so weit »in die Türkei eingedrungen«, dass der Zusammenhalt der türkischen Nation bedroht sei.

Die türkische Stadt Gaziantep, 92 Kilometer nördlich von Aleppo, steht exemplarisch für die Spannungen. In der 2-Millionen-Einwohner-Stadt, einst Rückzugsbasis der Rebellion gegen das Assad-Regime, lebten im Januar 2020 knapp 450 000 Syrer.

Ramazan C. flüchtete schon 2013 in die Türkei: »Ich hatte Angst, in die Armee eingezogen zu werden. Da werden Sunniten immer an vorderster Front eingesetzt«, erzählt er. Er wurde vom *mukhabarat* (Geheimdienst) verhaftet und saß drei Monate im Gefängnis. »Als ich wieder rauskam, hab ich mich dem Widerstand in Azaz angeschlossen. Dort hat man mich versteckt und mir geholfen, über die Grenze nach Kilis zu kommen.«

Viele syrische Berichte sind vorsichtig formuliert und an heiklen Stellen gelegentlich unvollständig. »Es gibt nur wenige Geflüchtete, die nie mit dem ›Islamischen Staat‹ oder anderen dschihadistischen Gruppen in Berührung gekommen sind, welcher Art auch immer«, erklärt Emre Burhan, Forscher an der Universität von Gaziantep. An seiner Uni studieren 3000 Syrerinnen und Syrer, von insgesamt 55 000 Immatrikulierten.

Ramazan C. verlor mit der Wirtschaftskrise seinen Job als Anstreicher auf dem Bau, die Arbeitslosenquote in der Türkei stieg auf 14 Prozent. Aber für Ramazan kommt eine Rückkehr nach Syrien nicht infrage – zumindest nicht, solange »Assad an der Macht und kein Frieden ist«. Neun von zehn Geflüchteten denken so. Ein Viertel hätte den Plan zurückzukehren sowieso längst aufgegeben, meint Ramazan.

Die syrische Betreiberin eines Cafés im zentralen Park von Gaziantep denkt ebenfalls nicht an Rückkehr. Ihr Freund sei Türke und arbeite bei einem Wachdienst, erzählt sie. Ihre Schwester ist ebenfalls mit einem Türken verheiratet. Die Mutter haben sie gerade beerdigt, in dem Abschnitt mit 300 Gräbern, die die Stadt den Syrern zur Verfügung gestellt hat. Seit sie in Sicherheit sind, würden manche Frauen im Exil ein unabhängigeres Leben führen als früher, meint Hilal Sevlü von der Universität Gaziantep.

Der legale Status der Geflüchteten ist in drei Kategorien unterteilt: Rund 110 000 Personen haben die türkische Staatsbürgerschaft bekommen. Weitere 117 000 besitzen eine Aufenthaltsgenehmigung, mit der sie eine Arbeitserlaubnis erwerben, ein Bankkonto eröffnen und eine eigene Firma gründen dürfen.

»Personen dieser beiden Kategorien verfügen über erhebliches wirtschaftliches, soziales und kulturelles Kapital. Sie haben oft akademische Abschlüsse und besitzen Immobilien in der Türkei«, erklärt Didem Danış, die an der Istanbuler Galatasaray-Universität eine einschlägige Studie über das Thema verfasst hat.[3]

Mit Abstand am meisten Geflüchtete zählen zur dritten Kategorie, die einen »temporären Schutzstatus« gewährt – der Flüchtlingsstatus nach der Genfer Konvention von 1951 gilt in der Türkei nur für Europäer. Der temporäre Schutz wurde 2014 eingerichtet, als immer mehr Menschen in großen Massen über die Grenze geflüchtet sind.

Damit können sich Syrer legal in der Türkei aufhalten. Sie haben Zugang zu bestimmten sozialen Dienstleistungen wie kostenloser Gesundheitsversorgung, sie dürfen nicht abgeschoben werden, aber sie können weder arbeiten noch ein Bankkonto eröffnen noch den Führerschein machen. Außerdem verpflichtet der temporäre Schutzstatus die Betroffenen dazu, sich an ihrem Ankunftsort zu registrieren, den sie ohne Genehmigung nicht verlassen dürfen.

Nachdem Ankara die syrischen Geflüchteten zunächst vor allem als Druckmittel gegenüber der EU benutzt hat, sind sie inzwischen ein wichtiges Thema in der polemisch geführten innenpolitischen Debatte. Im September 2019 schätzte der türkische Innenminister Süleyman Soylu die Zahl der in der Türkei geborenen Kinder syrischer Eltern auf 450 000. Insgesamt werden 680 000 Flüchtlingskinder in staatlichen türkischen Schulen unterrichtet. »Es kommt vor, dass die syrischen Kinder von ihren türkischen Mitschülern abgelehnt werden. Und es kommt vor, dass sich syrische Schüler weigern, die türkische Hymne zu singen«, erzählt ein Lehrer aus dem Schulalltag in einem Vorort von Istanbul.

Die Sorge vieler Türken hat auch mit der traditionellen Schattenwirtschaft zu tun. Ein Drittel aller Beschäftigten ist im informellen Sektor tätig. Für Geflüchtete ohne Arbeitserlaubnis ist das ein Vorteil, weil sie hier einen Job finden. Denn die türkischen Arbeitgeber freuen sich über die noch billigeren Arbeitskräfte.

»Die Syrer nehmen uns die Arbeitsplätze weg«, ist daher ein verbreiteter Spruch. »Wenn die Regierung sagt, sie habe viel Geld für die Flüchtlinge ausgegeben, denken die Leute natürlich an ihre eigenen finanziellen Probleme«, erklärt Bekir Ağırdır, Chef des Meinungsforschungsinstituts Konda.

Verschiedentlich wurde bemerkt, dass Präsident Erdoğan die Situation wohl unterschätzt habe. Seit Beginn des Konflikts in Syrien 2011 drängte er die internationale Gemeinschaft, in Nordsyrien eine Flugverbotszone einzurichten, um dort Menschen anzusiedeln, die vor den Bombardements des Assad-Regimes flohen. Das Projekt, das nicht zuletzt darauf abzielte, ein kurdisches Autonomiegebiet an der Grenze zur Türkei zu verhindern, fand jedoch nie die Zustimmung Russlands und anderer an dem Konflikt beteiligten Mächte.

Im Wahlkampf 2018 benutzte Erdoğan dann sogar die wachsende Feindseligkeit gegenüber den Geflüchteten und erklärte: »Ziel ist es, nach den Wahlen das syrische Territorium zu sichern und dafür zu sorgen, dass alle, die wir aufgenommen haben, nach Hause zurückkehren.«

Der eigentliche Wendepunkt kam jedoch erst im Juli 2019, nachdem Erdoğans AKP bei den Kommunalwahlen die Bürgermeisterposten in Istanbul und in Ankara verloren hatte – was auch mit der Flüchtlingspolitik des Präsidenten in Verbindung gebracht wird. Seitdem werden Syrer schärfer kontrolliert und in die Städte zurückgeschickt, in denen sie registriert sind. Viele werden zur Rückkehr ermutigt, nicht wenige auch gezwungen, wie Amnesty International berichtete.[4] Nach Angaben des türkischen Innenministeriums sollen bis Oktober 2020 rund 414 000 Syrer zurückgekehrt sein.

Am 27. Februar 2020 wurden in der syrischen Region Idlib 36 türkische Soldaten bei einem Luftangriff russischer Suchoi-Su-Kampfjets getötet. Daraufhin wurden in der Türkei syrische Geschäfte zum Ziel von Anschlägen. »Die türkische Gesellschaft ist empört, wenn sie sieht, dass die syrischen Flüchtlinge Wasserpfeife rauchen, während türkische Soldaten im Kampf für ihr Heimatland sterben; wenn sie sieht, dass Leute, die ihre Heimat gegen die Terroristen verteidigen könnten, hier Picknick machen und unsere Frauen belästigen«, wütete damals Sinan Oğan, Abgeordneter der rechtsextremen Partei MHP.

Kurze Zweit später wurde der erste Covid-19-Fall in der Türkei registriert, die Krankheit breitete sich sehr schnell weiter aus. Auch in der Pandemie haben die Geflüchteten zwar offiziell Anspruch auf kostenlose Gesundheitsversorgung. Aber nach Angaben von Ärzte ohne Grenzen[5] hat in den Städten fast ein Viertel der Geflüchteten und auf dem Land sogar mehr als die Hälfte von ihnen keinen Zugang zu Kliniken oder Krankenhäusern.

Der Zugang zur Gesundheitsversorgung wird zudem durch den notorischen Mangel an Zeit und Geld erschwert. »Die türkischen Ärzte behandeln syrische Patienten nur ungern«, erklärt Hakan Bilgin von Ärzte ohne Grenzen. »Das hat nicht unbedingt etwas mit Rassismus zu tun, sondern damit, dass diese Patienten mehr Zeit kosten – wegen der Sprachbarriere und der teilweise komplizierten kriegsbedingten Krankheitsbilder.« Auch in den Apotheken werden Türken bevorzugt bedient, denn bei einem syrischen Kunden müssen die Geschäfte sechs bis neun Monate warten, bis sie die Kosten für das ausgegebene Medikament erstattet bekommen.

Nach Angaben des türkischen Gewerkschaftsverbands Disk lebt die Hälfte der syrischen Geflüchteten im Land unterhalb der Armutsgrenze. Sie hausen oft auf engstem Raum, und der Anteil der Menschen mit Vorerkrankungen ist unter ihnen sehr hoch. Auch die wirtschaftlichen Folgen der Pandemie bekommen sie besonders stark zu spüren: Bereits im Dezember 2020 berichteten 36,5 Prozent der in einer Studie Befragten, dass sie wegen der Pandemie ihren Job verloren hätten.[6] ●

Aus dem Französischen von Jakob Farah

1 Suat Kınıklıoglu, »Syrian Refugees in Turkey: Changing Attitudes and Fortunes«, Stiftung Wissenschaft und Politik, 5. Februar 2020, www.swp-berlin.org.
2 Siehe Hana Jaber, »Syriens Nachbarn und die Flüchtlinge«, Le Monde diplomatique, Oktober 2015.
3 Didem Danış, »De la ›porte ouverte‹ aux menaces d'expulsion: la présence syrienne en Turquie«, Migrations Société, Nr. 177, 2019.
4 »Turkey: Syrians illegally deported into war ahead of anticipated ›safe zone‹«, 25. Oktober 2019, www.amnesty.org.
5 »Multisectoral needs assessment of Syrian refugees in Turkey«, Ärzte ohne Grenzen, Februar 2019.
6 »Alleviating Covid-19 Misery of the Forcibly Displaced«, Economic Policy Research Foundation of Turkey, Dezember 2020.

Erstmals erschienen in *Le Monde diplomatique* vom Mai 2020. Aktualisiert.

1914

● Russland erklärt dem Osmanischen Reich, das sich zuvor mit Deutschland verbündet hat, den Krieg; Großbritannien und Frankreich folgen.

1915

● Am 24. April werden Hunderte armenische Schriftsteller und Intellektuelle aus Istanbul verschleppt. Der Tag gilt als der Beginn des Völkermords an den Armeniern, bei dem vor allem 1915 und 1916 bis zu 1,5 Millionen Armenier ums Leben kommen.

1918

● Der Waffenstillstand von Mudros am 30. Oktober besiegelt die Niederlage des Osmanischen Reichs im Ersten Weltkrieg.

1919

● Griechische Truppen besetzen die Ägäisküste um Izmir. Daraufhin beginnt der türkische Befreiungskrieg, der drei Jahre dauert.

1923

● Durch den Vertrag von Lausanne wird die Türkei international anerkannt. Mustafa Kemal wird der erste Präsident der Türkischen Republik.

1924

● Am 3. März wird das Kalifat abgeschafft, die religiösen Schulen (Medresen) werden geschlossen und das Präsidium für religiöse Angelegenheiten (Diyanet) gegründet.

1931

● Mustafa Kemal (ab 1934 »Atatürk« genannt) verkündet die sechs »kemalistischen Prinzipien«: republikanisch, nationalistisch, populistisch, etatistisch, laizistisch, revolutionär.

1938

● Am 10. November stirbt Atatürk. Sein Nachfolger wird İsmet İnönü.

1945

● Die Türkei erklärt dem Deutschen Reich den Krieg, um nach dem Krieg auf der Siegerseite mitreden zu können.

1947

● Die Türkei erhält unter der Truman-Doktrin westliche Aufbauhilfe.

1949

● Die Türkei ist Gründungsmitglied des Europarats.

1950

● Die ersten freien Wahlen in einem Mehrparteiensystem werden abgehalten.

1952

● Beitritt zur Nato.

1960

● Erster Staatsstreich durch das Militär. Der gewählte rechtskonservative Regierungschef Adnan Menderes wird abgesetzt, Menderes und zwei seiner Minister werden hingerichtet.

1961

● Verabschiedung einer neuen Verfassung am 9. Juli.

1964

Das Assoziationsabkommen mit der EWG tritt am 1. Dezember in Kraft.

1971

● Zweiter Staatsstreich: Das Militär zwingt die rechtskonservative Regierung Süleyman Demirels zum Rücktritt.

1974

● Türkische Truppen besetzen den Norden Zyperns; ein Jahr später proklamieren die türkischen Zyprer einen eigenen föderalen Staat.

1978

● Gründung der Arbeiterpartei Kurdistans (PKK) als kurdische marxistische Untergrundorganisation unter der Führung Abdullah Öcalans.

1980

● Dritter Staatsstreich: Am 12. September putschen die Streitkräfte unter Generalstabschef Kenan Evren gegen die rechtskonservative Regierung Süleyman Demirels.

1982

● Verabschiedung einer neuen Verfassung. Kenan Evren wird für sieben Jahre zum Staatspräsidenten gewählt.

1983

● Nach den Parlamentswahlen im November beginnt eine vorsichtige Demokratisierung und eine Öffnung der türkischen Wirtschaft zum Weltmarkt.

Der Scheich al-Islam von Konstantinopel ruft zum Krieg auf, November 1914. ■ WIKIMEDIA COMMONS

Was wann geschah
Eine kurze Chronik der Türkei

Der türkische Premierminister Menderes (2. von rechts), Februar 1959. ■ ANEFO

Fahne der PKK.
■ WIKIMEDIA COMMONS

1984

- Im August beginnt die PKK mit Überfällen auf zwei Militärstationen im Südosten der Türkei ihren Kampf gegen den türkischen Staat.

1990

- Präsident Turgut Özal führt die Türkei an der Seite der Alliierten in den Kampf gegen den irakischen Diktator Saddam Hussein.

1996

- Am 1. Januar tritt die Zollunion mit der EU in Kraft.

1998

- Verbot der islamistischen Wohlfahrtspartei (RP); als Nachfolgerin tritt die Tugendpartei (FP) an.

1999

- Abdullah Öcalan, 1998 in Nairobi verhaftet, wird vom Staatssicherheitsgericht in Ankara zum Tode verurteilt. Das Urteil wird wegen Bedenken der EU nicht vollstreckt und später in eine lebenslange Haftstrafe umgewandelt. Die EU erklärt die Türkei offiziell zur Beitrittskandidatin.

2001

- Aus der verbotenen Tugendpartei geht die islamisch-konservative Partei für Gerechtigkeit und Entwicklung (AKP) hervor.

2002

- Die Todesstrafe wird abgeschafft und der Gebrauch der kurdischen Sprache legalisiert.
- Die AKP gewinnt die Parlamentswahlen im November; der Parteivorsitzende Recep Tayyip Erdoğan wird im März 2003 Ministerpräsident.

2004

- Zypern wird am 1. Mai Mitglied der EU.

2005

- Beginn der Beitrittsverhandlungen mit der Europäischen Union.

2007

- Der türkisch-armenische Journalist Hrant Dink fällt am 7. Januar 2007 einem Mordanschlag zum Opfer.
- AKP-Außenminister Abdullah Gül wird am 28. August zum ersten nichtkemalistischen Staatspräsidenten der Republik gewählt.

2010

- Durch ein Referendum über eine Änderung der Verfassung von 1982 wird unter anderem die politische Rolle des Militärs eingeschränkt.

2012

- Unter dem Vorwurf, als Teil des geheimen Ergenekon-Netzwerks einen Umsturz geplant zu haben, wird zahlreichen Offizieren der Prozess gemacht.

2013

- Landesweite Welle von Protesten (unter anderem im Istanbuler Gezi-Park) gegen die Regierung. Die Proteste werden blutig niedergeschlagen.

2014

- Aus der ersten Direktwahl des Staatspräsidenten geht Erdoğan als Sieger hervor.

2015

- Beim bis dahin schwersten Terroranschlag in der türkischen Geschichte, der dem IS zugerechnet wird, sterben mehr als hundert Menschen. Es folgen weitere Anschläge.

2016

- Am Abend des 15. Juli putscht eine Gruppe von Militärs und verkündet die Machtübernahme. Bei Gefechten sterben etwa 250 Menschen; am nächsten Tag erklärt die Regierung den Putsch für gescheitert und ruft fünf Tage später den Ausnahmezustand aus.

2017

- Noch unter dem Ausnahmezustandsrecht Einführung des Präsidialsystems per Volksabstimmung.

2018

- Am 24. Juni wird Erdoğan mit 52,6 Prozent der abgegebenen Stimmen erneut zum Präsidenten gewählt.
- Im Juli läuft der Ausnahmezustand aus. Politische Freiheiten werden jedoch weiterhin eingeschränkt.

2019

- Bei der Kommunalwahl im März verliert die AKP Bürgermeisterposten in zahlreichen wichtigen Städten des Landes.

Zusammengestellt von Stefan Mahlke

Pressekonferenz des US-Präsidenten George H. W. Bush und des türkischen Premierministers Turgut Özal, Istanbul, Juli 1991. ■ AA

Der türkisch-armenische Journalist Hrant Dink.
■ HRANTDINK FOUNDATION

Anti-Putsch-Kundgebung, Istanbul, 7. August 2016.
■ OZAN KOSE | AFP

Die Gewürzgaleeren des Sultans

Im 16. Jahrhundert besaß das Osmanische Reich eine größere Flotte als Spanien und Portugal

Diu, Zeichnung von Gaspar Correia (um 1492–1563), Verfasser der Chronik *Lendas da India*. ■ NATIONALBIBLIOTHEK PORTUGAL

Von Giancarlo Casale

Wie jeder weiß, der sich mit europäischer Geschichte beschäftigt, zog der osmanische Sultan Süleyman der Prächtige im Jahr 1529 mit seinem Heer über den Balkan bis vor die Tore Wiens. Doch welcher Hobby- oder Berufshistoriker weiß schon, dass derselbe Sultan zehn Jahre später, im Jahr 1538, eine riesige Armada über die Weltmeere schickte, um Diu – die bedeutendste portugiesische Festung in Indien – zu belagern?

Die Tatsache, dass die Belagerung von Wien und die osmanischen Eroberungen im Westen (im Gegensatz zu denen im Osten) auf unser kollektives Gedächtnis eine derartige Faszination ausüben, enthüllt ebenso viel über die politischen Herausforderungen der Gegenwart wie der Vergangenheit. Denn mehr als jeder andere moderne Nationalstaat definierte sich die Türkische Republik über das niemals ganz umgesetzte Großprojekt, ein »europäisches« Land zu werden. Welches Symbol könnte daher die Hoffnungen und Enttäuschungen der modernen Türkei besser ausdrücken als das Jahr 1529 – jener Augenblick, in dem die Osmanen just zu Beginn der Neuzeit ihren Einzug in Europa verpassten?

Seit einigen Jahren ist jedoch eine Veränderung zu beobachten: Während die Europäische Union durch eine tiefe Krise geht, legt die Türkei großen Wert darauf, sich stärker auf der internationalen Szene zu profilieren, indem sie ein Netzwerk knüpft, mit dem sie ihre nationalen Interessen weit über den alten Kontinent hinaus verteidigen kann. Es ist daher kaum überraschend, dass diese Ausweitung des politischen und wirtschaftlichen Horizonts mit einer Wiederentdeckung der lange vernachlässigten Beziehungen des Osmanischen Reichs zur nichtwestlichen Welt einhergeht. Besonders deutlich macht das die wieder intensivere Auseinandersetzung mit dem osmanischen Indien-Feldzugs von 1538.

Dabei handelte es sich um ein Unternehmen, das von unerhörtem Mut und Ehrgeiz zeugt – ins Werk gesetzt von einem hollywoodreifen Bösewicht, dem Eunuchen Hadim Suleiman Pascha, der für seine Falschheit und blutrünstige Grausamkeit ebenso bekannt war wie für seine ungesunde Leibesfülle. Hätte ihn sein Eroberungszug in den Westen geführt, stünde sein Name heute sicher in allen Schulbüchern, und seine Fahrt wäre eine Inspirationsquelle für Romane, Fernsehfilme und Computerspiele gewesen. Doch so übersahen Generationen von Wissenschaftlern seine Expedition in den Osten. Erst in den letzten Jahren wurde sie von Experten für die Geschichte des Osmanischen Reichs wiederentdeckt.

Fasziniert liest man, dass Hadim Suleiman gleich nach der Belagerung von Wien die ersten Vorbereitungen für diese Reise traf, was darauf hinweist, dass die Osmanen eine »globale Strategie« verfolgten, mit der sie zugleich die Habsburger in Europa und die Portugiesen in Asien schlagen wollten. In welchen gigantischen Dimensionen dieses Unternehmen angelegt war, wird deutlich wenn man bedenkt, dass der Pascha zunächst ein Kontingent von mehreren Tausend Arbeitern nach Ägypten entsandte, um einen Kanal vom Nil zum

Roten Meer ausheben zu lassen. Durch diesen sollte die osmanische Flotte direkt vom Mittelmeer in den Indischen Ozean fahren.

Als sich dieses Vorhaben als nicht umsetzbar erwies, setzte Hadim Suleiman sogleich auf einen ebenso extravaganten Plan B. Er befahl den Bau einer neuen Flotte, und ließ das Holz für jedes Schiff in den Wäldern Anatoliens schlagen. Anschließend wurde es über das Mittelmeer transportiert, dann 200 Kilometer auf dem Rücken von Kamelen und Maultieren durch die ägyptische Wüste bis nach Suez, wo die Schiffe schließlich gebaut wurden (denn es gab in Ägypten oder auf der arabischen Halbinsel keine Wälder mit geeignetem Holz).

Dank dieser herkulischen Anstrengungen gelang es Hadim Suleiman schließlich, eine weitaus größere und mächtigere Armada zu bauen, als Spanien oder Portugal in dieser Zeit besaßen. Sie umfasste 70 Galeeren und Segelschiffe, die mit Hunderten schwerer Artilleriegeschütze bestückt waren und über 10 000 Mann tragen konnten: Ruderer, Matrosen, Kanoniere und Fußsoldaten.

Diese schwimmende Stadt legte im Frühjahr 1538 in Suez ab, fuhr durch das Rote Meer bis nach Jemen und durchquerte anschließend das Arabische Meer Richtung Osten – insgesamt legte sie über 5000 Kilometer zurück. Als die Osmanen vor Diu in der heutigen indischen Provinz Gujarat eintrafen, bombardierten sie das portugiesische Fort mit allen Kräften. Danach folgte eine Schlacht, die einen Monat andauerte und auf beiden Seiten Tausende Tote forderte.

Doch alle Anstrengungen waren vergebens. Wie zehn Jahre zuvor in Wien scheiterte auch die Belagerung Dius. Den osmanischen Angreifern gelang es nicht, die Mauern zu überwinden, und sie mussten schließlich den Rückzug antreten. Doch im Gegensatz zur Belagerung Wiens markierte der Angriff auf Diu den Beginn eines Jahrhunderts der Eroberungen in einem ausgedehnten, bis dahin kaum bekannten Teil der Welt. Diese Ambitionen waren so weitreichend und so eng mit den portugiesischen Eroberungen in der gleichen Zeit verbunden, dass man sie durchaus als »Osmanisches Zeitalter der Entdeckungen« bezeichnen kann.

Die Details dieser Geschichte werden derzeit noch erforscht, aber die großen Linien sind bereits bekannt. Bei der Rückfahrt aus Diu im Jahr 1538 legte Hadim Suleimans Armada einen Zwischenstopp ein und eroberte den Jemen, so dass sich die Osmanen erstmals eine dauerhafte Bastion am Indischen Ozean sichern konnten.

Von hier aus schickte er Anfang der 1540er Jahre osmanische Elite-Musketiere und Artilleriegeschütze auf die Hochebenen Äthiopiens. Und er entsandte erneut Schiffe zu den Küstenstädten Indiens, wo die osmanischen Soldaten den Muslimen zu Hilfe kamen, die gegen die Portugiesen und deren Verbündete kämpften. In den 1550er Jahren begannen osmanische Freibeuter, portugiesische Handelsschiffe im gesamten westlichen Teil des Indischen Ozeans zu plündern. Und im darauffolgenden Jahrzehnt drangen osmanische Kräfte bis zum indonesischen Archipel vor, verbündeten sich mit dem Sultan von Aceh und rüsteten zum Angriff gegen die portugiesische Stadt Malakka.

Schließlich wagte sich in den 1580er Jahren eine kleine osmanische Flotte entlang der afrikanischen Küste Richtung Süden vor, eroberte kurzzeitig Mombasa von den Portugiesen und brachte die Swahili-Küste unter die Hoheit des Sultans. Dieser bislang ungekannte Ausdehnungswille löste zugleich auch eine bemerkenswerte intellektuelle Blüte im Reich selbst aus. Während des gesamten Jahrhunderts, doch vor allem ab 1550, fertigten osmanische Gelehrte neuartige Karten an und verfassten geografische Werke und Reiseberichte über den Indischen Ozean. Dieser Teil der Welt war ihnen bis zum 16. Jahrhundert ebenso unbekannt gewesen wie den europäischen Eroberern derselben Epoche.

Waren diese Unternehmungen Teil einer umfassenden Strategie? In vielerlei Hinsicht spiegeln die Eroberungen der Osmanen diejenigen ihrer portugiesischen Rivalen, die ihre Reisen nach Indien der Überlieferung nach als eine »Suche nach Christen und Gewürzen« bezeichneten und ihre Abenteuer im Orient als Fortsetzung der Kreuzzüge betrachteten. Bei ihren Bestrebungen, den Gewürzhandel auf dem Indischen Ozean zu übernehmen, der jahrhundertelang in der Hand muslimischer Händler gelegen hatte, erwiesen sich die Portugiesen als überaus grausam.

Die Muslime vor Ort waren nicht in der Lage, die überlegene Feuerkraft der Portugiesen zu kontern, die mit modernsten Schiffen und Kanonen ausgerüstet waren. Daher wandten sie sich an die einzige muslimische Macht, die in der Lage war, den Portugiesen die Stirn zu bieten: das Osmanische Reich. Die Osmanen folgten diesem Aufruf und zogen nun ebenfalls nach Indien. Und auch sie bezeichneten ihr Eingreifen als eine Art heiligen Krieg, um ihren Glaubensgenossen zu Hilfe zu kommen und sich bei dieser Gelegenheit Zugang zum äußerst lukrativen globalen Gewürzhandel zu verschaffen. Im Verlauf der langen Kämpfe mit den Portugiesen unternahmen die Osmanen noch viele weitere militärische Expeditionen, die – ebenso wie die Belagerung Dius – ihr Ziel aber nicht wirklich erreichten.

Vom wirtschaftlichen Standpunkt betrachtet waren die Osmanen aber durchaus erfolgreich. Als sie 1517 nach der Eroberung Ägyptens zum ersten Mal ans Ufer des Roten Meers gelangten, war der dortige Gewürzhandel durch die Blockade der Portugiesen fast komplett zum Erliegen gekommen. Ein halbes Jahrhundert später hatte sich die Lage fast vollständig umgekehrt. Vor allem mit den »Gewürzgaleeren« des Sultans wurden in den 1570er Jahren weitaus größere Mengen Gewürze vom Indischen Ozean über Ägypten bis ins Mittelmeer gebracht, als die Portugiesen rund ums Kap der Guten Hoffnung heimzubringen vermochten; niemals zuvor waren so große Mengen aus Asien Richtung Westen transportiert worden.

Aus heutiger Sicht sollte es jedoch nicht darum gehen, die Erfolge und Niederlagen des »Osmanischen Zeitalters der Entdeckungen« gegeneinander aufzurechnen. Vielmehr sollte man anerkennen, dass sich die historischen Ziele, Strategien und Erfahrungen der Osmanen und ihrer portugiesischen Rivalen in grundlegender Weise ähnelten. Im Gegensatz zur Belagerung Wiens, wo die Osmanen als fremde Macht in Erscheinung traten, die Europa von außen bedrohte, verfügen Osmanen und Portugiesen auf dem Indischen Ozean über eine gemeinsame Geschichte der Entdeckungen und Eroberungen, denn beide erforschten zum ersten Mal die Meere jenseits von Europa und dem Mittelmeer.

Aus dieser Perspektive erscheint die osmanische Geschichte weitaus »europäischer« als bislang gedacht. Und die Frage liegt nahe, ob diese neue Sicht auf die eigene Vergangenheit auch die heutigen Beziehungen der Türkei zu Europa – und zum Rest der Welt – beeinflussen kann.   ●

Aus dem Französischen von Sabine Jainski

Erstmals erschienen in »Turquie«, *Manière de voir*, Nr. 132, *Le Monde diplomatique* (französische Ausgabe), November 2013.
© 2021 für die deutsche Übersetzung *Le Monde diplomatique*, Berlin

Vom Kalifat zur säkularen Republik

Von Taner Timur

Mitte des 19. Jahrhunderts stellten sich die Jungosmanen – eine Geheimorganisation kleinbürgerlicher Intellektueller, die von den liberalen Strömungen ihrer Zeit beeinflusst waren – grundlegende Fragen: Wie konnten sie das Reich retten? Welchen Vorbildern sollten sie folgen, um es politisch und wirtschaftlich weiterzuentwickeln? Dabei übersahen sie, dass das Reich nicht mehr zu retten war.

Die bürgerlichen Revolutionen in den westlichen Ländern waren vollzogen; jetzt wurde die Welt aufgeteilt. Dem heterogenen Osmanischen Reich hingegen hatte die Geschichte das Schicksal des Verfalls beschieden, da es nicht vermocht hatte, sich aus eigener Kraft zu industrialisieren. Der Niedergang vollzog sich langsam und schmerzhaft – nicht etwa, weil das Reich noch die Kraft und die Mittel gehabt hätte, ihn aufzuhalten, sondern weil sein Erbe nur schwer aufzuteilen war und zahlreiche widerstreitende Interessen und Leidenschaften auf den Plan rief.

Die wirtschaftliche Abhängigkeit von den industrialisierten Ländern ließen das Osmanische Reich auf den Status einer Quasikolonie abrutschen. Entscheidend waren dabei die Auswirkungen des Handelsabkommens von 1838 mit England, das in der Folge auf weitere europäische Länder ausgeweitet wurde. Mit diesem Abkommen wurde der Freihandel im gesamten Reich eingeführt, und das zu einer Zeit, in der die kapitalistischen Länder sich durch hohe Zollschranken voneinander abschotteten.

Handels- und Rechtsprivilegien, die man den Europäern bereits seit dem 16. Jahrhundert eingeräumt hatte, und eine hohe Staatsverschuldung aufgrund zahlreicher Auslandskredite während des Krimkriegs (1853–1856) und in der Folgezeit verstärkten diese Abhängigkeit. Bereits vor dem Russisch-Osmanischen Krieg von 1877/78 konnte das Reich seine Schulden nicht mehr zurückzahlen, so dass die Gläubigerstaaten kurz darauf eine eigene Schuldenverwaltung in Istanbul einrichteten. Die »Administration de la Dette Publique Ottomane« stand unter britisch-französischer Leitung und kontrollierte die wichtigsten Einkommensquellen des Landes.

Die wirtschaftliche Abhängigkeit wirkte sich natürlich auch auf die sozialen und politischen Verhältnisse aus. Das 19. Jahrhundert wurde für das Osmanische Reich zum Jahrhundert der »großen Reformen« (Tanzimat). Denn auch wenn der osmanische Staat nach außen geschwächt war, musste er nach innen, gegenüber seinen Untertanen, weiter als Ordnungsmacht funktionieren. Zu diesem Zweck wurden die Institutionen des Landes nach westlichem Vorbild modernisiert.

1839 erließ Sultan Abdülmecid I. das Edikt von Gülhane, mit dem er all seinen Untertanen die volle Sicherheit über ihr Leben und ihr Vermögen garantierte und das Steuerwesen sowie den Militärdienst reformierte. Es folgten Reformen des Justiz- und Bildungssystems. 1876 wurde die erste Verfassung verabschiedet, die Wahlen vorsah und das Land in Richtung eines eingeschränkten Parlamentarismus steuerte. Die Triebkraft hinter diesen Reformen bildete eine neue Beamtenelite, die von den ausländischen Regierungen unterstützt und gefördert wurde.

Da es keine Industriellen gab und die Kaufleute eher als Kompradorenbourgeoisie agierten, waren es vor allem die meist adligen Beamten der Staatsbürokratie, die mit dem Sultan um die Macht konkurrierten. Einige Wesire hatten Europa bereist und begeisterten sich für den dortigen demokratischen Aufbruch. Doch sobald es ihnen gelang, den Sultan zur Seite zu drängen und ihre eigene Macht auszubauen, wie etwa unter Abdülmecid I. (1839–1861) und Abdülaziz (1861–1876), erhoben sich andere Gruppierungen innerhalb der Elite gegen sie.

Intellektuelle, vor allem aus dem Kleinbürgertum, prangerten die Willkür der Herrschenden an, nicht selten führten sie ihren Kampf auch aus dem Exil fort. Und zwischen den hohen und niederen Rängen der Bürokratie brach im Namen von »Freiheit« und »Zivilisation« ein heftiger Konflikt aus. Die Lebensbedingungen der breiten Masse spielten darin kaum eine Rolle, vielmehr kollidierten unterschiedliche Ideologien, die versuchten den Islam mit den philosophischen Ideen der Aufklärung zu verbinden. Mit dem Aufkommen der Jungtürken verstärkte sich der Trend zur Säkularisierung.

Die Jungtürken waren eine heterogene Bewegung, die sich zum Ziel gesetzt hatte, das autoritäre Regime von Abdülhamid II. zu stürzen. Auf Drängen seines Großwesirs hatte der Sultan 1876 zwar die Verfassung verkündet, nur zwei Jahre später das Parlament aber wieder aufgelöst, um sich der widerspenstigen Opposition von Reformern zu entledigen. Damit wurde er zum absoluten Herrscher, als ideologische Machtbasis diente ihm ein fanatischer Panislamismus. Dennoch bildeten sich in der über 30 Jahre währenden Regierungszeit von Abdülhamid II. alle möglichen Oppositionsgruppen.

Die Jungtürken formierten sich ab 1889 als Geheimorganisation unter dem Namen »Komitee für Einheit und Fortschritt« (İttihat ve Terakki Cemiyeti, KEF) und rekrutierten ihre Anhänger vor allem unter jungen Offizieren, Beamten und Studenten. Trotz innerer Widersprüche waren sie vor allem von den Ideen des Positivismus be-

Mustafa Kemal mit seinem Stab, August 1920.

einflusst. Manche Mitglieder hatten in Paris studiert und folgten der Devise »Ordnung und Fortschritt« des Soziologen Auguste Comte – daher auch der Name der Organisation.

Die Jungtürken kämpften aber nicht nur gegen den Despotismus des Sultans, sie wollten auch das Reich in seiner gesamten territorialen Ausdehnung bewahren und waren der Meinung, dass sich diese beiden Ziele mit demselben Mittel erreichen ließen: Sie mussten den Sultan zum Wiederinkrafttreten der Verfassung von 1876

Sultan Mehmed VI.
■ WIKIMEDIA COMMONS

zwingen. Dies gelang ihnen 1908 durch eine erfolgreiche Militärrevolte der in Saloniki stationierten Truppen unter Führung von Enver Pascha und anderen jungtürkischen Offizieren. Im Jahr darauf wurde Abdülhamid II. abgesetzt, und die Jungtürken übernahmen die Macht.

Das Volk zeigte sich begeistert, aber das KEF hatte sich auf die Machtübernahme nicht vorbereitet und besaß kein Programm. Seine politische Linie musste es im Verlauf der Ereignisse erst finden, in steter Auseinandersetzung mit den eigenen, inneren Widersprüchen. War das KEF zu Beginn osmanisch und liberal ausgerichtet, so schwenkte es rasch um und agierte bald nationalistisch und autoritär, denn die Proklamation der Freiheit hatte separatistische Bewegungen ermutigt und den Zerfall des Reichs beschleunigt.

Nachdem die Jungtürken 1909 eine religiös motivierte Rebellion nur mühsam hatten niederschlagen können, erließ das Komitee neue Gesetze, die die Freiheitsrechte einschränkten, und verhängte einen Ausnahmezustand, der in der Folge weiter verlängert wurde. Um die Modernisierung des Landes voranzutreiben, brachte das KEF neue rechtliche und kulturelle Reformen auf den Weg, die gewissermaßen eine Blaupause für die späteren Reformen des Republikgründers Mustafa Kemal Atatürk darstellten.

Schließlich verwendete das Komitee viel Mühe darauf, Verwaltung und Armee umzustrukturieren und zu verjüngen. Doch all diese Reformbestrebungen konnten den sich beschleunigend Zerfall des Reichs nicht aufhalten. Die Regierung, die zunächst zwischen dem englischen und deutschen Imperialismus geschwankt hatte, trat an der Seite des Deutschen Reichs in den Ersten Weltkrieg ein – und beging ab 1915 den Völkermord an den Armeniern, dem Schätzungen zufolge 300 000 bis 1,5 Millionen Menschen zum Opfer fielen *(siehe die Beiträge von Vicken Cheterian und Rolf Hosfeld auf Seite 72 bzw.*

Seite 74). Es waren die letzten Taten der Jungtürken, bevor sie von der politischen Bühne abtraten.

Die imperialistischen Staaten, allen voran Frankreich und Großbritannien, hatten sich derweil in geheimen Abkommen geeinigt, wie sie das Osmanische Reich unter sich aufteilen wollten.[1] Nach dem Verlust großer Teile des Reichs ging es nun darum, die Einheit der von Türken bewohnten Gebiete, vor allem Anatolien, zu wahren.

Auf dem Territorium der heutigen Türkei lebten damals 14 Millionen Menschen, die in halbfeudalen, patriarchalen Strukturen vor allem Landwirtschaft und Handwerk betrieben. Das Straßen- und Schienennetz war dünn, der Binnenmarkt kaum entwickelt. Banken, Versicherungsgesellschaften und der Außenhandel wurden fast vollständig von ethnischen Minderheiten kontrolliert. Außer einigen vom Staat errichteten Fabriken gab es keinerlei Großindustrie, und die große Masse der Bauern war von den ständigen Kriegen ermüdet und ausgelaugt.

Kurz nach dem Ersten Weltkrieg führte die Türkei erneut Krieg, diesmal mit dem Ziel einer nationalen Befreiung. Der Waffenstillstand von Moudros, der den Ersten Weltkrieg im Nahen Osten beendet hatte, sah weitreichende Machtbefugnisse für die Sieger vor. Dazu gehörte auch das Recht, jeden gewünschten Teil Anatoliens zu besetzen, sofern sie dies als strategisch notwendig erachteten. Im August 1920 wurde dem Osmanischen Reich schließlich der Vertrag von Sèvres diktiert, der die Zerstückelung Anatoliens bedeutet hätte, wegen des Sturzes des letzten Sultans Mehmed VI. aber nicht mehr ratifiziert wurde. Bereits am 15. Mai 1919 war die griechische Armee in Smyrna (Izmir) gelandet und Richtung Osten marschiert.[2]

Etwa zur selben Zeit machte sich ein talentierter türkischer General auf den Weg nach Anatolien: Mustafa Kemal. Er hatte sich im Ersten Weltkrieg durch die Verteidigung der Dardanellen große Verdienste erworben, war aber vom regierenden KEF kaltgestellt worden. Am 19. Mai 1919 ging er in Samsun am Schwarzen Meer an Land und nahm Kontakt zu anderen Offizieren, leitenden Beamten und Würdenträgern auf, um den nationale Widerstand zu organisieren. In einem Rundschreiben erklärte er: »Die Unabhängigkeit der Nation kann nur durch den Entschluss und den Willen der Nation gerettet werden« – eine überraschende Formulierung, die Sultan, Großwesir und deren Gefolge einfach beiseiteschob.

Der Hof erlangte Kenntnis von Kemals Aktivitäten, die seine Befugnisse als Generalinspekteur unweigerlich überschritten, und entzog ihm das Mandat. Doch in der Zwischenzeit hatte er sich bereits der Unterstützung verschiedener Heerführer versichert, vor allem von General Kâzım Karabekir, dem Oberkommandierenden der in Ostanatolien stationierten Truppen.

Damals gab es in der Hauptsache drei Ideen, wie die Zukunft des Landes aussehen könnte. Der Hof des Sultans, dem ein Großteil der Bevölkerung blind folgte, hoffte auf die Gnade der Großmächte, vor allem der Engländer. Um sich diese Gnade zu verdienen, müsse man nur ruhig und vernünftig bleiben und auf das gerechte Urteil warten. In der Zwischenzeit gelte es, alle Unruhen zu unterdrücken, die im Land für Unordnung sorgen könnten. Mit genau diesem Auftrag hatte man Mustafa Kemal nach Anatolien entsandt.

An zweiter Stelle folgten diejenigen, die keinerlei Hoffnung auf ein Fortbestehen des Reichs mehr hegten, und daher zumindest ihre Region retten wollten, indem sie Organisationen gründeten, die den Kampf vorbereiteten. Schließlich gab es noch ein paar Beamte und Intellektuelle, die mit der Idee eines US-amerikanischen Mandatsgebiets liebäugelten. Äußerst klein war zu Beginn die

Gruppe derer, die wie Kemal an eine vollständige Befreiung der Türkei glaubten.

Die gesellschaftlichen Kräfte, auf deren Unterstützung die nationale Bewegung in diesem Stadium zählen konnte, waren vor allem die herrschenden Klassen aus Großgrundbesitzern, Kaufleuten und Geldverleihern sowie die leitenden Beamten der Zivil- und Militärverwaltung. Letztere waren dem Volk zwar verhasst, da man sie für das Unglück des Landes unter dem KEF verantwortlich machte, trotzdem gehörten sie zu den ersten Förderern des Widerstands. In ihren Bestrebungen wurden sie von örtlichen Würdenträgern unterstützt.

Die Widerständler, die sich zunächst in lokalen Vereinen (Gesellschaften zur Verteidigung der Rechte) organisiert hatten, hielten trotz der Provokationen und Verfolgungen durch die Hohe Pforte am 4. September 1919 in Sivas einen Nationalkongress ab. Aus diesem Kongress, der »die Unabhängigkeit und Einheit der Türkei in ihren nationalen Grenzen« verkündete, ging ein »Repräsentativkomitee« hervor. Bis zur Einberufung der Großen Nationalversammlung am 23. April 1920 in Ankara stellte dieses Komitee faktisch die Exekutive der Nationalbewegung dar.

Auf militärischer Ebene verlief der Türkische Befreiungskrieg in zwei Etappen. Er begann spontan mit dem Widerstand von Guerillagruppen gegen Übergriffe der Besatzungstruppen. Um einen Sieg zu gelangen, reichte das allerdings nicht, weshalb sich in der Folge eine reguläre Armee formierte. Diese konnte die griechischen Streitkräfte in Eskişehir aufhalten und im Herbst 1921 entscheidend schlagen. Die letzte türkische Offensive erfolgte dann im August 1922. Am 9. September zogen die Türken in Smyrna ein und übernahmen mit dem Waffenstillstandsvertrag vom 11. Oktober 1922 erneut die Hoheit über Thrakien und die Meerengen.

Bereits in den Jahren vor dem griechisch-türkischen Krieg war die griechische Bevölkerung im Osmanischen Reich Verfolgungen ausgesetzt gewesen. Wehrfähige Männer, die nicht in die osmanische Armee eingezogen wurden, steckte man in »Arbeitsbataillone«, wo sich die meisten zu Tode schufteten. Es kam zu Massakern, Vertreibungen und Todesmärschen. Bei diesen in Griechenland als »kleinasiatische Katastrophe« bezeichnete Ereignissen starben Schätzungen zufolge mindestens 300 000 osmanische Griechen. Nach dem türkischen Sieg vereinbarten beide Staaten im Januar 1923 einen sogenannten Bevölkerungsaustausch. Im Zuge dieser Zwangsumsiedlung mussten etwa 1,2 Millionen anatolische Griechen und 400 000 Muslime in Griechenland ihre Heimat verlassen.

Der türkische Befreiungskampf wurde von gesellschaftlichen Kräften geführt, die ähnliche Interessen verfolgten wie die westlichen Länder. Der Friedensschluss war jedoch alles andere als einfach. Es brauchte acht Monate intensiver Verhandlungen, um am 24. Juli 1923 den Vertrag von Lausanne abzuschließen, in dem die Staatsgrenzen der Türkei festgelegt und die europäischen Sonderrechte aus der osmanischen Zeit aufgehoben wurden. Die Alliierten gaben damit in zwei für sie wesentlichen Punkten nach und begnügten sich mit der Feststellung, dass die neue Türkei keine Gefahr für den internationalen Kapitalismus darstellen würde.

In der Türkei brach derweil ein interner Machtkampf aus. Es war klar, dass sich die beiden zentralen Triebkräfte des nationalen Widerstands, die sich während des Kriegs zusammengeschlossen hatten, nicht einig werden konnten. Die konservative, halbfeudale Oberschicht der Grundbesitzer besaß kein Vertrauen in die kleinbürgerlichen nationalistischen Revolutionäre – egal ob Zivilisten oder Militärs –, und schon gar nicht in Mustafa Kemal, den sie verdächtigten, zum alten Autoritarismus zurückkehren zu wollen und Reformen zu verabschieden, die ihren Interessen zuwiderliefen. Die Revolutionäre ihrerseits wollten, als Erben der Jungtürken, an deren Bestrebungen zur Modernisierung des Landes anknüpfen. Aus dieser Auseinandersetzung gingen schließlich die politischen Parteien des neuen Staatswesens hervor.

Nach dem Sieg war immer deutlicher geworden, dass Kemal eine republikanische Vision verfolgte. Die alarmierten konservativen Kräfte, die sich die Unterstützung einiger einflussreicher Generäle und enger Vertrauter Kemals zu sichern vermocht hatten, demonstrieren ihre oppositionelle Haltung deshalb im Parlament. Aber Kemal hatte wohlweislich bereits eine neue, jüngere und ihm ergebenere Gefolgschaft hinter sich geschart, die ab 1923 die Republikanische Volkspartei (CHP) bildete. Als Vorsitzender der CHP und mit Unterstützung der Armee rief er am 29. Oktober 1923 die Türkische Republik aus.

Auch die Konservativen organisierten sich danach in einer politischen Partei, die allerdings von Kemal verboten wurde, weil sie angeblich den antirevolutionären Aufstand 1925 in Ostanatolien unterstützt hatte. In Wahrheit hatte er aber noch andere Gründe: Die organisierte Opposition bildete ein gewichtiges Hindernis für seine Reformvorhaben. So unterdrückte Kemal letztlich alle Gegner und etablierte ein Einparteiensystem, um seine Reformen verabschieden zu können. Die regierende CHP sollte dabei alle gesellschaftlichen Klassen des Landes vertreten, zwischen denen es ihm zufolge auch keine Interessenkonflikte wie im Westen gab.

Nacheinander wurde erst das Kalifat, dann die Scharia (religiöse Gesetzgebung) abgeschafft, moderne Institutionen nach europäischem Vorbild traten an ihre Stelle. Zudem wurde 1924 eine neue Verfassung mit der Möglichkeit zur Einführung eines Mehrparteiensystems verkündet. Die einschneidendsten Reformen der folgenden Jahre waren die Auflösung der religiösen Gerichte (1924), die Einführung der Zivilehe (1926), die Streichung des Islam als Staatsreligion aus der Verfassung (1928) und die Einführung des lateinischen Alphabets (1928).

In dieser Zeit des radikalen Wandels verbreitete sich unter den Anführern der Republik erneut der Positivismus als ideologisches Prinzip eines radikalen Modernismus. Die antiwestlichen Kampfrufe des Unabhängigkeitskriegs gerieten in Vergessenheit. Mustafa Kemal »Atatürk«[3], unstreitig der Urheber all dieser Reformen, brach auf diese Weise mit dem kulturellen Dualismus seiner Vorgänger und galt fortan als Gründer eines unabhängigen und vollständig säkularisierten türkischen Staats.　　　　　●

Aus dem Französischen von Sabine Jainski

1　Im geheimen Sykes-Picot-Abkommen von 1916 einigten sich Großbritannien und Frankreich über die Aufteilung ihrer Interessengebiete in den osmanischen Gebieten des Nahen Ostens.
2　Ziel der griechischen Intervention war die Umsetzung der »Megali Idea«, der »großen Idee«: die Eroberung der Teile Kleinasiens, in denen auch Griechen lebten.
3　Der Namenszusatz »Vater der Türken« wurde Mustafa Kemal 1934 von der Türkischen Nationalversammlung verliehen.

Erstmals erschienen in *Le Monde diplomatique* (französische Ausgabe) vom Oktober 1973. Gekürzt und aktualisiert.
© 2021 für die deutsche Übersetzung *Le Monde diplomatique*, Berlin

Der verleugnete Völkermord

Bis heute verweigert sich der türkische Staat seiner historischen Verantwortung für den Genozid an den Armeniern

Deportationszug in Mamuretül-Aziz (heute: Provinz Elazığ).
Foto aus dem Buch *Ravished Armenia. The Story of Aurora Mardiganian,
the Christian Girl Who Lived Through the Great Massacres,*
New York (Kingfield Press) 1918. ■ LIBRARY OF CONGRESS

Von Vicken Cheterian

Jahrzehntelang war das Schicksal der zwangsweise islamisierten und türkifizierten Armenier mit einem Tabu belegt. Erst neunzig Jahre nach dem Völkermord an den Armeniern beendete die türkische Anwältin und Menschenrechtsaktivistin Fethiye Çetin das große Schweigen, als sie die Memoiren ihrer Großmutter veröffentlichte. 1915 war die Familie des armenischen Mädchens deportiert und anschließend ermordet worden, während sie selbst entführt und in eine türkische Familie gebracht wurde.[1]

Nach der Veröffentlichung erhielt die Autorin Dutzende Briefe von Leuten, denen ein ähnliches Schicksal widerfahren war. Als sie diese Geschichten dann ebenfalls als Buch herausbrachte[2], wagte es keiner der Betroffenen, sich mit seinem beziehungsweise ihrem Namen oder anderen Daten wie dem Geburtsort zu erkennen zu geben. Konvertierte Armenier oder im Geheimen praktizierende Christen sehen sich auch noch in der heutigen Türkei mit Repressalien und Diskriminierung konfrontiert.

Es gibt kaum Informationen über die Zahl der Nachkommen der 200 000 oder 300 000 armenischen Frauen und Kinder, die entführt und zwangsweise zum Islam bekehrt wurden. Es könnten bis zu 2 Millionen allein in der Türkei sein. Über Jahrzehnte hinweg hüllten sie sich in Schweigen über ihre Herkunft und das Schicksal ihrer Vorfahren, aber dennoch wussten alle um sie herum, wer sie waren.

Von ihrem Umfeld wurden sie verachtet als Konvertiten, die den Islam nicht aus Glaubensgründen angenommen hatten, sondern aus purem Eigennutz. Weil sie so dem sicheren Tod entgehen wollten, waren sie für ihre Nachbarn nur »die vom Schwert Übriggelassenen«.[3] Überdies führte auch der türkische Staat Buch über ihre wahre Identität, um sie von bestimmten Positionen etwa im Militär und im Bildungssystem fernzuhalten.

Beim Völkermord an den Armeniern, dem vor allem in den Jahren von 1915 bis 1917 je nach Schätzung 300 000 bis 1,5 Millionen Menschen zum Opfer fielen, geht es nicht bloß um Geschichte, um die Erinnerung an vergangene Ereignisse. Es geht auch um uns, die (Über-)Lebenden, um unsere Kultur und ihr Scheitern. Gescheitert ist sie nicht nur daran, den Opfern des armenischen Holocausts Gerechtigkeit widerfahren zu lassen. Ihr Versagen zeigt sich auch darin, dass die Türkei das Verbrechen seit mehr als einem Jahrhundert leugnet und dass die Öffentlichkeit dem weitgehend gleichgültig gegenübersteht.

Die Türkei, die als Staat die Verantwortung für das Morden trägt, behauptet nach wie vor, dass ein Völkermord niemals stattgefunden habe. Vielmehr habe es sich lediglich um einen bürgerkriegsartigen Konflikt zwischen verschiedenen ethnischen Gruppen gehandelt, oder um eine Deportation der gesamten armenischen Bevölkerung allein aus militärischer Notwendigkeit im Zuge des Ersten Weltkriegs, oder gar um eine Rebellion der Armenier, denen so gesehen selbst Massenmord vorzuwerfen wäre.

Ein Verbrechen, das nicht als solches anerkannt wird, setzt sich immer weiter fort. Der Völkermord von 1915 zielte zwar in erster Linie auf die Armenier, doch auch die osmanischen Griechen, Assyrer und Jesiden wurden Opfer von Massakern und Deportationen, die das Ziel verfolgten, diese Gemeinschaften zu zerschlagen.[4]

Der Versuch, die Minderheiten auszulöschen, hörte mit dem Ende des Ersten Weltkriegs keineswegs auf, sondern setzte sich auch in der neu gegründeten Türkischen Republik fort. Nachdem das Osmanische Reich kapituliert hatte und von alliierten Streitkräften besetzt wurde, kehrten einige der armenischen und assyrischen Überlebenden zurück in ihre Häuser. Als jedoch die türkischen Nationalisten und Mustafa Kemal die Macht übernahmen, leiteten sie nicht nur einen Bevölkerungsaustausch mit Griechenland ein, der die Vertreibung von rund 1,2 Millionen Griechen aus der Türkei bedeutete, sondern zwangen darüber hinaus auch die wenigen Rückkehrer zum Auswandern ins damals unter französischem Mandat stehende Syrien oder in den britisch beherrschten Irak. Auf diese Weise wurde dafür gesorgt, dass die angestammte christliche Bevölkerung aus Anatolien vollständig verschwand.

Istanbul, wo bis 1914 die Christen die Mehrheit gestellt hatten, war der einzige Ort in der Türkei, in dem nach diesen Verheerungen überhaupt noch Griechen und Armenier lebten. Doch auch hier wurde die christliche Bevölkerung durch staatlich sanktionierte Gewalt beständig dezimiert, das wirtschaftliche Überleben wurde ihnen erschwert und ihre körperliche Unversehrtheit verletzt.

In den 1930er Jahren wurden große Besitztümer der armenischen Kirche und zahlreiche ihrer wohltätigen Einrichtungen konfisziert – darunter übrigens auch der armenische Pangaltı-Friedhof direkt am Gezipark, auf dem jetzt mehrere Luxushotels stehen. Die wohlhabende jüdische Gemeinde im europäischen Teil der Türkei wiederum wurde im Zuge der – ebenfalls staatlich unterstützten – Thrakien-Pogrome von 1934 dezimiert.[5]

Der Zweite Weltkrieg bot anschließend eine weitere Gelegenheit, die Minderheiten ihrer ökonomischen Grundlagen zu berauben. Vorgeblich um gegen Spekulanten vorzugehen, führte die Regierung eine extrem ungerechte »Reichensteuer« ein, deren Höhe die zuständigen Beamten willkürlich festlegten und die von Gemeinde zu Gemeinde stark variierte: In manchen Orten mussten Armenier das Fünfzigfache des Satzes bezahlen, der für die türkischen Muslime galt.

Diese Steuer diente in Wirklichkeit nur dem Zweck, den bürgerlichen Teil der Minderheiten auszuschalten. Ihr Eigentum wurde nebenbei zu einem Bruchteil des wahren Werts an Muslime verkauft. All diejenigen, die die Steuer nicht aufbringen konnten, verloren nicht nur ihr gesamtes Hab und Gut, sondern wurden zudem noch in Arbeitslager in der Gegend von Erzurum im Osten des Landes verschleppt.

Die zunehmenden Spannungen in der Zypernfrage setzten den Minderheiten weiter zu. Im September 1955 kam es erneut zu Pogromen, wiederum mit staatlicher Billigung. Zuvor waren falsche Gerüchte in Umlauf gesetzt worden, denen zufolge es einen Angriff auf das Haus Atatürks im griechischen Thessaloniki gegeben habe. Geheime Kommandos brachten Busladungen mit Schlägertrupps in den stark griechisch geprägten Istanbuler Stadtteil Pera, das heutige Beyoğlu. Dort zerstörten sie Geschäfte, Schulen und religiöse Einrichtungen der Griechen, aber auch anderer Minderheiten, während die Polizei zusah und nur einschritt, wenn die Randalierer sich versehentlich an muslimischem Eigentum vergriffen.

In Anatolien wurde unterdessen jegliche Erinnerung an die deportierten Bevölkerungsgruppen ausgelöscht. Tausende armenische, assyrische, kurdische oder arabische Ortsnamen wurden durch türkisch klingende Namen ersetzt, Tausende Kirchen und Klöster in die Luft gesprengt.[7] All dies geschah zur gleichen Zeit, in der Atatürk die arabische durch die lateinische Schrift ersetzte, was lange als ein Sieg der Moderne gefeiert wurde.

Ein paar Zahlen genügen, um das Ausmaß der Zerstörung zu illustrieren: 1914 lebten bei einer Gesamtbevölkerung von 16 Millionen Menschen rund 2 Millionen Armenier im Osmanischen Reich. In der heutigen Türkei gibt es nur noch 60 000 Armenier. Von 2538 armenischen Kirchen und 451 Klöstern sind gerade einmal 40 Kirchen übrig geblieben, bis auf 6 alle in Istanbul.

Seit vielen Jahren argumentieren Menschenrechtsaktivisten, dass ein Völkermord, der ungestraft bleibt, geradezu eine Ermutigung für künftige Verbrechen darstelle. Im Ersten Weltkrieg stand das osmanische Heer unter deutschem Oberbefehl, weshalb Tausende deutsche Offiziere zu unmittelbaren Zeugen oder sogar Mittätern bei der Zerschlagung des türkischen Christentums wurden *(siehe den Beitrag von Rolf Hosfeld auf Seite 74)*.

Die furchtbaren Folgen der Straflosigkeit sind vor allem in der Türkei selbst zu beobachten: In den östlichen Landesteilen traf es bald die Kurden, die zuvor ihrerseits noch eine wichtige Rolle bei der Vernichtung der osmanischen Armenier gespielt hatten. Die Kurden waren loyal gegenüber den Osmanen, ebenso wie gegenüber den Jungtürken und Mustafa Kemal. Dieser aber brach sein Versprechen, ihnen Autonomie zu gewähren, und ersetzte das Kalifat einfach durch einen türkischen Nationalstaat. Als die Kurden dagegen rebellierten, wurde nicht nur der Aufstand brutal niedergeschlagen. Es folgten auch danach noch Massaker und Deportationen, und selbst die Existenz einer kurdischen Identität wurde geleugnet. Kurden gab es dieser Logik zufolge einfach nicht mehr, und jeder, der es wagte zu widersprechen, wurde hart bestraft.

Die Türkei ist das Erbe des Völkermords nie losgeworden. Im Gegenteil: Institutionen, die dieses Verbrechen erst möglich gemacht hatten, bildeten das Rückgrat der kemalistischen Republik – so wie die »Spezialorganisation« Teşkilat-ı-Mahsusa, eine geheime Unterabteilung innerhalb der früheren Regierungspartei Komitee für Einheit und Fortschritt, die mit dem Ziel gegründet worden war, Aufstände von Muslimen im Zarenreich und im britischen Empire anzuzetteln. Zwar hatte sie damit keinen Erfolg, doch leistete sie einen wesentlichen Beitrag zur Ermordung und Deportation von Armeniern und anderen Minderheiten im Inland.

Auch während des Befreiungskriegs (1919–1923), den Mustafa Kemal sowohl gegen Griechenland als auch gegen französische und britische Streitkräfte führte, spielten die Offiziere der Spezialorganisation eine entscheidende Rolle. Später wurden sie zu einem zentralen Bestandteil des sogenannten tiefen Staats in der Türkei, eines Netzwerks von hohen Militärs und Beamten, das über enorme Macht verfügt, ohne jede Legitimation und ohne je für seine Taten zur Verantwortung gezogen zu werden. Dieser Machtzirkel war nicht nur ständig damit beschäftigt, alle demokratischen Entwicklungen der türkischen Gesellschaft zu unterdrücken und kurdische

Fortsetzung auf Seite 77

– 3 –

tragen nicht mehr gewillt ist. Auch dem österreich-ungarischen
Botschafter gegenüber äusserte sich der Großwesir jüngst in
ähnlichem Sinne.

Rein vom deutschen Standpunkte ist die Ernennung Halil
Beys zum Minister des Äusseren nur freudig zu begrüssen. Dieser
Staatsmann zählt zu den energischen und zielbewussten Anhängern
der Bündnis-Politik und sein Einfluss im Komitee verbürgt besser
als die Autorität des Grosswesirs eine befriedigende Erledigung
politischer Angelegenheiten. Ganz besonders ist vom rein sach=
lichen Standpunkt und im Interesse des „Geschäftsganges" die
Schaffung eines besonderen Ministeriums für Auswärtige Angelegen
heiten nur zu billigen. Anderseits wird man –besonders in Persönlichen– das Ausscheiden Said Halims als Minister des Äusseren
entschieden bedauern müssen. Bei wiederholten Anlässen ist er
mit grossem Erfolg das hier so sehr fehlende vermittelnde
Element gewesen. Zwar hat er es trotz aller Bemühungen und
Warnungen nicht erreichen können, dass der im ganzen Reich wüten
den Armenier-Verfolgung Halt geboten wurde. Immerhin war er
einer der wenigen in Komitee, der schon zu Beginn der armeni=
schen Austilgung unerschrocken und mannhaft auf die ungeheuren
Gefahren wirtschaftlicher und politischer Art hinwies, welche
die Ausrottung dieser Volksteile mit sich bringen musste. Ihm
entgegnete Talaat im Ministerrat: „Wir müssen einen türkischen
Block schaffen, der rein ist von fremden Elementen und der den
Großmächten in aller Zukunft nie wieder Gelegenheit zu einer
Einmischung in die inneren Verhältnisse der Türkei gibt."
Gerade dieses Eintreten des Großwesirs für seine Überzeugung
war mit der wesentlichste Anlass, dass die mit der Armenier-
Verfolgung sympathisierenden Komiteeleute sich den radicalissimi

anschlossen

Die deutsche Armenien-Akte

Zeitgenössische Quellen belegen: Die Reichsregierung wusste Bescheid

Von Rolf Hosfeld

Man »sieht das arktische Antlitz eines Menschen, der ›alle Sentimentalität überwunden‹ hat, das Antlitz eines Menschen, der außerhalb der Schuld und ihrer Qualen steht«, und er sagt: »Zwischen dem Menschen und dem Pestbazillus gibt es keinen Frieden.«

Mit solchen Worten charakterisierte Franz Werfel 1933 den Kriegsminister des Osmanischen Reichs, Ismail Enver Pascha, während einer Unterredung über das Schicksal der einheimischen Armenier zur Zeit des Ersten Weltkriegs. Die Szene spielt im August 1915, und Enver entwirft in ihr die Umrisse des Plans, einen türkisch-nationalen Staat zu gründen, der einmal in Asien die gleiche Rolle spielen soll wie Deutschland zu dieser Zeit in Europa. Als »Narkotikum des Nationalismus« bezeichnet Werfel solche politischen Träume. Was er hier, in seinem Roman »Die vierzig Tage des Musa Dagh« erzählt, zeugt von einer genauen Kenntnis der Mentalitätslage, in der sich die türkische Führung zu dieser Zeit befunden hat.

Auf solche medizinischen Metaphern berief sich Adolf Hitler, als er Ismail Enver vor dem Münchner Volksgericht 1924 als jemanden lobte, der in seinen Augen vorbildhaft den Geist einer neuen Nation in eine »vergiftete Welt« getragen habe. Wusste Werfel das? Jedenfalls wusste er erstaunlich viel über die inneren Motive, die dem modernen Genozid zugrunde liegen. Der Erfüllung dieser apokalyptischen Utopie fielen weit über 1 Million Armenier und andere orientalische Christen zum Opfer. Es war staatlich geplanter Völkermord.

Sagte ich Völkermord? Die deutsche Reichsregierung wusste jedenfalls genau, was im Innern der Türkei vor sich ging. Bereits am 6. Juni 1915 hatte Mehmet Talat, der osmanische Innenminister, Generalkonsul Johann Heinrich Mordtmann von der deutschen Botschaft in Istanbul gegenüber offen erklärt, es sei die Absicht seiner Regierung, den Weltkrieg zu benutzen, »um mit ihren inneren Feinden – den einheimischen Christen aller Konfession – gründlich aufzuräumen, ohne durch diplomatische Interventionen des Auslands gestört zu werden«. Botschafter Hans von Wangenheim telegrafierte am 7. Juli an Reichskanzler Theobald von Bethmann Hollweg und bezog sich auf präzise Berichte, die ihm bis dahin aus allen Landesteilen zugegangen waren: Es stehe nun außer Zweifel, »dass die Regierung tatsächlich den Zweck verfolgt, die armenische Rasse im türkischen Reiche zu vernichten«.

Das war eine eindeutige Aussage. Sie bedeutet nicht mehr und nicht weniger, als dass die deutsche Politik spätestens Anfang Juli 1915 zu der Erkenntnis gekommen war, dass die Deportationen und Massaker, die man verstärkt seit den Frühlingsmonaten in den ana-

tolischen Provinzen beobachten konnte, dem erklärten Ziel dienten, eine ethnische Gruppe – die osmanischen Armenier – systematisch der kulturellen, politischen und physischen Vernichtung zuzuführen – und dies als Ergebnis einer staatlich gelenkten Politik. Nach heutigen rechtlichen Maßstäben – festgehalten in der UN-Konvention über Verhütung und Bestrafung des Völkermords vom 9. Dezember 1948 – handelte es sich dabei zweifelsfrei um einen Völkermord.

Diese Erkenntnis ist seit über 100 Jahren deutsches Regierungswissen, auch wenn die Bundesregierung sich heute auf den Standpunkt stellt, die Bewertung der Massaker und der Vertreibungen von 1915/16 sollte künftigen Historikerkommissionen vorbehalten bleiben. Handelt es sich dabei um einen Fall von Amnesie? Man kann jedenfalls sicher sein, dass schon die Diplomaten des Kaiserreichs eine genaue Vorstellung davon hatten, was ein im juristischen Sinn »zweifelsfreies« Urteil bedeutet, das sich in diesem Fall auf eine Vielzahl von Indizien stützen konnte.

Seit dem Beginn des Weltkriegs hatte sich die Stimmung gegenüber den osmanischen Armeniern spürbar verschlechtert. Es hatte Hausdurchsuchungen, irreguläre Kriegsrequisitionen, Verhaftungen und politische Morde gegeben. Im Winter 1914/15 gab es in armenische Siedlungen im Grenzgebiet zu Iran zahlreiche Massaker. Im späten Frühjahr 1915 begann die systematische Deportation der armenischen Bevölkerung aus dem Osten Anatoliens.

Das alles blieb nicht unbemerkt. Überall im Land gab es deutsche, österreichisch-ungarische und US-amerikanische Konsulate, Missionsstationen, Krankenhäuser und Schulen, aber auch deutsche Militärs und Mitarbeiter der Bagdadbahn sowie Geschäftsleute, die der Botschaft in Istanbul berichteten, was sie im Innern des Landes beobachten konnten. Die Ankündigung des Innenministers Talat vom 6. Juni gegenüber Mordtmann hatte die ausgesprochen apokalyptische Komponente einer sicherheitspolitischen und bevölkerungspolitischen »Endlösung«. Das hatte unter anderem damit zu tun, dass die Führungseliten des Osmanischen Reichs stark von ideologischen Motiven beherrscht wurden und sich seit den Balkankriegen in einem permanenten mentalen Ausnahmezustand befanden.

Seit 1913 herrschte in Istanbul das System einer radikalnationalistischen Einparteiendiktatur, die den Staat zunehmend gleichschaltete. Es war politischer Vernichtungswille am Werk, dem allein während der Kriegsjahre 1915/16 etwa 1,1 Millionen Armenier und in geringerem Ausmaß auch andere orientalische Christen zum Opfer fielen. Wahrscheinlich überlebten mehr als 150 000 Armenier nur durch Zwangskonversion zum Islam und indem sie sich zu Türken assimilierten *(siehe den Beitrag von Vicken Cheterian auf Seite 72)*. Einer unbestimmten Zahl gelang die Flucht.

Diese geplante ethnische Säuberung wurde von den politischen Organen eines in Grauzonen operierenden »tiefen Staats« exeku-

Lagebericht des kaiserlichen Marineattachés in Konstantinopel, Hans Humann, vom 4. November 1915. ■ BUNDESARCHIV (BARCH RM 40/5, FOL. 106)

tiert. Überall, so zeigen es neuere Detailstudien, waren es die ideologischen Hardliner des herrschenden jungtürkischen Komitees – ethnonationalistische Politkommissare und parteigebundene Einsatzgruppen –, die extreme exterminatorische Maßnahmen teilweise gegen den Widerstand einzelner Provinzgouverneure und Militärs durchsetzten.

Die physische Vernichtung durch diese Einsatzgruppen setzte im Osten Anatoliens oft schon unmittelbar nach der Vertreibung aus den Dörfern und Städten ein und betraf in erster Linie Männer. Die Zwangsdeportationen, Fußmärsche über lange Strecken, brachten hohe Todesraten mit sich. Die Art und Weise, wie die Vertreibungen stattfanden, zeigte nach Beobachtungen des deutschen Konsulats

● ⋯⋯⋯⋯⋯⋯⋯⋯⋯⋯⋯⋯⋯⋯⋯⋯⋯⋯⋯⋯

Die Vertreibungen zeigten nach Beobachtungen des deutschen Konsulats in Aleppo ohne Zweifel die tödliche »Methode« einer absichtlichen Dezimierung

⋯⋯⋯⋯⋯⋯⋯⋯⋯⋯⋯⋯⋯⋯⋯⋯⋯⋯⋯⋯⋯

in Aleppo ohne Zweifel die tödliche »Methode« einer absichtlichen Dezimierung. In den meisten Fällen war das Ziel die mesopotamische Wüste, in der ein Überleben ohnehin so gut wie unmöglich war. Damit folgte man einem systematisch durchdachten und die Erfahrungen früherer osmanischer Praktiken aufnehmenden Plan, der während seiner Durchführung kumulativ zu einer zweiten großen Massakerwelle führte.

Diese setzte mit aller Macht im Sommer 1916 ein, als zwischen Aleppo, Damaskus, dem Euphrat und Deir ez-Zor in der syrischen Wüste noch etwa 500 000 Deportierte am Leben waren, eine Zahl, mit der man nicht gerechnet hatte und der man erst durch statistische Erhebungen gewahr wurde. Die Region Deir al-Sor wurde während dieser Zeit für Ausländer und Nichtmuslime zu einer Off-Limits-Zone erklärt und jede Hilfeleistung für die Deportierten strikt untersagt. Insgesamt, so neuere Berechnungen, sind dort zwischen April und Herbst 1916 um die 200 000 Armenier von Todesschwadronen systematisch getötet worden. Um die 300 000 waren bis Oktober 1916 durch Krankheit, Hunger oder Dehydrierung umgekommen. Das Jahr 1916 kennzeichnete den Höhepunkt dieser »Endlösung« der armenischen Frage.

Alle diese Details kann man den Armenien-Akten des Politischen Archivs des Auswärtigen Amts in Berlin entnehmen. Insgesamt, so der kanadische Historiker Ulrich Trumpener, dessen Urteil trotz mancher gegenläufiger Ansichten von der heutigen Forschung im Wesentlichen geteilt wird, hat die deutsche Reichsregierung die Verfolgung der Armenier weder unterstützt noch willkommen geheißen. Doch man muss ihr extreme moralische Gleichgültigkeit vorhalten und die Tatsache, dass sie keine entschiedenen Maßnahmen, selbst im Rahmen des politisch Möglichen, gegen die Verbrechen ihres Bündnispartners ergriffen hat.

Die Akteure handelten jedoch unterschiedlich. Botschafter Wolff-Metternich fand gegenüber Reichskanzler Bethmann Hollweg Ende 1915 deutliche Worte, als er ihn aufforderte, der türkischen Regierung wegen der Armenierfrage mit gravierenden Folgen zu drohen. Bethmann Hollweg war allerdings über solche Vorstöße – die in den Augen eines ganz auf den Sieg konzentrierten Politikers gesinnungs-

ethische Träumereien waren – eher entsetzt. »Ich begreife nicht, wie Metternich diesen Vorschlag machen kann«, notierte er an den Rand des Dokuments: »Die vorgeschlagene öffentliche Koramierung [das heißt: zur Rede stellen] eines Bundesgenossen während laufenden Krieges wäre eine Maßregel, wie sie in der Geschichte noch nicht dagewesen ist. Unser einziges Ziel ist, die Türkei bis zum Ende des Krieges an unserer Seite zu halten, gleichgültig ob darüber Armenier zu Grunde gehen oder nicht. Bei länger andauerndem Kriege werden wir die Türken noch sehr brauchen.«

Wolff-Metternichs Vorgänger, Hans von Wangenheim, hatte diese Linie im Prinzip schon früh vorgegeben, auch wenn er genau wusste, was im Land vor sich ging, und gelegentlich vorsichtig versuchte, dagegen zu intervenieren. Metternich trat dagegen mit Bestimmtheit auf. Dem Großwesir teilte er Anfang Dezember 1915 unter implizitem Hinweis auf die Haager Landkriegsordnung mit, »dass die Verfolgung und Misshandlung von Hunderttausenden unschuldiger Personen keine legitime Abwehrmaßnahme eines Staates« bilde. Andere, vor allem »zu wiederholten Malen höhere deutsche Offiziere, ohne sich der politischen Konsequenzen bewusst zu sein«, so eine Denkschrift von 1918, teilten auf skandalöse Weise die Stereotype und die Ratio der Vernichtungspolitik ihrer türkischen Bündnispartner, wenn auch in der ihnen eigenen radikalmilitärischen und nicht unbedingt genozidalen Logik.

Alles dies vor Augen, kann man von einer Mitverantwortung des Deutschen Reichs durchaus sprechen. Ein differenziertes Urteil über diese Frage ist allerdings nicht ganz einfach. Selbst Erich Ludendorff hielt die türkische Armenierpolitik für unentschuldbar, und Paul von Hindenburg sprach von einem »Erwachen der Bestie im Menschen« und einem der »schwärzesten Kapitel in der Geschichte aller Zeiten und Völker«. Beide entschieden sich letztlich um der höheren Kriegsziele willen für die Duldung dieser Verbrechen.

Deutschland, so Isabel Hull in ihrer Untersuchung der Militärkultur des Wilhelminismus, wandte im Ersten Weltkrieg zwar auf allen Kriegsschauplätzen in extremer Weise die Standards einer existenziellen militärischen Auseinandersetzung an und nahm mit dieser Mentalität auch Kollateralschäden allergrößten Ausmaßes in Kauf. Aber es verfügte noch nicht über das exterminatorische Ethos, das die Jungtürken – nach den Worten des türkischen Historikers M. Şükrü Hanioğlu eine »Avantgarde« in vielen Unheil verheißenden Dingen – zweifelsfrei hatten.

Der Parteitag des in Istanbul herrschenden jungtürkischen Komitees für Einheit und Fortschritt sprach im Herbst 1916 rückblickend in aller Offenheit davon, dass seit einiger Zeit und besonders seit dem Ausbruch des Weltkriegs eine »Ära der Säuberungen« angebrochen sei. Damit verbunden war eine gewaltsame »Türkisierung« armenischen Eigentums, nach Schätzungen der Pariser Friedenskonferenz 1919/20 in Höhe von etwa 8 Milliarden Französischen Francs (nach dem Stand von 1919).

Die institutionellen und ideologischen Voraussetzungen für diese Säuberungen waren allerdings schon vor dem Krieg geschaffen worden. Nach der Errichtung des Einparteienstaats im Januar 1913 hatte man begonnen, die ethnische Zusammensetzung des Osmanischen Reichs demografisch zu erforschen, um durch *social engineering* eine Geografie der Loyalitäten gestalten zu können. Die Utopie eines sicheren türkischen Kernlands war ein Minimalziel der Jungtürken im Weltkrieg.

Von wachsenden Teilen der türkischen Zivilgesellschaft wird die offene Auseinandersetzung mit der Geschichte der osmanischen Armenier seit Jahren als Voraussetzung für eine demokratische Zukunft ihres Landes gesehen. Das beinhaltet auch eine kritische und geprüfte Sicht auf nationalstaatliche Gründungsmythen. Der türkische Historiker und Soziologe Taner Akçam formulierte schon Mitte der 1990er Jahre die These, die Legitimität der modernen Türkei beruhe auf einem Genozid. Damit stellte er die auf Mustafa Kemal »Atatürks« über 36-stündige Rede (»Nutuk«) von 1927 zurückgehende offizielle Staatsideologie infrage, wonach die Türkische Republik das Ergebnis des heroischen Überlebenskampfs einer dem Untergang nahen Nation war.

In Wirklichkeit, so Akçam, fand die türkische Nationenbildung im Kampf um eine soziale Realität statt, die durch ethnische, konfessionelle und kulturelle Differenzen gekennzeichnet war.

Der Genozid an den Armeniern war Teil einer gern verleugneten »dunklen Seite« der türkischen Nationenbildung, zu der auch antigriechische, antikurdische und andere gewaltsame Maßnahmen gehörten, die alle darauf hinausliefen, Loyalität mit Ethnizität gleichzusetzen, ein Prozess, der sich bis in die jüngste Zeit fortgesetzt hat.

Regierbarkeit und demografische Homogenität wurden schon vor dem Ersten Weltkrieg zunehmend zu Synonymen und erzeugten als solche Machbarkeitsfantasien durch eine Art des *social engineering,* das die vitale Frage der Macht, wie Michel Foucault es einmal formuliert hat, »auf der Ebene des Lebens« stellte. Alle diese Faktoren sind heute noch die Haupthindernisse einer offenen Vergangenheitsbewältigung in der Türkei. ●

Fortsetzung von Seite 73

oder linke Guerillas zu bekämpfen. Seine Mitglieder waren darüber hinaus tief verstrickt in Drogengeschäfte, alles unter dem Dach des Staats.[7]

Vergangene Gewalt erzeugt oft neue Gewalt. Als die Bevölkerung der in Aserbaidschan gelegenen armenischen Enklave Berg-Karabach in den letzten Jahren der Sowjetunion, ermutigt durch Gorbatschows Reformversprechen, den Anschluss an die Sowjetrepublik Armenien forderte, bestand die Reaktion darauf nicht in einer politischen oder völkerrechtlichen Debatte, sondern in ethnischen Pogromen. Die Türkei ergriff sofort Partei für Aserbaidschan und verhängte eine Blockade gegen Armenien. Die türkisch-armenische Grenze ist bis heute hermetisch verschlossen und schwer bewacht, ganz wie in den Hochzeiten des Kalten Kriegs.

Die Türkei hätte durch die Anerkennung der Verbrechen gegen die osmanischen Armenier durchaus eine positive Rolle bei der Suche nach einer friedlichen Lösung des Bergkarabach-Konflikts spielen können. Stattdessen bestärkte sie mit ihrer unnachgiebigen Haltung die aserbaidschanische Führung darin, an ihren maximalistischen Forderungen festzuhalten und diese gegebenenfalls auch mit Gewalt durchzusetzen.

Nach einer neunzig Jahre währenden Stille erinnerte sich die Türkei dann relativ plötzlich doch wieder an die Armenier. Dies war das Werk einer Handvoll mutiger Männer und Frauen – darunter der Verleger und Menschenrechtsaktivist Ragıp Zarakolu, der Bücher über den Völkermord ins Türkische übersetzte, wofür er und seine inzwischen verstorbene Frau mehrfach angeklagt und ins Gefängnis gebracht wurden. Oder Taner Akçam, der über Folter in der Türkei forschte und dabei auf Pogrome gegen Armenier im späten 19. Jahrhundert und schließlich auch auf den Völkermord stieß. Gemeinsam mit dem US-Historiker Vahakn Dadrian verfasste er nicht nur mehrere ausgezeichnete historische Bücher[8], sondern initiierte auch einen Austausch und sogar Freundschaften zwischen armenischen und türkischen Intellektuellen – so etwas hatte es seit dem Völkermord nicht mehr gegeben.

An der Universität von Michigan wiederum begann eine kleine Gruppe von Professoren damit, die armenisch-türkische Geschichte zu erforschen. Dank der insgesamt sieben Konferenzen, die sie zu dem Thema organisierten, entwickelte sich der Völkermord an den Armeniern von einem akademischen Randthema zu einem zentralen Bestandteil wissenschaftlicher Untersuchungen über das Osmanische Reich ebenso wie über Völkermorde.[9]

Es blieb jedoch dem türkisch-armenischen Journalisten und *Agos*-Herausgeber[10] Hrant Dink vorbehalten, mehr oder weniger im Alleingang in der türkischen Bevölkerung ein Bewusstsein für die Armenienfrage zu schaffen. Er appellierte in einfachen Worten an das Gewissen der Türken, indem er sie fragte: Es gab einmal ein Volk namens Armenier, die in diesem Land lebten, aber es existiert nicht mehr – was ist mit ihm geschehen? Der türkische Staat verfolgte ihn gnadenlos, schleppte ihn von einem Gericht ins nächste, bis er schließlich am helllichten Tag direkt vor seinem Zeitungsbüro ermordet wurde. Die Trauerfeier für Dink geriet zur Großdemonstration, bei der 100 000 Menschen seinem Sarg folgten und dabei riefen: »Wir sind alle Hrant Dink! Wir sind alle Armenier!« Hrant Dink hat einmal gesagt, dass beide Völker auf ihre Weise krank seien: »Die Armenier leiden an einem Trauma und die Türken an Paranoia.« Könnte die Wahrheit womöglich die Heilung bringen? ●

Aus dem Englischen von Nicola Liebert

1 Fethiye Çetin, *Meine Großmutter: Erinnerungen,* Engelschoff (Verlag Auf dem Ruffel) 2011.
2 Ayşe Gül Altınay und Fethiye Çetin, *Les Petits-Enfants,* Arles (Actes Sud) 2011.
3 Laurence Ritter und Max Sivaslian, Les restes de l'épée. *Les Arméniens cachés et islamisés de Turquie,* Paris (Thadée) 2012.
4 Siehe zum Beispiel Joseph Yacoub, *Qui s'en souviendra? 1915: Le génocide assyro-chaldéo-syriaque,* Paris (Éditions du Cerf) 2014.
5 Rifat Bali, *Model Citizens of the State: The Jews of Turkey during the Multi-Party Period,* New Jersey (Fairleigh Dickinson UP) 2012, S. 9–10.
6 Siehe Raymond Kévorkian, *The Armenian Genocide: A Complete History,* London (I. B. Tauris) 2011.
7 Siehe Kendal Nezan, »Verbrecher mit Diplomatenpass«, *Le Monde diplomatique,* Juli 1998, sowie Ryan Gingeras, *Heroin, Organized Crime, and the Making of Modern Turkey,* Oxford (Oxford UP) 2014.
8 Siehe beispielsweise Vahakn Dadrian und Taner Akçam, *Judgement at Istanbul: The Armenian Genocide Trials,* Oxford/New York (Berghahn Books) 2011.
9 Einige der Aufsätze finden sich in Ronald Suny und Müge Göcek, *A Question of Genocide: Armenians and Turks at the End of the Ottoman Empire,* Oxford (Oxford UP) 2013.
10 *Agos* ist die erste zweisprachige türkisch-armenische Wochenzeitung der Türkei. Sie erscheint in Istanbul.

Drei Jahre und kein Ende

Der Militärputsch von 1980 und seine Folgen prägen das Land bis heute

Von Lucie Drechselová und Joseph Richard

Der 12. September 1980 markiert einen Bruch in der Geschichte der modernen Türkei. An diesem Tag riss das Militär die Macht an sich. Um 4.15 Uhr verkündete der Anführer der Putschisten, Generalstabschef Kenan Evren, die Absetzung der Regierung von Süleyman Demirel. Das Kriegsrecht wurde verhängt und alle politischen Parteien wurden verboten. Erst nach den Parlamentswahlen 1983 sollte das vom Militär installierte Regime wieder durch eine zivile Regierung abgelöst werden.

Der Westen reagierte damals positiv auf den Putsch. Denn zu diesem Zeitpunkt – mitten im Kalten Krieg – lag seine Priorität auf der Stabilisierung des Landes. Bereits zweimal zuvor, 1960 und 1971, hatten sich die westlichen Staaten mit der Intervention des türkischen Militärs arrangiert.

Der Staatsstreich von 1980 war jedoch derjenige, der die türkische Gesellschaft am stärksten prägte. Zu diesem Zeitpunkt wurde das Land durch permanente, mehr oder weniger spontane Gewaltausbrüche erschüttert; Ende der 1970er Jahre befand sich die Türkei am Rande eines Bürgerkriegs. Man habe damals »an der Art des Schnurrbarts und der Kleidung erkennen können, zu welchem Lager jemand gehörte«, erinnert sich Bülent Erdem, seinerzeit kommunistischer Aktivist.

Und der Historiker Ahmet Kuyaş betont, dass man die Zeichen der damals allgegenwärtigen Unsicherheit noch heute sehen kann: »All die gepanzerten Türen in den Wohnhäusern, das ist ein Erbe aus der zweiten Hälfte der 1970er Jahre.« Bei gewaltsamen Zusammenstöße zwischen linken Marxisten, rechten Nationalisten und Ultrareligiösen kamen damals täglich Menschen ums Leben.

Die extrem brutale Repression vonseiten der Armee nach dem Coup richtete sich vor allem gegen die »kommunistische Bedrohung« und die Linke allgemein. Der Staatsterror erfasste aber auch die radikale Rechte in der Türkei. Deren Mitglieder kommentierten die Situation damals mit dem Slogan: »Wir sind im Gefängnis, aber unsere Ideen sind an der Macht.«

Die Junta ließ Zehntausende Menschen im ganzen Land verhaften. Eine ganze Generation wurde traumatisiert, jegliches politisches Engagement für ein Jahrzehnt unmöglich. »Ich erinnere mich an die riesige Bibliothek, die wir vor dem Putsch besaßen«, erzählt der Anthropologe und Journalist Koray Çalışkan, der damals acht Jahre alt war. »Nach dem Staatsstreich sind die Bücher alle in großen Kisten verschwunden, geschützt vor neugierigen Blicken.« In dieser Periode kam es zu Folterungen, und die Freiheit des Denkens und der Meinungsäußerung wurde in allen Bereichen der Gesellschaft eingeschränkt.

Der Putsch prägte die Türkei auch auf institutioneller Ebene. Die 1982 verabschiedete Verfassung ist zwar heute in großen Teilen abgeändert. Aber ihr Charakter als Dokument eines »demokratischen Autoritarismus« blieb bestehen; ebenso wie einzelne entscheidende Regelungen, etwa die 10-Prozent-Sperrklausel bei Parlamentswahlen, die immer wieder Diskussionen über die Repräsentativität des türkischen Parlaments auslöste.

Die Neuausrichtungen in den 1980er Jahren betrafen auch das Bildungssystem. Die Universitäten wurden unter die Aufsicht des Hochschulrats (YÖK) gestellt, der im akademischen Bereich eine pedantische Kontrolle ausübt. Ab 1982 führte die Junta außerdem eine »Säuberung« der Universitäten durch. Alle Personen, die das Militär als potenzielle Kritiker einstufte, wurden entfernt. Ziel war es, den öffentlichen Raum so stark wie möglich einzuschränken und die Zivilgesellschaft einem strengen Kontrollsystem zu unterwerfen.

Im wirtschaftlichen Bereich kam es in der Folge des Putsches zu einer konservativ-neoliberalen Revolution: Staatliche Eingriffe wurden zurückgenommen und die Exporte hochgefahren, was die Entstehung einer neuen sozialen Schicht begünstigte: die konservative anatolische Bourgeoisie. Diese Entwickelte sich später zu einer der wichtigsten Wählergruppen für die 2001 gegründete AKP. Dirigent dieser ökonomischen Liberalisierung war der damalige Wirtschaftsminister Turgut Özal, der später auch die Ämter des Ministerpräsidenten und des Staatspräsidenten bekleiden sollte. Der Politologe Hakan Yılmaz hat diesen Prozess als »passive Revolution« bezeichnet, bei der sich das Establishment »von innen heraus reformiert«.

Die Konzentration auf die Liberalisierung und das Unternehmertum sorgten dafür, dass sich die Energien, die sich im politischen Bereich nicht mehr entfalten konnten, in die Wirtschaft, die Kultur und die Zivilgesellschaft orientierten. Der Intellektuelle und Aktivist der liberalen Linken Murat Belge ist ein gutes Beispiel für diese Neuorientierung. Nach dem Putsch war er für die letzte Seite der renommierten Tageszeitung *Cumhuriyet* verantwortlich, beschäftigte sich dort aber vor allem mit Alltagsthemen. Sein Fall illustriert die Umformung des sozialen Gefüges durch den Druck der Junta, die bemüht war, in allen gesellschaftlichen Bereichen die Individualisierung voranzutreiben. »Das war die Verteufelung der Idee von Organisation und auch des Wortes selbst *(örgüt)*«, erklärt der Ökonom Ahmet İnsel. »Es wurde sofort mit etwas Unheilvollem und mit Terror in Verbindung gebracht.«

Das Regime, das aus dem Putsch hervorging, formte auch eine neue offizielle türkisch-islamische Ideologie. Diese nationalistisch-religiöse Denkweise sollte die neue Macht legitimieren. Sie proklamierte eine einheitliche, türkisch-sunnitische Identität der Bevölkerung, was für Gruppen, die nicht dieser Vorstellung entsprachen, teilweise dramatische Folgen hatte. Die Aleviten etwa wurden diskriminiert und teils grausam verfolgt, wie der Brandanschlag auf ein Hotel in Sivas 1993 zeigt, bei dem 37 Personen ihr Leben verlo-

Pressekonferenz der Putschisten im türkischen Parlament, Ankara, 12. September 1980. ■ ANADOLU IMAGES

ren – darunter 33 alevitische Intellektuelle, die sich zu einem Kolloquium versammelt hatten.

Auch die Kurdenfrage stand im Zentrum der Identitätsdebatte. Anfang der 1980er Jahre wurde der Südosten des Landes zum Schauplatz eines Kriegs zwischen dem türkischen Staat und der Kurdischen Arbeiterpartei (PKK). Die 1978 von Abdullah Öcalan gegründete marxistisch-revolutionäre Gruppierung verdrängte nach und nach alle anderen kurdischen Bewegungen.

Die brutale Repression gegen die Kurden, etwa durch die systematischen Folterungen im Gefängnis von Diyarbakir, führte auf kurdischer Seite zu einer weiteren Radikalisierung. Die kurdische Sprache wurde verboten (bis 1991), und beide Seiten konzentrierten sich auf den bewaffneten Kampf, durch Attentate einerseits und militärische Operationen andererseits. Zwar hat sich seitdem einiges geändert – es gibt mittlerweile eine kurdische Presse und kurdische Parteien – doch der Konflikt mit der PKK, der seit 1984 über 40 000 Todesopfer gefordert hat, ist nach wie vor ungelöst, und die antikurdische Repression hat in den letzten Jahren wieder zugenommen *(siehe den Beitrag von Günter Seufert auf Seite 38)*.

»Die hervorstechende Ideologie der Putschisten war der Militarismus und der Nationalismus, die Religion nutzten sie teilweise als Instrument«, erläutert der Journalist Çalışlar. Diese Instrumentalisierung diente vor allem dazu, den Kommunismus zu bekämpfen und die Vertreter des religiösen Konservatismus ins System zu integrieren. Dieser Assimilationsprozess setzte sich auf der staatlichen Ebene in den 1990er und 2000er Jahren fort. 1996 wurde der konservativ-islamische Necmettin Erbakan Ministerpräsident,

der vorher bereits mehrere Ministerposten besetzt hatte. Sein Rückzug aus dem politischen Leben nur ein Jahr später eröffnete den Weg für Recep Tayyip Erdoğan, der mit der AKP ab 2002 fünf Parlamentswahlen gewann.

Der Erfolg des islamistischen Lagers lässt sich auch durch die Unzufriedenheit über die etablierten Parteien erklären, die nach der Rückkehr zur zivilen Demokratie Mitte der 1980er Jahre wieder die Macht übernommen hatten und in den 1990er Jahren immer stärker unter den Druck durch die konservativ-islamische Bewegung gerieten. Beim späteren Erfolg der AKP spielte allerdings auch der Wirtschaftsaufschwung ab 2001 eine wichtige Rolle, der nicht zuletzt auf die in den 1980er Jahren initiierten liberalen Strukturreformen zurückging.

Im Juni 2014 wurden Kenan Evren und der ehemalige Luftwaffengeneral Tahsin Şahinkaya wegen ihrer Beteiligung am Putsch von 1980 zu lebenslangen Freiheitsstrafen verurteilt[1]. Der Prozess sorgte in der Türkei, aber auch international für große Aufmerksamkeit. Eine echte Aufarbeitung der unter der damaligen Junta begangenen Verbrechen steht allerdings bis heute aus. ●

Aus dem Französischen von Jakob Farah

1 Evren, der noch bis 1989 als Staatspräsident amtiert hatte, musste allerdings aufgrund von Alter und Krankheit seine Haftstrafe nicht mehr antreten.

Erstmals erschienen in »Turquie«, *Manière de voir*, Nr. 132, *Le Monde diplomatique* (französische Ausgabe), November 2013.
© 2021 für die deutsche Übersetzung *Le Monde diplomatique*, Berlin

Der ewige Kandidat

Die Beitrittsverhandlungen mit der Europäischen Union
existieren nur noch auf dem Papier

Von Cengiz Aktar

Die Beitrittsverhandlungen zwischen der Europäischen Union und der Türkei begannen in den frühen Morgenstunden des 4. Oktober 2005. Tags zuvor hatten sich die EU-Außenminister mühsam auf ein Verhandlungskonzept verständigt, das auch für die Türkeiskeptiker akzeptabel war. So wurde der Weg zur EU-Vollmitgliedschaft mit Bedingungen gepflastert, die einem Minenfeld gleichkamen. Wichtiger noch: Der zeitliche Rahmen für die Verhandlungen blieb unbestimmt, die Union wollte Ankara also kein festes Beitrittsdatum zusagen.

Immerhin war endlich ein Beschluss gefasst, der die Türkei offiziell zur Beitrittskandidatin machte – wenngleich zum umstrittensten in der Geschichte der EU-Erweiterung. Damit wurde das Land für seine kontinuierliche Reformpolitik der vorangegangenen Jahre belohnt. Zugleich bedeutete der Beschluss vom Oktober 2005 den krönenden Abschluss einer sehr langen Reise, die im frühen 19. Jahrhundert damit begann, was Historiker als »Verwestlichung« des Osmanischen Reichs bezeichnen.

Seit der Türkei im Dezember 1999 von der EU der Status eines »beitrittswilligen Landes« zuerkannt worden war, hatte der »Kandidat« bemerkenswerte Veränderungen in Angriff genommen. Der EU-Beitritt wurde von wichtigen gesellschaftlichen Kräften unterstützt, die sich für Reformen und eine Demokratisierung einsetzten. Für die Türkei begann eine Periode beispielloser politischer und ökonomischer Stabilität, die niemand so erwartet hatte.

Nach dem Beginn der Verhandlungen traten allerdings auf beiden Seiten auch negative Entwicklungen zutage. Innerhalb der Union erzeugte die Aussicht auf eine Mitgliedschaft der Türkei insbesondere bei den Christdemokraten des »alten Europa« für Nervosität. In der Türkei wiederum reagierte die Regierung nach Erreichen des Kandidatenstatus fast umgehend mit einer Verschleppung der erforderlichen Vorbereitungsarbeiten. Seit Ende 2005 hat Ankara den Beitrittsprozess wie auch die allgemeinen Beziehungen zu Europa immer mehr vernachlässigt.

Man kann ohne Übertreibung sagen, dass die gescheiterte Kandidatur der türkischen Republik in der Geschichte der 1973 begonnenen EU-Erweiterung der erste spektakuläre Misserfolg ist, wobei dieses Scheitern auf das Konto beider Seiten geht. Und die Folgen sind fatal: Die Türkei koppelt sich immer schneller vom Westen ab und verwandelt sich zunehmend in ein autoritäres System; Europa dagegen scheint außerstande, auf eine zunehmend aggressiv auftretende Türkei zu reagieren, die heute zu einem Sicherheitsproblem für den ganzen Kontinent geworden ist.

Aufseiten der EU hatten schon vor dem Oktober 2005 christdemokratische Politiker in Österreich, Deutschland, Frankreich und in den Beneluxländern lautstark ihre prinzipielle Ablehnung einer Mitgliedschaft der Türkei kundgetan. Und die politischen Führungskräfte trauten sich nicht – weder in Brüssel noch auf nationaler Ebene –, mit einer Aufklärungskampagne auf die Öffentlichkeit einzuwirken, die beim allgemeinen Thema der EU-Erweiterung weitgehend uninformiert und beim speziellen Thema Türkei mit Vorurteilen und Klischees belastet war. Zudem beuteten viele Politiker in den einzelnen Ländern die negative öffentliche Meinung zu wahltaktischen Zwecken aus.

Mitgliedstaaten wie Zypern und Frankreich, die mit der Türkei spezielle Probleme hatten, erschwerten die Verhandlungen zusätzlich durch unrealistische Forderungen an Ankara. Mit dem Ergebnis, dass 18 der 35 Verhandlungskapitel zeitweise blockiert waren.[1] Der ganze Prozess nahm ein fatales Ende, aber aus heutiger Sicht war wohl genau das beabsichtigt.

Einige Mitgliedstaaten kalkulierten: Je weiter sich die Türkei von der Union entferne, desto eher sei man die »türkische Last« los und könne Ad-hoc-Abmachungen mit Ankara treffen (etwa über Waffenlieferungen oder einen Flüchtlingsdeal), ohne sich Gedanken über die demokratischen Qualifikationen und die Verpflichtungen der Türkei gegenüber Europa zu machen.

Auf türkischer Seite waren für das nachlassende Interesse an einer EU-Mitgliedschaft fünf Faktoren entscheidend.

Erstens wurde das Fehlen einer klaren Beitrittsperspektive von EU-feindlichen Kreisen als innenpolitische Waffe gegen die Regierung benutzt. Ebenso ließen die skeptischen Äußerungen aus EU-Kreisen gegen den Beitritt in der türkischen Bevölkerung die Hoffnung auf eine Vollmitgliedschaft schwinden.

Zweitens fühlte sich die AKP-Wählerschaft durch ein wegweisendes Urteil des Europäischen Gerichtshofs für Menschenrechte (EGMR) vor den Kopf gestoßen, der am 29. Juni 2004 befand, das an den türkischen Universitäten geltende Kopftuchverbot bedeute keine Verletzung der Gewissens- und Religionsfreiheit, wie sie in der Europäischen Menschenrechtskonvention garantiert ist. Da diese Entscheidung ein von der kemalistischen Elite erlassenes Verbot legitimierte, sorgte es bei der AKP-Gefolgschaft für große Irritationen.

Ein dritter Faktor war die Enttäuschung über die Zypernpolitik der EU, die keine ausgewogene Lösung für die geteilte Insel anstrebte. Damit vernachlässigte die EU ihre moralische Pflicht gegenüber den türkischen Zyprern, die im April 2004 in einem Plebiszit dem Annan-Plan der UNO und damit einer Wiedervereinigung der Insel zugestimmt hatten.[2] Als dann die griechisch dominierte Republik Zypern am 1. Mai 2004 in die EU aufgenommen wurde, war sie in der Lage, die Beitrittsverhandlungen mit der Türkei unter Berufung auf die ungelöste Zypernfrage zu bremsen. Im Rückblick stellt sich die Frage, ob die EU-Politik der Türkei bei einer Umsetzung des Annan-Plans womöglich eine ganz andere Richtung genommen hätte.

Viertens spielte auch die Kurdenfrage eine Rolle. Die türkische Regierung hatte gemäß der EU-Kriterien radikale Reformen zugunsten der kurdischen Bevölkerungsgruppe durchgesetzt. So hatte sie das Verbot für kurdischsprachigen Schulunterricht aufgehoben, aber auch die Todesstrafe abgeschafft, was dem PKK-Führer Abdullah Öcalan zugute kam, dessen Todesstrafe in lebenslange Haft umgewandelt wurde.

Die PKK hatte Anfang 1999 gleich nach der Festnahme Öcalans einen Waffenstillstand ausgerufen. Die türkische Militärführung, die noch immer den Staatsapparat dominierte, honorierte diese Geste jedoch nicht und startete neue Angriffe auf Positionen der PKK. Die verkündete daraufhin das Ende des Waffenstillstands zum 1. Juni 2004. Die Rückkehr zum bewaffneten Kampf wurde von türkischer Seite direkt auf die von der EU inspirierten Reformen zurückgeführt;

Die Außenminister der Türkei und Großbritanniens, Abdullah Gül (Mitte rechts) und Jack Straw (Mitte links) am Vorabend der Eröffnung der Beitrittsverhandlungen, Luxemburg, 4. Oktober 2005.
■ OLIVIER HOSLET | DPA/PICTURE-ALLIANCE

diese hätten die Kurden zu immer neuen politischen Forderungen ermutigt, wodurch die Einheit der Nation bedroht worden sei.

Ein fünfter Faktor war die Haltung des Militärs, dessen Spitze Ministerpräsident Erdoğan Anfang 2004 aufgefordert hatte, den EU-Beitrittsprozess zu verlangsamen. Das Zögern seitens der Türkei zeigte sich im Lauf das Jahres 2005. Die AKP-Regierung vermittelte den Eindruck, dass sie mit dem Erreichten durchaus zufrieden sei und nunmehr eine Pause brauche. Offensichtlich wollte sie den historischen Erfolg in einen Wahlsieg ummünzen, ohne den Reformprozess weiter voranzutreiben. Bereits 2006 wurden die ersten Reformen wieder ausgehöhlt, als Erdoğan das Antiterrorgesetz und das Polizeigesetz im autoritären Sinne revidieren ließ.

Ein Jahr danach begann die zweite Etappe des türkischen Rückzugs. Angespornt durch ihren großen Wahlsieg von 2007 fühlte sich die AKP-Regierung gegenüber dem Westen, der durch die Finanzmarktkrise gebeutelt wurde, in einer überlegenen Position und tat so, als ob die »große Türkei«, die Erbin des »großen Osmanischen Reichs«, auf keinerlei Partner angewiesen sei.

In diese Periode fiel auch der »Arabische Frühling«, in dessen Verlauf der »politische Islam« à la AKP als Beweis dafür angeführt wurde, dass »Demokratie« und »Islam« kein Gegensatz waren. Damals wurde die Türkei in aller Welt als Vorbild für die arabischen Länder gesehen. Die Regierung in Ankara, die ohnehin ein aufgeblasenes Selbstbewusstsein pflegte, sah sich zunehmend als Anführerin der islamischen Länder im Nahen Osten – eine Mission, die das erniedrigende EU-Unternehmen vergessen machte.

Das Land trat in dieser Periode immer stärker als regionaler und internationaler Player in Erscheinung. Zugleich erlebte es einen bemerkenswerten Wirtschaftsaufschwung, der sich weitgehend der EU-Beitrittsdynamik verdankte. All das nährte die Illusion, die Türkei könne es auch allein schaffen.

In der letzten Phase vollzog sich die Abwendung von der EU in Form einer generellen Ablehnung von allem, was nach Westen aussah. Im Juni 2013 zerstörte die AKP-Regierung den inneren sozialen Frieden durch die brutale Unterdrückung der gewaltlosen Protestaktionen gegen den Umbau des Gezi-Parks in Istanbul. Die Empörung wuchs weiter, als im Dezember 2013 ein gigantischer Korruptionsskandal ans Licht kam, in den Erdoğan, seine Familie und einige seiner Minister verwickelt waren.

Das Jahr 2013 markierte den Beginn einer eindeutigen Abkehr von den Normen, Werten und Prinzipien der EU. Heute missachten die türkischen Machthaber die Grundprinzipien der Union bei jeder sich bietenden Gelegenheit. Für ein zunehmend autoritäres Regime, das die Form einer willkürlichen Einmannherrschaft angenommen hat, ist das Vorbild Europäische Union zu einer Belastung geworden. Dieser Prozess hat sich noch beschleunigt, seit der undurchsichtige Putschversuch vom 15. Juli 2016 dem Regime die willkommene Möglichkeit bot, jede oppositionelle Regung zu unterdrücken.

Heute ist die Beitrittsperspektive endgültig von der politischen Tagesordnung der Türkei verschwunden, und das EU-Bashing ist zu einer Lieblingsbeschäftigung türkischer Politiker geworden. Die Regierung in Ankara macht durch ihre Handlungen deutlich, dass sie einen Beitritt ablehnt, auch wenn sie sich mitunter verbal zu ihm bekennt, etwa um kurzfristig Geldkapital ins Land locken oder die türkeifreundlichen Kräfte in der EU zu umgarnen.

Das zeigt sich etwa darin, dass im Juli 2018 das Ministerium für EU-Angelegenheiten abgeschafft und danach auch das interministerielle Unterkomitee aufgelöst wurde, das für die Beitrittsvorbereitungen zuständig war. Von den EU-Finanzmitteln, die der Türkei als Beitrittskandidatin zustehen (4,453 Milliarden Euro für den Zeitraum von 2014 bis 2020), wurden mangels ausgearbeiteter Projekte nur 10 Prozent ausgeschöpft. Die Verhandlungen sind praktisch zum Erliegen gekommen: 17 Kapitel sind blockiert oder noch nicht eröffnet, bei den 15 theoretisch eröffneten Kapiteln gibt es keinen Fortschritt, und nur ein Kapitel (Wissenschaft und Forschung) ist abgeschlossen.

Die von der EU-Kommission vorgelegten »Fortschrittsberichte« über den Beitrittsprozess sehen inzwischen wie »Rückschrittsberichte« aus und werden von Ankara geflissentlich ignoriert. Das Europäische Parlament (EP) hat mehrfach empfohlen, die Beitrittsverhandlungen einzufrieren oder auszusetzen. Die EP-Abgeordneten sind heute mit wenigen Ausnahmen gegen den Beitritt der Türkei, insbesondere seit der Einführung des Präsidialsystems 2017.

Die bilateralen Beziehungen mit den einzelnen EU-Mitgliedstaaten sind ebenfalls an einem Tiefpunkt angelangt, wobei Ankara jede missliebige Äußerung von Politikern oder in den Medien mit dem Nazi- und Faschismusvorwurf kontert. Einige Regierungen, wie die österreichische, haben die Ablehnung des türkischen EU-Beitritts in ihr Regierungsprogramm geschrieben.[3] Und die offizielle Terminologie in Brüssels lautet, die Türkei erfülle nicht mehr die Kopenhagener Kriterien, die für jedes Kandidatenland verbindlich sind. Heute gibt es kein einziges EU-Land mehr, in dem die Regierung oder die öffentliche Meinung eine Mitgliedschaft der Türkei befürworten würde.

Zwar sind die Beitrittsverhandlungen formell nicht beendet, denn die dafür erforderliche Einstimmigkeit wäre kaum zu erreichen, weil sich einige Mitgliedsländer aus verschiedenen Gründen nicht öffentlich mit der Türkei anlegen wollen. Der Ausschluss der Türkei wird aber indirekt in mehreren offiziellen Dokumenten erwähnt. Auch ein politischer Dialog über Themen von gemeinsamem Interesse findet nicht mehr statt, mit Ausnahme von Ad-hoc-Deals wie dem Flüchtlingsabkommen von 2016. Auch nachdem die Beitrittsverhandlungen im stillschweigenden Einverständnis beider Seiten aufgegeben wurden, gibt es jedoch zwei Punkte, die Ankara unbedingt regeln will: die Revision der Zollunion und die visumfreie Einreise türkischer Bürger in den Schengenraum.

Die seit dem 1. Januar 1996 bestehenden Zollunion zwischen der Türkei und der EU (bis 2009 EG) bedarf seit Langem der Revision. Zum einen, weil die der Türkei ursprünglich gewährten Vorteile im Lauf der Zeit erodiert sind. Zum anderen war die Zollunion immer als ein Schritt auf dem Weg zur vollen EU-Mitgliedschaft gedacht und wird ohne diese zunehmend bedeutungslos.

Gewisse Kreise innerhalb der EU träumen immer noch davon, die Revision der Zollunion an Bedingungen wie ökonomische und politische Reformen zu knüpfen. Das dürfte jedoch ein frommer Wunsch bleiben. Die einzige Perspektive ist deshalb ein neues Übereinkommen, das sich am Vorbild des Handels- und Kooperationsabkommens zwischen der EU und dem Vereinigten Königreich orientiert.

Was die Befreiung vom Visumzwang für türkische Staatsangehörige betrifft, so sind die Hindernisse politischer Art. Die Politiker der EU-Länder verweisen auf türkische Mitglieder in den Reihen des »Islamischen Staats« (IS), in vielen Staaten gibt es eine wachsende Islam- und Türkeifeindschaft, man fürchtet einen Andrang von Wirtschaftsmigranten und türkischen Asylbewerbern, deren Zahl infolge der politischen Entwicklung steigen wird. All diese Ängste verhindern eine positive Lösung der Visumfrage.

Angesichts dieser Entwicklung begeistern sich viele europäische Politiker für geschäftsmäßige Deals mit dem Regime wie etwa in der Flüchtlingsfrage. Dabei behandelt die EU die Türkei wie ein beliebiges Drittland, ganz unabhängig von der Frage, welche Art Regime dort herrscht. Die einzige Besonderheit ist die geografische Lage des Landes und seine transatlantischen Verbindungen.

Dennoch ist es für die EU nicht einfach Ad-hoc-Abkommen mit einer Türkei abzuschließen, die sich nicht an irgendwelche (EU-)Mitgliedschafts- oder (Nato-)Partnerschaftsverpflichtungen gebunden fühlt. Fortan kann man sich zum Beispiel nicht darauf verlassen, dass Ankara die Spannungen mit Nachbarländern beilegt. Das Scheitern der EU-Beitrittsperspektive macht so die positive Entwicklung kaputt, die in den letzten 20 Jahren im Verhältnis zu einzelnen EU-Mitgliedsländern und speziell zu Griechenland gemacht wurde.

Was den Flüchtlingsdeal betrifft, so ist festzuhalten, dass die stetige Migrationsbewegung in Richtung Griechenland weitergeht, wenn auch in geringerem Ausmaß. Und die Zahl der Geflüchteten, die ohne Zukunftsperspektive in der Türkei gestrandet sind, wird kaum kleiner werden. Dasselbe gilt für (politische) Flüchtlinge mit türkischem Pass. Und auch das Migrationspotenzial, das die Türkei durch ihre Invasion in Syrien erzeugt hat, wird für weiteren Druck sorgen, solange diese Flüchtlinge keine echten Aussichten für eine Rückkehr nach Syrien haben.

Der Flüchtlingsdeal ist zugleich auch ein gutes Beispiel für den realpolitischen Ansatz der EU nach dem De-facto-Ende des türkischen Kandidatenstatus. Als der deutsche Außenminister Thomas de Maizière im März 2016 nach der Übernahme der Zaman-Mediengruppe durch das Erdoğan-Regime gefragt wurde, meinte er ungerührt: »Wir sollten nicht der Schiedsrichter beim Thema Menschenrechte für die ganze Welt sein.«[4] Diese Äußerung markiert den Wendepunkt, ab dem die EU die Türkei nicht mehr als künftiges Mitglied mit verbindlichen Verpflichtungen betrachtete. Tatsächlich wurde das letzte Beitrittskapitel im Juni 2016 eröffnet – danach war Schluss.

Anfang Oktober 2020 setzte sich Angela Merkel entschieden dafür ein, EU-Sanktionen gegen Ankara zu blockieren, während sie gleichzeitig auf Sanktionen gegen das Regime in Minsk drängte. Wobei sie unterstrich, dass Sanktionen ein »wichtiges Signal« an die Menschen in Belarus seien, die für die Demokratie auf die Straße gingen. Bei den begrenzten Sanktionen der EU gegen Ankara, die sich nur gegen einzelne Personen richten, wurden demokratische Defizite nicht einmal erwähnt.[5]

Der Position der deutschen Regierung hat Außenminister Heiko Maas bei seinem Besuch in Ankara am 18. Januar 2021 ganz offen bekräftigt, als er die Antwort auf eine Frage nach dem Rechtsstaat mit der Begründung verweigerte, er äußere sich nicht zu »inneren Angelegenheiten« der Türkei.

Überhaupt spielt Deutschland eine schädliche Rolle: Nachdem der Beitrittsprozess zur Zufriedenheit Berlins faktisch beendet ist, setzt man bedenkenlos auf eine volle Partnerschaft mit Ankara. Die Bundeskanzlerin hat eine besondere Beziehung zu Erdoğan entwickelt und mit ihren zehn Türkeibesuchen sämtliche westlichen Repräsentanten hinter sich gelassen. Einen besonders bitteren Geschmack hinterließ ihr Istanbuler Auftritt mit Erdoğan vom 18. Oktober 2015, nur zwei Wochen vor den vorgezogenen Parlamentswahlen vom 1. November. Damals stand das Land unter Schock: In den kurdischen Gebieten hatten die türkischen Sicherheitskräfte kaltblütige Morde verübt; zugleich gab es blutige Attentate des IS, die womöglich von der Regierung inszeniert waren, um ihre Wahlchancen zu verbessern.

In Erfüllung ihres faustischen Pakts mit Erdoğan unternahm Merkel allein 2016 drei Türkeireisen. Diese Besuche – und die Gegenbesuche Erdoğans – gingen auch dann weiter, als das brutale Vorgehen des Regimes immer klarer zutage trat. Von dieser bedingungslosen Unterstützung war die Kanzlerin weder durch die totalitären Anwandlungen des Regimes abzubringen noch durch dessen aggressive Außenpolitik in der Ägäis, im östlichen Mittelmeer, im Irak, in Libyen und Syrien, oder Ankaras Unterstützung für dschihadistische Organisationen in der weiteren Region.

Heute steuert die EU auf eine Art von Appeasementpolitik zu, die von Berlin gesteuert und vor allem von Bulgarien, Ungarn, Italien, Malta, Polen und Spanien unterstützt wird. Diese »Achse« hat für ihre Politik das neue Etikett der »positiven Agenda« erfunden, das demnächst zum Vorbild für die gesamten Beziehungen zwischen der EU und der Türkei avancieren könnte.

Dass Erdoğan unverbindliche Sprüche über EU-Ambitionen zum Besten gibt und an den außenpolitischen Fronten Rückzüge nur aus taktischen Gründen anordnet, wird von der ankarafreundlichen Achse als selbstverständlich akzeptiert. Die Appeasementfraktion weigert sich damit, zur Kenntnis zu nehmen, dass der Modus Operandi des AKP-Staats mit den Normen, Wertmaßstäben und Prinzipien der EU unvereinbar ist, die man in Ankara lediglich als Hindernisse für ein »reibungsloses« Funktionieren des Regimes ansieht. Das genau aus diesem Grund auch reformunfähig ist.

Doch hinter der Fassade der »positiven Agenda« verbirgt sich ein konkretes zynisches Programm, das die Zusammenarbeit mit Ankara angesichts einer Reihe von Befürchtungen als gerechtfertigt ansieht: die Angst davor, dass der »Nato-Partner Türkei« zu Russland überläuft, dass europäische Wirtschaftsinteressen in der Türkei gefährdet werden, dass der »Flüchtlingsdeal« platzt, dass sich aggressive Gruppen der türkischen Diaspora in Europa provoziert fühlen und dass die Implosion der Türkei beschleunigt werden könnte.

Diese Ängste sind nicht unbegründet, doch ein Appeasementkurs ist nicht die richtige Antwort. Im Gegenteil: Je mehr die EU das Regime beschwichtigen will, desto mehr wird Erdoğan genau diese Ängste für sich nutzen; desto länger wird sich sein Regime am Leben halten; und desto rascher werden sich die Machtgleichgewichte verschieben. Dieses Regime ist für Europa und den Westen zu einem Sicherheitsproblem geworden, und Europa verschließt vor dieser Tatsache die Augen. Bleibt nur abzuwarten, ob die US-Administration unter Joe Biden den Weg weisen wird.　　　　●

Aus dem Englischen von Niels Kadritzke

---

1 Im Fall der Türkei gibt es 33 Beitrittskapitel (wie etwa Wettbewerbsrecht, Justiz oder Umwelt). Von diesen ist nur ein Kapitel abgeschlossen, bei 15 laufen die Verhandlungen, bei 8 Kapiteln sind sie derzeit suspendiert, bei 9 noch gar nicht eröffnet.

2 Im Norden Zyperns stimmten 65 Prozent für den Annan-Plan, im griechisch dominierten Süden waren 76 Prozent dagegen.

3 Was Deutschland betrifft, so hält der Koalitionsvertrag der Regierung vom Februar 2018 fest, dass bei den Beitrittsverhandlungen keine Kapitel geschlossen und keine neuen eröffnet werden sollen.

4 Interview mit der *Passauer Neuen Presse*, 5. März 2016.

5 Die Sanktionen bezogen sich nur auf die völkerrechtswidrigen Erdgasexplorationen der Türkei im östlichen Mittelmeer *(siehe den Beitrag von Niels Kadritzke auf Seite 6)*.

Baustelle Istanbul

In der Metropole am Bosporus werden ganze Stadtviertel
saniert – angeblich, um sie erdbebensicher zu machen

Tarlabaşı, Istanbul, Juli 2015. ◼ DIRK AHLGRIM

Von Kristina Karasu

Hinter ihrem Haus ragen die Baukräne der neuen Luxussied-
lung in den Himmel. Vor ihrem Haus grassiert das Elend. Da-
zwischen lebt die 38-jährige Fatma Yeralan mit ihrem Mann
und ihren fünf Kindern. Die Yeralans wohnen in einem schmalen
dreistöckigen Haus aus dem Jahr 1888, im Istanbuler Stadtteil Tarlabaşı. Wer auf Google »Tarlabaşı Istanbul« eingibt, dem wird in der
Autovervollständigung als zweites Wort »gefährlich« angeboten.

Tarlabaşı, das steht für Armut und Kriminalität. Tagsüber spielen
Kinder in den schmutzigen Gassen, hängt bunte Wäsche zwischen
den Häusern, kauern müde Greise auf den Treppenstufen. In der
Nacht blühen Drogenhandel und Prostitution.

Früher lebten in Tarlabaşı christliche Minderheiten, die historischen Fassaden lassen alten Glanz erahnen. Heute wohnen hier vor
allem Zugezogene aus den Kurdengebieten und Flüchtlinge aus Af-

ghanistan, Ghana oder Usbekistan. In der Pandemie haben die meisten ihre Arbeit verloren, es regiert der Hunger. Fatma Yeralan ist in Tarlabaşı aufgewachsen, sie hängt an dem Viertel. Trotzdem sagt sie: »Ich würde gern in einer besseren Gegend leben, wegen meiner Kinder.«

Dabei wurde Tarlabaşı vor 15 Jahren zum Vorzeigeprojekt des Istanbuler Städtewandels auserkoren. Die Regierung erklärte Tarlabaşı zum »Sanierungsgebiet« und ebnete damit den Weg zur Enteignung der Hausbesitzer. Ein Großteil des Viertels sollte renoviert oder erneuert werden. Luxusresidenzen, Büros, Einkaufsmeilen und Galerien sollten entstehen. In Fußnähe zum Stadtzentrum Taksim gelegen, versprach man sich eine Aufwertung der ganzen Gegend.

Trotz jahrelanger Proteste von Anwohnern und der Zivilgesellschaft wurden die Häuser zwangsgeräumt, Bagger rückten an. Sie rissen Gebäude nieder, die einst unter Denkmalschutz standen, erzählt Yeralan. Von Renovierung konnte kaum die Rede sein.

Verantwortlich zeigten sich die Stadtbezirksverwaltung und die Baufirma Çalık. Generaldirektor der Çalık Holding war damals Berat Albayrak, Schwiegersohn von Staatspräsident Recep Tayyip Erdoğan und später umstrittener Finanzminister. Nicht nur seine Erfolgsgeschichte hat mittlerweile Risse bekommen *(siehe den Beitrag von Jürgen Gottschlich auf Seite 46)*.

Heute, im Jahr 2021, ist erst die Hälfte des Tarlabaşı-Projekts fertiggestellt. Zweihundert Meter des Tarlabaşı-Boulevards zieren nun neunstöckige cremefarbene Häuserfronten. Historisch anmutende Erker wechseln sich ab mit modernen Glasfassaden. Die Ladenlokale im Erdgeschoss stehen alle leer. Eine künstliche Welt, überdimensioniert und leblos.

Wer hier eine Wohnung kaufen will, muss vorbei an Sicherheitspersonal durch ein imposantes Portal. In den eleganten Verkaufsräumen weht ein leichter Duft von Parfüm, Damen in eng anliegendem Schwarz und leuchtendem Lippenstift kümmern sich um die wohlhabenden Kunden. Ein Modell der neuen Siedlung verrät, dass sich hier unter der Erde eine sechsstöckige Tiefgarage für 1000 Autos verbirgt. Der Hochglanzkatalog der Residenzen wirbt auf Türkisch, Englisch und Arabisch mit dem nostalgischen Flair des Viertels, Luxusgeschäften und Lofts. Wie viele der Wohnungen und Büros bereits verkauft und bezogen sind, dazu wollen die Verkaufsdamen keine Auskunft geben, sie verweisen auf den Pressesprecher. Der lässt eine Interviewanfrage allerdings unbeantwortet.

Nur wenige Meter von dem neuen Straßenzug entfernt pulsiert das Leben in Tarlabaşı wie eh und je. Putz bröckelt von den Fassaden, vorm Kiosk türmen sich die Orangen, Kinder betteln an der Bushaltestelle. Ein paar Künstler und Studentinnen haben sich hier angesiedelt, aber der große Wandel ist ausgeblieben. Eine unsichtbare Mauer scheint beide Welten zu trennen. Die Wohlsituierten meiden das alte Tarlabaşı, die Alteingesessenen wagen sich nicht auf den neuen Boulevard.

In manchen der umliegenden Straßenzüge gehen die Bauarbeiten weiter, in anderen hat der Abriss noch gar nicht begonnen. Das Haus der Yeralans steht noch, aber für wie lange, das weiß die Familie nicht. Sie hat das Gebäude nur notdürftig renoviert.

In den unteren Stockwerken beherbergt die Familie obdachlose Flüchtlinge. Fatma und ihr Mann Mehmet kümmern sich mit ihrer Initiative »Tarlabaşı Dayanışma« (Tarlabaşı Solidarität) um die Armen des Viertels, obwohl sie selbst nicht viel haben. »Was passiert mit diesen Menschen, wenn auch diese Häuser abgerissen werden?«, fragt sich Fatma.

Mehmet Yeralan macht sich nach Jahren der Unsicherheit keine Illusionen mehr: »Die Enteigneten bekamen für ihre Wohnungen wenig Geld, bloß einen Bruchteil des eigentlichen Werts«, erzählt er. Die Wohlhabenden unter ihnen seien vor Gericht gezogen, um sich einen besseren Preis zu erstreiten. Die mittellosen Mieter seien leer ausgegangen, mussten an den Stadtrand ziehen, wo die Wohnungen billiger sind. Mehmet Yeralan ist überzeugt: »Die will man auch gar nicht mehr hier.« Die Abgehängten der Gesellschaft sollen Platz machen für die zahlungskräftige Oberschicht, Touristen und Investoren, so glaubt er.

Auch die Nachbarn der Yeralans sind misstrauisch. »Die können uns doch nicht auf die Straße setzen!«, schimpft die 39-jährige Semra Kaluk. Sie hat zu Beginn der Pandemie ihren Job als Tellerwäscherin verloren, seit Monaten konnte sie die Miete nicht mehr bezahlen. Die Nachbarn helfen ihr in der größten Not. Das Sanierungsprojekt ist ein weiteres Damoklesschwert in ihrem Kampf ums Überleben.

Spätestens seit Erdoğan und seine islamisch-konservative AKP-Regierung 2002 an die Macht kamen, wurde Istanbul vom »urbanen Wandel« erfasst. Überall wird gebaut, kräftig gefördert durch Steuererleichterungen für Baufirmen und Immobilienkäufer und viel Geld für große staatliche Infrastrukturprojekte. Die Ausschreibungen gehen vor allem regierungsnahe Baukonsortien, wie eben die Firma Çalık. Die Regierung preist den Bausektor als Motor der türkischen Wirtschaft, innerhalb der ersten 15 Jahre unter Erdoğan wuchs er um 160 Prozent. Die Istanbuler Immobilienpreise stiegen lange Zeit jährlich um rund 20 Prozent.

Ab dem Sommer 2018 war es damit allerdings vorbei, das Wachstum knickte ein. Damals verlor die türkische Lira gegenüber dem Dollar innerhalb eines Monats 30 Prozent an Wert. Für die türkische Baubranche bedeutet das den Super-GAU. Denn sie war angewiesen auf den Import von Stahl oder Zement und setzte jahrelang auf vermeintlich billige Kredite aus dem Ausland. Die zurückzuzahlen, wurde plötzlich extrem teuer. Zahlreiche Baufirmen schlitterten in die Insolvenz, über 700 000 Angestellte der Branche verloren damals ihren Job. Heute belaufen sich die ausländischen Schulden türkischer Baufirmen auf rund 42 Milliarden US-Dollar, schreibt der Wirtschaftsprofessor Ensar Yılmaz von der Technischen Universität Yıldız auf dem Nachrichtenportal *Gazete Duvar*.[1] Für ihn wird der Beitrag der Baubranche zum Wirtschaftswachstum vollkommen überbewertet: »Ein wichtiger Teil des Bausektors generiert nur einmal Einkommen, nämlich zum Zeitpunkt der Bauarbeiten.« Deswegen müsse ständig neu gebaut werden. Politiker mache das süchtig und blind, so der Ökonom.

So wirbt die Regierung weiter für neue Bauprojekte. Der Bedarf war lange da: Beim Regierungsantritt der AKP 2002 lag die Einwohnerzahl Istanbuls bei 10 Millionen, heute leben fast 16 Millionen Menschen in der Metropole am Bosporus.

Das stärkste Argument der Regierung für neue Bauten ist allerdings die Erdbebensicherheit. Tatsächlich rechnen Experten in naher Zukunft mit einem Beben der Stärke 7 oder mehr in unmittelbarer Nähe zur Stadt.[2] Jedes fünfte Gebäude der Stadt könnte dann unbewohnbar werden, fürchtet die Stadtverwaltung. 48 000 Gebäude drohen einzustürzen und könnten Hunderttausende Menschen unter sich begraben. Die Stadt erdbebensicher zu machen, ist ein Wettlauf gegen die Zeit.

Die Strategie der Erdoğan-Regierung: abreißen und neu bauen. Der Chef der türkischen Bauingenieurskammer Cemal Gökçe macht sich angesichts des ungebremsten Wachstums große Sorgen. Er findet, die Stadt sei in den letzten 20 Jahren nicht erdbebensicherer, sondern nur noch gefährlicher geworden: »Es wurde zwar unfassbar viel gebaut, aber die riskantesten Gebäude stehen noch immer«, sagt der Bauingenieur.

Viele Grünflächen, die für den Fall eines Bebens als Sammelplätze dienen sollten, sind mittlerweile bebaut, ob mit Einkaufszentren oder Hochhäusern. Gökçe deutet auf ein Plakat an der Wand, ein Satellitenbild von Istanbul. »Schauen Sie sich das an, kaum noch ein Fleckchen Grün. So eine Stadt ist doch nicht lebenswert.« Nach einem Beben würde ein Feuer schnell auf die Nebengebäude übergreifen, hätten Rettungsfahrzeuge in den engen Gassen kaum ein

●··

Der Staat definiert Bebauungspläne und Vorschriften für erdbebensicheres Bauen. Ansonsten wird der urbane Wandel weitestgehend dem Privatsektor überlassen

···

Durchkommen. »Und weil alles zu betoniert ist, kommt es bei jedem Starkregen zu Überflutungen.«

Dabei ginge es auch anders, meint Gökçe. Viele Gebäude ließen sich renovieren, um erdbebensicher zu werden. Das sei billiger und besser für die Umwelt. Aber für Baufirmen ist das weniger lukrativ.

Verantwortlich macht Gökçe die Regierung. Erdoğans Partei regierte über 20 Jahre lang auch Istanbul. Bis 2019, da übernahm Ekrem İmamoğlu von der oppositionellen CHP das Bürgermeisteramt. Er gewann die Wahl auch mit dem Versprechen auf eine grünere, sozialere Stadt, die ihre Historie bewahrt. Was ist aus seinem Versprechen geworden?

Auf Nachfrage erklärt eine Pressesprecherin, große Sanierungsprojekte wie Tarlabaşı lägen nicht in der Hand der Stadtverwaltung, sondern beim Städtebauministerium in Ankara. Das ist schon seit vielen Jahren so, fiel aber nicht weiter auf, solange auch Istanbul von der AKP regiert wurde.

Trotzdem gibt der Beauftragte der Stadt für Erdbebenrisikomanagement und Stadtverbesserung, Tayfun Kahraman, gern Auskunft. Seine Personalie hat es in sich: 2013 stand er an der Spitze der regierungskritischen Gezi-Proteste, damals als Vorsitzender des Berufsverbands der Stadtplaner. Er und Millionen andere demonstrierten dagegen, dass die Bäume des zentralen Gezi-Parks einem Einkaufszentrum weichen sollten. Er protestierte auch gegen das Tarlabaşı-Projekt. Später wurde er angeklagt und musste sich wegen angeblicher Umsturzpläne vor Gericht verantworten.[3] Im Jahr 2019 berief ihn der neue Bürgermeister İmamoğlu in sein Team.

Heute steht Kahraman dem Tarlabaşı-Projekt noch immer kritisch gegenüber: »Der Abriss historischer Bauten war absolut inakzeptabel. Und der Versuch, eine neue soziale Schicht dort anzusiedeln, war von Anfang an zum Scheitern verurteilt«, so der Stadtplaner. Bildungs- und Sozialprogramme brauche Tarlabaşı dringender als neue Gebäude.

Kahraman zweifelt daran, dass es der Erdoğan-Regierung bei ihrem urbanen Wandel wirklich um die Erdbebensicherheit geht. Seine Abteilung hat jüngst einen Risikoplan erstellt, der zeigt, welche Stadtviertel am meisten bedroht sind. Dort müsse man zuerst tätig

werden. Doch die Zentralregierung habe die Sanierung bisher woanders vorangetrieben, »in zentralen Vierteln, die mehr Profit versprechen«, beobachtet Kahraman.

Trotz beschränkter Mittel hat Bürgermeister İmamoğlu neue Stadtplanungsprojekte angestoßen, bei denen auch die Bürger mitbestimmen durften. So etwa zur Neugestaltung des zentralen Taksimplatzes und des angrenzenden Gezi-Parks. Die Planung war fast abgeschlossen, da machte die Zentralregierung Mitte März 2021 einen Strich durch die Rechnung: Sie überschrieb den Gezi-Park einer ominösen Stiftung, von der bis dahin niemand etwas gehört hatte. Ein Schritt von hoher Symbolkraft, gegen den Bürgermeister İmamoğlu scharf protestierte.

Es war nur eines von vielen Manövern, mit denen die Zentralregierung İmamoğlu seit seinem Amtsantritt Befugnisse und Geldquellen entzog. Dass die Opposition Istanbul gewonnen hat und damit die Macht über lukrative Grundstücke, scheint Erdoğans Regierung noch immer nicht verwunden zu haben.

Der Staat definiert Bebauungspläne und Vorschriften für erdbebensicheres Bauen. Ansonsten wird der urbane Wandel weitestgehend dem Privatsektor überlassen. Welche Auswüchse das nehmen kann, zeigt das einstige Arbeiterviertel Fikirtepe auf der asiatischen Seite von Istanbul.

2010 wurde Fikirtepe von der Zentralregierung zum Erdbebenrisikogebiet erklärt und für die Stadterneuerung freigegeben. Wo sich früher niedrige Wohnhäuser mit Garten und Läden aneinander reihten, sollten 30-stöckige, erdbebensichere Wohnblöcke entstehen. Fikirtepe galt im rasant wachsenden Istanbul plötzlich als zentral gelegen, eine neue U-Bahn-Linie wurde gebaut. In wenigen Jahren würde hier das »Manhattan der Türkei« erstrahlen, versprach der damalige Städtebauminister. Heute können die Einwohner von Fikirtepe darüber nur bitter lachen.

Engin Akgüzel führt durch das, was von seinem einst so geliebten Viertel geblieben ist. Schnell wird er nostalgisch. »Reich war Fikirtepe nie, aber reich an guter Nachbarschaft«, erinnert sich der Schulbusfahrer. Die Türen standen überall offen, ständig kam jemand zum Tee vorbei. Akgüzel besaß hier ein Haus mit drei Wohnungen. In einer wohnte er mit Frau und Tochter, in einer seine Mutter, die dritte vermietete er. Er besaß fünf Autos, die er vermietete. »Es ging uns gut«, sagt er. Heute muss er Miete für zwei Wohnungen aufbringen, hat vier der Autos verkauft, ist verschuldet.

Denn wo einst Akgüzels Haus stand, klafft heute eine gigantische Baugrube. Längst ist Gras darüber gewachsen. Daneben ragen gläserne Wolkenkratzer in den Himmel, nur die alte Moschee ist geblieben. Den Wegesrand säumen Autowracks, ausgeblichene Werbeplakate erinnern an den einstigen Manhattan-Traum. Für Akgüzel ist er zum Albtraum geworden.

Der Bösewicht dieses Albtraums ist für Akgüzel der Fernsehproduzent Raci Şaşmaz. In Partnerschaft mit einer alteingesessenen Baufirma wollte er mehr als 2000 Wohnungen in vier Hochhaussiedlungen in Fikirtepe errichten, inklusive Schwimmbäder, Fitness- und Einkaufszentren. Für ihre Grundstücke versprachen die Bauherren Engin Akgüzel und seinen Nachbarn Luxuswohnungen in den neuen Häusern. Bis zu deren Fertigstellung müssten sie zwar in Mietwohnungen ziehen, doch deren Kosten würde die Baufirma übernehmen.

Akgüzel misstraute den Investoren, gemeinsam mit einigen Nachbarn wehrte er sich jahrelang gegen das Projekt. Bis 2016 die Stadtverwaltung damit drohte, ihre Grundstücke zu verstaatlichen.

Akgüzel unterschrieb. Die Abrissbagger kamen. Die meisten der Haus- und Grundbesitzer von Fikirtepe hatten schneller eingewilligt. Sie waren Arbeiter, Handwerker und Rentner, kaum vermögend. Plötzlich würden sie Wohnungsbesitzer in einem eleganten Viertel sein, könnten dort selbst einziehen oder die Wohnungen teuer verkaufen. So dachten sie wohl. Bis ein Jahr später die Bauarbeiten plötzlich stoppten.

Die Bauherren verkündeten, sie hätten kein Geld mehr, stellten auch die Mietzahlungen ein. Auch andere Firmen stoppten die Bauarbeiten in Fikirtepe. Manche Hochhäuser hier sind fertig, manche halbfertig, auf wenigen Baustellen wird gearbeitet. Einige alte Häuserzeilen wurden gar nicht erst abgerissen. In manchen der leerstehenden Häuser haben sich Obdachlose niedergelassen.

Der Fernsehproduzent Raci Şaşmaz muss sich derzeit wegen Betrugs vor Gericht verantworten. Es besteht erheblicher Zweifel, dass er tatsächlich pleiteging. »Die Firma hat die meisten Wohnungen vor Baubeginn verkauft, bevor sie überhaupt eine Baugenehmigung erhielt. Wo ist das Geld geblieben?«, fragt Akgüzel.

Er zeigt auf einen Wolkenkratzer am anderen Ende des Viertels, den der Fernsehproduzent und seine Firma 2017 noch fertiggestellt haben. »Brooklyn Park« lockt mit marmorgepflasterter Lobby, Tiefgarage und Wachdienst. Doch der Schein trügt: Weil die Baufirma ihre Schulden nicht zahlt, sind viele Wohnungen mit Hypotheken belastet, haben Gläubiger sie pfänden lassen. Mehr als 135 Wohnungskäufer warten bis heute auf ihren Grundbuchschein.

Akgüzels Freund Menderes Yavuz hatte mehr Glück. Seine Familie besaß einst ein großes Grundstück im Viertel mit über 600 Quadratmetern. Eine andere Baufirma bot ihm dafür 1200 Quadratmeter Wohn- und Geschäftsflächen an. Das Unternehmen stellte die Hochhaustürme zügig fertig, heute betreibt Yavuz im Erdgeschoss ein Immobilienbüro. Gleich daneben betreibt sein Bruder ein kleines Café.

Ein schnittiger Wagen fährt aus der Tiefgarage, der Fahrer kurbelt das Fenster herunter und ruft zu Yavuz herüber: »Vergiss nicht – wenn du eine Zweizimmerwohnung im Angebot hast, ruf mich an!« Yavuz nickt. Die Nachfrage sei groß, sagt er, alle Wohnungen im Hochhaus seien derzeit vermietet. Sie gehören zu den Gewinnern des urbanen Wandels.

Doch auf der gegenüberliegenden Straßenseite bietet sich ein anderes Bild. Dort steht ein verwaistes dreistöckiges Mehrfamilienhaus ohne Fenster, das Dach ist undicht. Das Haus gehörte Yavuz' Onkel. Es wurde schon vor Jahren entkernt, aber nie abgerissen. Bis heute wartet der Onkel auf den Neubau, hat nie eine Entschädigung gesehen. Über Glück und Unglück entschied in Fikirtepe die Straßenseite.

Insgesamt seien hier im Viertel über 60 000 Menschen Opfer des gescheiterten Bauprojekts, sagen Yavuz und Akgüzel. Die Leute verbringen schlaflose Nächte und haben Depressionen, Tausende sind überschuldet. Zwei haben sogar Selbstmord begangen, berichten sie.

Eine Woche später schreibt Akgüzel, ein 47-jähriger Nachbar und Vater von drei Kindern sei plötzlich an einem Herzinfarkt gestorben. »Während er um unser Viertel kämpfte, starb er an Erschöpfung, Trauer und Verzweiflung. Wir sind alle so unfassbar wütend.«

Das ist kein Einzelfall, meint der Urbanist Yaşar Adanalı, der mit seinem Verein »Gerechtigkeit im Raum« an einer Studie über die gesundheitlichen Folgen des urbanen Wandels arbeitet. Er hat in den letzten zwei Jahren über 40 Istanbuler Stadtviertel untersucht, die vom urbanen Wandel betroffen sind. Überall hörte er dieselben Geschichten. »Die Anwohner erzählen mir: ›Mein Vater hatte plötzlich einen Herzinfarkt‹ oder ›meine junge Frau hat Krebs‹ oder ›Mein Nachbar hat Selbstmord begangen. Er konnte einfach nicht mehr.‹« Die ständige Unsicherheit zermürbe die Menschen, berichtet Adanalı. Hinzu komme die Belastung durch jahrelangen Baulärm, Staub und Asbest.

Der Urbanist räumt ein, dass Istanbul einen urbanen Wandel brauche. Aber unter anderen Vorzeichen: »Es muss gesetzlich geregelt und transparent sein, unter welchen Bedingungen Viertel neu errichtet werden, damit die Anwohner den Bauherren nicht hilflos ausgeliefert sind«. Nicht maximaler Profit, sondern die Bedürfnisse der Bürger müssten im Fokus stehen.

Der Aufstand der Bürger hat längst begonnen, wenn er auch nicht mehr so laut ist wie zu Zeiten der Gezi-Proteste. Betroffene des urbanen Wandels aus ganz Istanbul haben Bürgerinitiativen gegründet. Sie tauschen Wissen aus, entwickeln gemeinsame Strategien.

Auch Engin Akgüzel aus Fikirtepe gehört dazu. Er wollte sich nicht in die Opferrolle fügen. Anfangs protestierten er und einige Nachbarn auf dem Baugelände, campierten dort in Zelten. Die Presse wurde auf sie aufmerksam, Politiker kamen ins Viertel.

Doch nach einigen Monaten begriff Akgüzel, dass sein Protest professioneller werden musste. Er gründete einen Verein, prozessierte, reiste regelmäßig nach Ankara. Mit Erfolg: Im Herbst 2020 verkündete der türkische Städtebauminister Murat Kurum, ab jetzt werde der Staat das Projekt Fikirtepe selbst in die Hand nehmen – auf Anweisung von Präsident Erdoğan. Die staatliche Wohnungsbaubehörde Toki werde das Bauprojekt innerhalb von drei Jahren fertigstellen und jedes Unrecht beseitigen, versprach der Minister.

Das Ministerium stellte einen neuen Bebauungsplan vor. Akgüzel und seinen Mitstreitern gefällt er: Eine große, zusammenhängende Grünfläche soll entstehen, Platz für öffentliche Treffpunkte, ein breiter Boulevard. Die Bauarbeiten sollen in wenigen Wochen losgehen, aber etwas Schriftliches hat Akgüzel noch nicht. »Wie sehen die Bedingungen aus? Wie viel Quadratmeter Wohnfläche werden wir bekommen? Das hat das Ministerium noch nicht verraten.« Er wolle keine Abstriche machen nach all den Jahren des Verlusts, »keinen Zentimeter preisgeben«, sagt Akgüzel. Das sei er der Frau und den Kindern seines verstorbenen Freunds schuldig. ●

1 www.gazeteduvar.com.tr/insaatin-politik-ekonomisi-insaat-sadece-insaat-degildir-haber-1506!> 458.

2 Die Wahrscheinlichkeit, dass sich in Istanbul in den nächsten Jahrzehnten ein Beben der Stärke 7 bis 7,5 ereignet, liegt Forschungen zufolge bei 65 bis 80 Prozent. Beim letzten großen Beben (Stärke 7,6) am 17. August 1999, dessen Epizentrum 80 Kilometer südöstlich der Stadt lag, kamen über 17 000 Menschen ums Leben.

3 Kahraman wurde zunächst freigesprochen. Doch Anfang 2021 entschied ein Berufungsgericht, den Fall neu aufzurollen, und verhängte eine Ausreisesperre gegen ihn und sieben weitere Angeklagte.

4 Siehe auch Yaşar Adanalı, »Istanbul brennt«, *Le Monde diplomatique*, Juli 2013.

Schwarze Strümpfe und Imam Beckenbauer

Der türkische Fußball hat eine lange Geschichte – und sie war immer auch politisch

Von Patrick Keddie

Kopenhagen, 17. Mai 2000. In der Kabine des Parken-Stadions bereiten sich die Spieler von Galatasaray Istanbul auf den größten Abend vor, den der türkische Fußball je erlebt hat. Der Traditionsverein vom Bosporus trifft im Endspiel des Uefa-Pokals auf Arsenal London und kann als erster türkischer Fußballklub einen europäischen Titel gewinnen.

Für das gegnerische Team von Arsène Wenger laufen Stars wie Denis Bergkamp und Thierry Henry auf. Doch auch der türkische Fußball hat international aufgeholt. Galatasarays Trainer Fatih Terim hat ein spannendes Team aufgebaut, eine clevere Kombination aus ausländischen Veteranen und einheimischen Spitzenspielern.

In der Kabine schwört Terim seine Truppe ein: Setzt den Gegner unter Druck, sucht den schnellen Torabschluss, keine Grätschen, spielt wie die Löwen! Terim ist kein Taktikfuchs, aber ein guter Motivator: »Ihr kämpft für den Sieg«, hämmert er seinen Spielern ein, »aber egal, wie es ausgeht, für mich habt ihr bereits gewonnen! Für mich seid ihr schon Champions!« Dann stößt er die Faust in die Luft und schreit: »Möge Gott mit euch sein!«

An diesem Tag ging es nicht nur um Fußballruhm. Vor dem Finale hatte der türkische Sportminister erklärt, wenn Galatasaray den Uefa-Cup erringe, sei dies »ein wichtiger Schritt zum EU-Beitritt«. Ein europäischer Fußballtriumph der Türkei demonstriere die Bereitschaft, voll und ganz »europäisch« zu werden.

Entsprechend hatte die türkische Regierung den Verein auf dem Weg ins Endspiel mit allen Mitteln unterstützt. Galatasaray-Spiele in der türkischen Liga wurden zeitlich verlegt, damit das Team vor den Uefa-Cup-Duellen eine längere Pause hatte. Zum Endspiel im Mai 2000 war ein Drittel der türkischen Parlamentsabgeordneten nach Kopenhagen gereist.

Als die Galatasaray-Spieler nach dem Sieg über Arsenal – im Elfmeterschießen – den Pokal in den Himmel reckten, schien der türkische Fußball einer glorreichen Zukunft entgegenzusehen. Endlich würde das fußballverrückte Land sein Potenzial ausschöpfen. Drei Monate später schlug Galatasaray im Spiel um den europäischen Supercup auch noch Real Madrid.

Bei der Fußball-WM von 2002 erkämpfte die türkische Nationalmannschaft einen glorreichen dritten Platz. Im selben Jahr kam auch die Partei für Gerechtigkeit und Aufschwung (AKP) an die Macht. Ihr unbestrittener Führer ist seitdem Recep Tayyip Erdoğan, ein ehemaliger Fußballhalbprofi. Er verschaffte dem Sport in den folgenden 20 Jahren eine nie dagewesene Aufmerksamkeit – und sehr viel Geld. Und doch hat der türkische Fußball in dieser Zeit sein Potenzial weitgehend vergeudet.

Im Osmanischen Reich wurde Fußball erstmals in den 1870er Jahren gespielt, anfangs von britischen Kaufleuten und anderen Ausländern, später von einheimischen Nichtmuslimen wie Armeniern, Griechen und Juden. Muslime dagegen waren unter dem autokratischen Regime des Sultans Abdülhamid II. vom Spiel praktisch ausgeschlossen. Zum einen galt Sport schlechthin als unvereinbar mit islamischem Sitten, zum anderen assoziierte man Fußball mit der Enthauptung von Hussein Ibn Ali, einem Enkel des Propheten Mohammed, dessen Kopf nach seiner Exekution wie ein Ball herumge-

kickt worden sein soll. In der osmanischen Elite herrschte jedoch auch eine dezidiert politische Angst: Der Fußball brachte viele Menschen zusammen und könnte damit schwer zu kontrollieren sein.

1901 gründete Fuat Hüsnü Kayacan das erste türkisch-muslimische Fußballteam, die »Black Stockings«. Doch schon nach dem ersten Match wurde Kayacan vor ein Militärgericht zitiert. Der Vorwurf lautete, sein Team habe »Torpfosten aufgestellt, sich wie die Griechen gekleidet und einen Ball herumgetreten«. Kayacan kam mit einer leichten Strafe davon, doch seine Mannschaft wurde aufgelöst. Dennoch war die türkische Leidenschaft für den Fußball nicht mehr zu bremsen.

Ali Sami Yen, ein muslimischer Schüler an Istanbuls renommiertem Galatasaray-Gymnasium, gründete 1905 eine neue Mannschaft. Um ein Verbot zu umgehen, verzichtete er auf einen Namen. Doch bald hießen sie im Volksmund »Galata Sarayı Efendileri« (die Herren/Gentlemen von Galatasaray). Der Spitzname war eine Anspielung auf das erklärte Fußballideal des Gründers: »Wir wollen wie die Engländer spielen, eine Farbe und einen Namen besitzen, und wir wollen die nichttürkischen Mannschaften bezwingen.«

Das neugegründete Team trat als erste muslimische Mannschaft der Fußballliga von Konstantinopel bei. In der Presse wurde es zunächst als »ein anderes« bezeichnet. Auch der große Rivale von Galatasaray, der 1907 gegründete Klub Fenerbahçe, war anfangs bemüht, nicht aufzufallen. Doch nach dem Aufstand der Jungtürken von 1908, der die Macht des Sultans einschränkte, wurde es für Muslime leichter, den Sport zu betreiben. 1911 legte sich der 1903 gegründete Turnverein Beşiktaş eine Fußballabteilung zu.

Die sogenannten großen drei aus Istanbul haben den türkischen Fußball über mehr als hundert Jahre hinweg fast durchgehend dominiert. Heute machen die Anhänger von Galatasaray, Fenerbahçe und Beşiktaş zusammen 80 Prozent der riesigen türkischen Fangemeinde aus. Die Professionalisierung des türkischen Fußballs begann 1951. Die erste nationalen Liga wurde 1959 gegründet, 1963 kam eine zweite Liga hinzu. Dass Fußball immer populärer wurde, lag an mehreren Entwicklungen: der breiten Berichterstattung durch Sportzeitungen, Radio und Fernsehen, dem wachsenden Angebot an Sportwetten und generell an der rasanten Urbanisierung.

Je populärer der Fußball wurde, desto interessanter wurde er auch für Politiker. Viele erklärten sich zu Fans eines Klubs oder fungierten als Vereinspräsidenten; Spieler gingen nach ihrer Karriere in die Politik; Unternehmer investierten in den Fußball, um ihr Prestige und ihren politischen Einfluss zu mehren.

Aber auch die Gewalt nahm zu. Bereits 1934 musste ein Spiel zwischen Galatasaray und Fenerbahçe nach Schlägereien auf dem Spielfeld und auf den Rängen abgebrochen werden. Seitdem hat sich das »interkontinentale Derby« – Galatasaray vom europäischen Ufer des Bosporus gegen Fenerbahçe von der asiatischen Seite – zu einer der bittersten und auch blutigsten Rivalitäten in der internationalen Fußballwelt entwickelt.

Türkische Fußballtriumphe wurden im kollektiven Gedächtnis zu historischen Ereignissen: der Sieg des Nationalteams von 1956 über die starken Ungarn mit dem legendären Ferenc Puskás, oder die Sensation von 1968, als Fenerbahçe den englischen Champion Manchester City in der ersten Runde des Europapokals der Landesmeister besiegte.

Das Team von Galatasaray Istanbul feiert den Sieg über Arsenal London im Endspiel des Uefa-Pokals, Kopenhagen, 17. Mai 2000. ■ PA IMAGES/ALAMY

Der Militärputsch von 1980 leitete eine neoliberale Ära ein, in der sich die Türkei für den Weltmarkt öffnete. Und auch für den türkischen Profifußball begann ein neues Zeitalter. Das Verbot, ausländische Spieler zu verpflichten, wurde aufgehoben. Die mit internationalen Krediten aufgepäppelten türkischen Banken streckten den großen Klubs frisches Geld vor, das zusammen mit den Zahlungen der privaten Fernsehsender teure Spielerkäufe möglich machte. Mit der Landflucht der 1980er Jahre wuchs die Bevölkerung der Großstädte stark an, und damit auch die Bedeutung und Popularität des Fußballs. Das folgende Jahrzehnt brachte eine neue Welle der Kommerzialisierung, womit immer mehr reiche Unternehmer die Kontrolle über die großen Vereine erlangten.

Während das türkische Nationalteam kaum in Erscheinung trat, spielte sich der türkische Vereinsfußball seit den 1980ern immer mehr in den Vordergrund. 1989 erreichte Galatasaray das Halbfinale des Europapokals der Landesmeister. In dieser Zeit erlangten die türkischen Stadien mit ihrer furchteinflößenden Geräuschkulisse einen legendären Ruf. Denn türkische Fußballfans lieben ihren Verein oft mit einer Leidenschaft, die alle anderen Loyalitäten übertrifft.

Nach dem Uefa-Cup-Sieg von Galatasaray wuchs die Profibranche immer stärker mit der Politik und mit Big Business zusammen. »Alle politischen Parteien nutzen den Fußball für ihre Zwecke«, sagt der Fußballexperte Tanıl Bora, »aber am meisten profitiert die AKP.« Für Erdoğan ist der Fußball längst zum festen Bestandteil seines Personenkults geworden. In seiner aktiven Zeit wurde der Staatspräsident von seinen Mitspielern angeblich »Imam Beckenbauer« genannt. In den 1970er Jahren war er Kapitän des Teams der Istanbuler Verkehrsbehörde, das die lokale Amateurliga dominierte. Erdoğan selbst ist Fenerbahçe-Fan. Er behauptet, der Klub habe in den 1970ern zweimal versucht, ihn unter Vertrag zu nehmen (was AKP-kritische Zeitzeugen bestreiten).

Fußball ist auch eine Sprache, und die beherrscht Erdoğan fließend. 2017 wetterte er, um seine nationalistische Wende zu demonstrieren, gegen das »Fremdwort Arena«. Das bezeichne nämlich den Ort blutiger Gemetzel zwischen Gladiatoren und Tieren. »So etwas gibt es in unserer Sprache nicht«, erklärte der oberste Fußballwächter. Seitdem haben die Vereine ihre Stadien umbenannt. Im selben Jahr gewann Erdoğan das Verfassungsreferendum über die Einführung eines Präsidialsystems. Der Sieg fiel knapp aus, aber der Präsident befand: »Es ist völlig egal, ob man ein Spiel mit 1:0 oder mit 5:0 gewinnt. Es zählt nur, wer am Ende gewonnen hat.«

Für das AKP-Regime ist der Fußball auch integraler Bestandteil seines Patronage-Netzwerks. Zu dem erstaunlichen Bauboom, den die Regierung seit Jahren ankurbelt, gehören mindestens 30 Stadionprojekte in 27 Städten. Der Bau neuer Stadien ist eine klassische Methode, um regierungstreuen Firmen Verträge zuzuschustern und die konservative Unternehmerklasse zu stärken. Zugleich fördern solche Prestigeprojekte die Gentrifizierung der Städte. Häufig müssen die alten Stadien – meist in wertvoller innerstädtischer Lage – den Neubauprojekten regierungstreuer Unternehmen weichen. Dagegen liegen die neuen Arenen eher in städtischen Randzonen.

Die AKP hat auch für einen erheblichen Teil des enormen Umsatzwachstums gesorgt, das die türkischen Profiklubs in den letzten 20 Jahren erzielt haben. Sie hat ihnen Sponsoren besorgt und bei der Vergabe der Fernsehrechte für höhere Lizenzbeträge gesorgt. Und sie hat die Banken dazu gebracht, den Vereinen günstige Darlehen zu gewähren und im Notfall ihre Schulden zu stunden.

Die Partei hat auch deswegen versucht, den Fußball zu kontrollieren, weil die Stadien zentrale Orte sind, an denen sich Enttäuschung, Protest und Widerstand artikulieren. 2011 musste Erdoğan beim Eröffnungsspiel im neuen Galatasaray-Stadion so viele Pfiffe und Buhrufe hören, dass er noch vor Anpfiff erbost das Weite suchte. Im gleichen Jahr heizte ein Manipulationsskandal die Proteste der Fans gegen die Regierung zusätzlich an.

Als sich 2013 die Demonstrationen gegen die Bebauung des Istanbuler Gezi-Parks zu einem Aufstand gegen die Regierung ausweiteten, spielten die Anhänger der Istanbuler Klubs eine maßgebliche Rolle. In dieser Zeit, in der die Fans sogar ihre tiefe gegenseitige Abneigung vergaßen, wurden die Fußballstadien zur wichtigsten und lautesten Arena für Kundgebungen gegen die AKP-Regierung.

Die schlug wenig überraschend zurück. Tausende Fußballfans wurden als »Terroristen« verhaftet. 35 Beşiktaş-Fans standen im Dezember 2014 vor Gericht, weil sie angeblich einen Umsturz geplant hatten. Zugleich versuchte die AKP, den »wilden« türkischen Fußball zu zähmen, die Stadien sicherer und die Fans gefügiger zu machen. Als Vorbild diente dabei die Domestizierung des englischen Profibetriebs seit den 1990er Jahren. 2014 wurde die umstrittene elektronische Passolig-Karte für Stadionbesuche eingeführt. Dieses Kontrollsystem half ein strenges Verbot von politischen Sprechchören und Bannern durchzusetzen. Das führte zu weiteren Boykott- und Protestaktionen, die aber nach einigen Jahren versandeten.

Mittlerweile hatte sich Erdoğan auf die Unterstützung von Istanbul Başakşehir FK verlegt. Die Vorstadt am Westrand von Istanbul ist eine AKP-Hochburg, ihr Fußballverein fest in der Hand regierungstreuer Funktionäre und dessen Präsident ein angeheirateter Verwandter Erdoğans. Bei der Einweihung des neuen Stadions im Juli 2014 schnürte der AKP-Chef sogar selbst die Fußballschuhe. Damals stand Erdoğan kurz vor seiner Wahl zum 12. Präsidenten der Türkei, weshalb er mit der Rückennummer 12 auflief. Und als ihm bei diesem Showmatch ein Hattrick aufgelegt wurde, verstiegen sich regierungsfromme Medien dazu, Erdoğan mit Lionel Messi zu vergleichen.

Obwohl in den letzten Jahren viel politisches, soziales und finanzielles Kapital in die Profiklubs geflossen ist, sackte der türkische Fußball in die Mittelmäßigkeit ab. Zwar schafften es die Nationalmannschaft bei der EM 2008 noch ins Halbfinale, aber für eine WM konnte sie sich seit 2002 nicht mehr qualifizieren. Und auch die Vereine schnitten immer schlechter ab. Mittlerweile ist die Türkei auf der Uefa-Rangliste für Vereine auf den 13. Platz abgerutscht. Auch die drei großen Istanbuler Klubs ziehen kaum noch türkische Stars an. Viele Spieler des türkischen Nationalteams kommen heute aus der türkischen Diaspora und sind in Westeuropa aufgewachsen.

Mittlerweile sind zahlreiche Vereine durch die unkontrollierte Aufnahme von Krediten und die Überziehung ihrer Budgets in finanzielle Schieflage geraten. 2017 erklärte der Leiter des Financial-Fair-play-Programms der Uefa, die Türkei sei das einzige europäische Land, in dem die Schulden und Verbindlichkeiten der Klubs ihr Vermögen übersteigen. Im Januar beliefen sich Berichten zufolge allein die Schulden von Beşiktaş, Fenerbahçe und Trabzonspor auf rund 1,5 Milliarden Euro – ein Anstieg von 579 Prozent in nur acht Jahren.

Die maßlose Ausgabenpolitik war nur mit Hilfe einer Regierung möglich, die mehrere Klubs vor dem Ruin rettete, ohne wirksame Haftungsregeln einzuführen. Die große Mehrheit der türkischen Klubs sind eingetragene Vereine, deren Mitglieder ihren Präsidenten für Amtszeiten von zwei oder drei Jahren wählen. Das Amt bietet einerseits privilegierten Zugang zu Unternehmern und Politikern, andererseits unterliegt es aufgrund der Vereinsstruktur keinerlei finanzieller Kontrolle. Die Präsidenten können bedenkenlos Geld ausgeben, denn mit den Schulden sind ja ihre Nachfolger belastet.

Deshalb investieren ambitionierte Präsidenten – häufig unter dem Druck von Fans und Medien – nicht in die Förderung junger Talente, sondern in ausländische Altstars wie Drogba und Podolski, die mit fetten Gehältern in die Türkei gelockt werden. Das CIES-Football-Observatory bescheinigte den Teams der türkischen Süper Lig 2020 den höchsten Altersschnitt aller 31 europäischen Ligen.

Auf der nationalen Ebene hat die Regierung auch den formal unabhängigen Türkischen Fußballbund personalpolitisch an die Leine genommen. Özgehan Senyuga, Experte für türkischen Fußball an der Technischen Universität des Nahen Ostens in Ankara, stellt eine Wechselwirkung fest: »Die engen Verbindungen zwischen Fußball, Politik und Unternehmen erzeugen eine ›Meritokratie‹ und diese wiederum eine schlechte Führungspolitik.«

Jenseits der Finanzierung neuer Glitzerstadien gibt es in der Türkei kaum Investitionen in Jugendakademien oder Projekte zur Förderung des Amateurfußballs. In den Großstädten finden sich erschreckend wenig anständige Fußballplätze, ja nicht mal schlichte Grünflächen oder überhaupt freie Plätze. Und während viele Profispieler fürstlich besoldet werden, reicht der Lohn vieler türkischer Jugendtrainer kaum zum Überleben.

Wie die meisten türkischen Politiker betrachten viele Präsidenten, Vereinsmitglieder und prominente Fans den Fußball als Nullsummenspiel. Entsprechend ausgeprägt ist ihre Streitlust und ihr Hang zur Verdächtigung von gegnerischen Teams und Schiedsrichter. Solche Verschwörungsfantasien werden immer wieder von Medien angeheizt, die sich auf jede Fehde und jeden Skandal stürzen. Aber auch die Fanszene der Klubs ist innerlich zerrissen, wobei politische Differenzen, ökonomische Rivalitäten und persönliche Animositäten eine Rolle spielen.

Angesichts der endlosen Geschichte von Manipulationsverdächtigungen und politischer Einflussnahme wird der Fußball heute als strukturell unfaires Geschäft wahrgenommen, als Spielfeld persönlicher Interessen. »Niemand hat noch denselben Spaß am Fußball wie vor zehn Jahren, man guckt die Spiele nur noch aus Nostalgie«, klagt Erden Kosova, der dem Fenerbahçe-Fanklub namens Vamos Bien angehört. »Alle wissen, wie leicht und skrupellos manipuliert werden kann.«

Das Financial Fair Play System (FFP) der Uefa, das den Vereinen eine gewisse Budgetdisziplin auferlegt, scheint die Ausgabenexzesse der großen türkischen Klubs zumindest teilweise gebremst zu haben. Die Spitzenklubs Galatasaray und Trabzonspor wurden in den letzten Jahren wegen Verstößen gegen das FFP von europäischen Wettbewerben ausgeschlossen, andere türkische Vereine wurden verwarnt. Um weitere Sanktionen zu vermeiden, haben die großen Klubs ihre besten Spieler verkauft, ohne sie ersetzen zu können.

Die von der Uefa erzwungene Sparpolitik zwingt die Vereine immerhin, heimische Talente zu fördern, anstatt endlos Geld auszugeben und Schulden anzuhäufen. Und für Altfußballstars gibt es mittlerweile neue lukrative Märkte wie Katar, China und die USA. Was die türkische Nationalmannschaft betrifft, so ist sie ironischerweise so gut wie lange nicht und hat sich für die Europameisterschaft 2021 qualifiziert. Nur spielt keiner ihrer Stars mehr in der Türkei.

Von der prekären Lage der drei Großen profitierte vor allem Başakşehir FK. Prompt wurde der Verein im Spieljahr 2019/20 türki-

scher Meister. Der Klub ist als Privatunternehmen im Besitz regierungsnaher Eigner, kennt keine regelmäßigen Präsidentenwahlen und hat keine erdrückenden Schulden. Und mit dem geringsten Zuschauerschnitt der ganzen Liga muss er keine ungeduldigen Fans mit teuren Transfers bedienen. Bei den großen drei dagegen hören die Fans nicht auf, nach großen Namen zu rufen – obwohl sie wissen, wie schlecht es um die Finanzen ihrer Klubs steht. »Das ist nicht unbedingt logisch, aber völlig normal« meint der Fußballjournalist İsmail Şayan. Denn die Liebe der Fans beruhe auch darauf, dass Fußball eine Quelle der Hoffnung sei: »In diesem Spiel kann das schwächste Team jederzeit das stärkste schlagen. Fußball heißt träumen.«

2018 wurde Ali Koç, Spross einer reichen Unternehmerfamilie, zum Präsidenten von Fenerbahçe gewählt. Bei dem Klub herrschte damals die reinste Depression: Vier Jahre ohne Titel, ein riesiger Schuldenberg, sportliche Stagnation – das war die Hinterlassenschaft von zwei Jahrzehnten unter Präsident Aziz Yildırım. Der streitbare Hitzkopf mit Hang zu Verschwörungstheorien hatte wegen Vergehen, die nach Spielmanipulation riechen, ein Jahr in U-Haft gesessen. Koç dagegen versprach nicht nur eine finanzielle Sanierung, sondern auch die Rückkehr zu sauberen und gesitteten Usancen. Und er kündigte an, fortan auf teure Spielertransfers zu verzichten und stattdessen junge Eigengewächse zu fördern. Von den Fans wurde Koç als eine Art Messias gefeiert. Manche glaubten gar, mit seiner sauberen Geschäftsethik und langfristigen Planung könne er den gesamten türkischen Fußball retten. Doch auch unter Koç wartet Fenerbahçe weiter auf einen Titel, und noch in diesem Jahr stehen im Klub neue Wahlen an. Und so verkündete Koç Ende Februar 2021 die Verpflichtung von Mesut Özil.

Obwohl der bei Arsenal in Ungnade gefallene Özil ablösefrei zu Fenerbahçe kam und dort nur einen Bruchteil seines englischen Gehalts verdient, bringt ihm sein Dreieinhalbjahresvertrag mindestens 9 Millionen Euro ein. Fenerbahçe setzt vor allem auf den Verkauf von Özil-Merchandise-Produkten und hofft, dass er der Mannschaft zur nationalen Meisterschaft und damit zu neuen Champions-League-Einnahmen verhilft. Aber der Transfer gefährdet die Einhaltung der Financial-Fairplay-Regeln und treibt den Schuldenstand weiter in die Höhe. Um Özils Gehalt bezahlen zu können, startete der Klub sogar eine Fundraising-Aktion unter den Fans.

Dennoch hat der Özil-Transfer, die mit Abstand spektakulärste Verpflichtung durch einen türkischen Verein in den letzten Jahren, nicht nur bei Fenerbahçe-Fans einen Enthusiasmus wie in alten Zeiten entfacht. Für Koç ist der Deal aber auch eine Alles-oder-nichts-Wette angesichts einer Pandemie, die dem türkischen Profifußball weitere massive Einnahmeverluste bescherte. Doch dank der Hilfe von Staat und Politik und der unverwüstlichen Liebe der Fans kann sich der türkische Fußball offenbar immer wieder aufrappeln und weiterschleppen.

Die Kopenhagener Mainacht von 2000 fühlt sich allerdings an wie ein fernes Zeitalter. Dass ein türkischer Verein wie damals Galatasaray einen europäischen Titel gewinnt, ist heute fast undenkbar geworden. ●

Aus dem Englischen von Till Kadritzke

Der irre Plan vom zweiten Bosporus

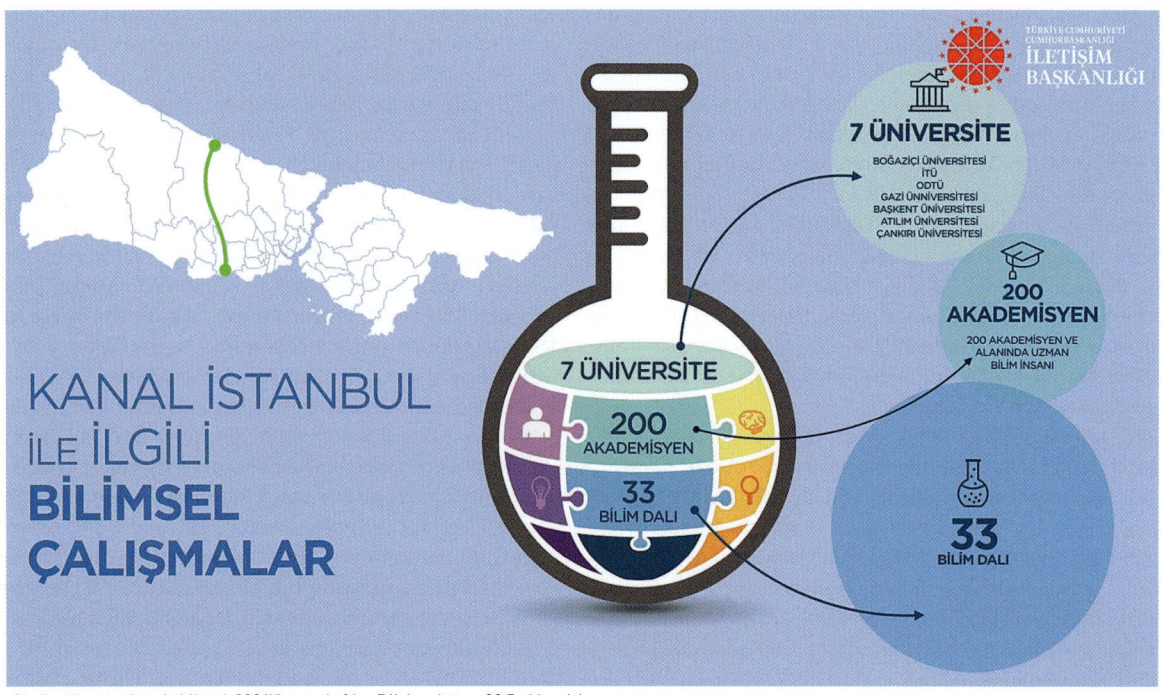

»Studien über den Istanbul-Kanal: 200 Wissenschaftler, 7 Universitäten, 33 Fachbereiche.« ■ TÜRKISCHES PRÄSIDIALAMT.

Von Orhan Esen

Das hier ist nichts für Sie,« sagt Murat Özçelik zu Sedat Atalay. Atalay ist Lehrer und auf der Suche nach einem Grundstück, wo er sich später, wenn er in Rente ist, in aller Ruhe der Gartenarbeit widmen kann. Özçelik ist Makler und verkauft Grundstücke in der Umgebung des Sazlıdere-Stausees, der zukünftig ein Teil des geplanten »Kanal İstanbul« sein soll. Dass die Planungen für den umstrittenen Kanal wieder Fahrt aufgenommen haben und somit auch die Grundstückspreise gestiegen sind, ist für ihn eine glückliche Fügung.

Özçeliks Büro liegt in Kayabaşı, einer Ortschaft östlich von Sazlıdere. An der Wand hängt ein riesiger Stadtplan von Yenişehir, auf Deutsch: Neustadt. Die Vorstellungen über die zukünftige Einwohnerzahl dieser Planstadt schwanken zwischen 500 000 und 2 Millionen, manche sprechen sogar von 7 Millionen. Entstehen soll diese Stadt an den Ufern des 45 Kilometer langen Istanbul-Kanals. Mit 350 Metern Breite 21 Metern Tiefe soll die geplante Wasserstraße die thrakische Halbinsel durchschneiden und das Marmarameer mit dem Schwarzen Meer verbinden. Die Istanbuler Altstadt würde zu einer Insel.

Hinter Özçeliks Schreibtisch füllt die New Yorker Skyline bei Nacht die komplette Wand, davor hängen ein Porträt von Recep Tayyip Erdoğan und ein riesiger Fernseher. Ein perfektes Setting, um den Kundinnen und Kunden den Werbefilm über den Kanal zu zeigen. Denn Murat Özçelik weiß, welche Grundstücke eine Zukunft haben. Mit einem Zwinkern und einem wissenden Lächeln auf den Lippen gibt er Atalay einen Tipp: »Wenn Sie mich fragen, dann kaufen Sie in Çatalca. Hier gibt es nicht mehr viel zu holen. Die Zukunft liegt in Çatalca.«

Nach den Vorstellungen des Maklers wird die neu gegründete Stadt rund um den Kanal eines Tages bis zum 20 Kilometer entfernten Çatalca wachsen. Und wenn dem so wäre, könnte Sedat Atalay seinen Ruhestand genießen und gleichzeitig seinen Kindern ein Grundstück mit steigendem Wert hinterlassen. Eines Tages werde die Gegend um Sazlıdere eine riesige Stadt mit Wolkenkratzern, Shoppingcentern und Autobahnen sein, erklärt Özçelik mit großer Überzeugung. Deswegen sei das hier auch nicht das Richtige für den Ruhestand des Lehrers.

In der Hochglanzbroschüre, die überall in Stapeln ausgelegt ist, steht auf der dritten Seite in großen Buchstaben: »Wussten Sie schon, dass mit dem Beschluss Nummer 2014/6048, der am 30. April 2014 im Amtsblatt bekannt gegeben wurde, die Agrarflächen zur Bebauung freigegeben wurden?« Ein Foto dieses Beschlusses ist ebenfalls in der Broschüre abgedruckt. Die Unterschriften unter dem Gesetzestext stammen von dem damaligen Präsidenten Abdullah Gül, Recep Tayyip Erdoğan, damals noch Ministerpräsident, sowie dem ehemaligen stellvertretenden Ministerpräsidenten Ali Babacan.

Die erste offizielle Erklärung zum Bau eines künstlichen Kanals westlich des Bosporus kam von Erdoğan höchstpersönlich, und zwar schon im April 2011. Damals bezeichnete er das in seinen eigenen Worten »verrückte Projekt« als seinen »größten Traum«, mit dem der Schiffsverkehr auf dem Bosporus und die damit verbundene Unfallgefahr reduziert werden sollte. Nach Angaben der Küstenwache ist jedoch die Anzahl der Bosporus-Durchfahrten in den vergangenen zwölf Jahren ohnehin um mehr als ein Viertel gesunken. 2018 haben 41 000 Schiffe die Meerenge durchquert, 2006 waren es noch 54 000.

Gemäß dem Meerengen-Abkommen von 1936, das der Türkei die volle Souveränität über den Bosporus zurückgab, sollen Schiffe die Meerenge kostengünstig passieren können. Warum also sollten sie einen neu gebauten und engen Kanal benutzen, dessen Durchfahrt mehr Geld kostet? Trotzdem geht Mehmet Cahit Turhan – bis März 2020 Transportminister im Kabinett Erdoğan – davon aus, dass der Schiffsverkehr auf dem Istanbul-Kanal einen jährlichen Gewinn von mehr als 1 Milliarde Dollar bringen würde. In einer Presseerklärung Anfang 2020 deutete er sogar an, dass der Gewinn auf bis zu 5 Milliarden Dollar steigen könnte, wenn mehr als 50 000 Schiffe den Kanal jährlich passieren würden.

Solche Spekulationen über den Gewinn eines Bauvorhabens sind allerdings ziemlich nichtssagend, wenn dessen Kosten noch nicht einmal feststehen. Im Bericht der Umweltverträglichkeitsprüfung werden 12,7 Milliarden Dollar angesetzt, das Verkehrsministerium spricht von 20 Milliarden und der Verkehrsminister selbst von 25 Milliarden.

Dass trotz all dieser Ungewissheiten bereits Grundstücke in der Gegend verkauft werden, erweckt Zweifel, ob der Kanal İstanbul wirklich für den Schiffsverkehr gebaut werden soll oder ob es nicht eigentlich darum geht, neues Bauland zu schaffen. Im offiziellen Werbefilm des Vorhabens wird die Geschichte eines Immobilienprojekts erzählt. Und auch die Werbeclips anderer Firmen zeichnen kein Bild von einem internationalen Infrastrukturprojekt, sondern zeigen ein postmodernes Disneyland mit einem dekorativen Kanal.

Dass die Region für die Bebauung erschlossen werden kann, wurde bereits im August 2012 vom türkischen Kabinett beschlossen. Durch den Beschluss wurde eine Fläche von 32 500 Hektar nordwestlich von Istanbul zum »städtischen Entwicklungsraum« erklärt. Von einem Kanal war in dem Beschluss allerdings keine Rede.

Die Istanbuler Stadtverwaltung wurde in die Planung nicht einbezogen. Zudem widerspricht dieser Beschluss dem Masterplan der Stadt von 2009, der die Region als Trinkwasser- und Naturschutzgebiet sowie für die landwirtschaftliche Nutzung und ländliche Besiedlung vorsieht.

Laut einer Untersuchung des Türkischen Instituts für Datenverarbeitung Tuvimer hat sich die Zahl zum Verkauf stehender Grundstücke in diesem Gebiet zwischen 2014 und 2016 mehr als verdoppelt: von 59 000 auf knapp 125 000. Der Marktwert der Grundstücke entwickelte sich im gleichen Zeitraum noch weit schneller. Laut der Tuvimer-Studie belief sich der Gesamtwert der betreffenden Grundstücke 2014 auf knapp 9 Milliarden Dollar. 2016 war dieser Wert auf rund 25 Milliarden Dollar gestiegen.

Glaubt man Murat Özçelik, dann sind die Grundstückspreise in den vergangenen zehn Jahren immer dann nach oben gegangen, wenn Erdoğan über sein »verrücktes Projekt«, den Istanbul-Kanal gesprochen hat. »Ich glaube an Erdoğan, und der hält sein Wort«, sagt er und lächelt. Er unterstütze den Präsidenten und glaube fest daran, dass durch den Kanalbau die Wirtschaft angekurbelt würde. Allerdings, so erzählt Özçelik, hätten auch schon einige Erdoğan-Gegner bei ihm Grundstücke gekauft.

In der Bevölkerung ruft der Kanal İstanbul weit mehr Widerstand hervor als frühere Projekte der AKP wie der dritte Flughafen und die dritte Bosporusbrücke, die trotz zahlreicher Proteste verwirklicht wurden. Mehr als 100 000 Bürgerinnen und Bürger haben bei den zuständigen Behörden des Ministeriums für Umwelt und Stadtentwicklung gegen den Bericht der Umweltverträglichkeitsprüfung Beschwerde eingelegt.

Auch vonseiten der Istanbuler Stadtregierung, die seit den Kommunalwahlen vom März 2019 in den Händen der Opposition ist, regt sich Widerstand. Sie hat Ende 2019 eine Kooperationsvereinbarung mit dem Ministerium aufgekündigt. Oberbürgermeister Ekrem İmamoğlu bezeichnete das Kanalvorhaben als »Verrat an Istanbul« und hat ein Referendum über das Projekt vorgeschlagen.

Ein weiteres brisantes Thema sind die ökologischen Auswirkungen des Kanals. Sollte die Wasserstraße tatsächlich gebaut werden, wird der Sazlıdere-Stausee verschwinden, der ein Zehntel der Wasserspeicherkapazität von Istanbul ausmacht. Außerdem besteht die Gefahr, dass die Terkos-Lagune versalzt, die 20 Prozent der Kapazität liefert. Die Schilfgebiete rund um diese Gewässer sind zudem wichtige Brut- und Durchzugsräume für heimische Vögel und Zugvögel.

Der Bau des Kanals würde dieses ganz besondere Ökosystem unwiederbringlich zerstören. Zudem dürfte die geologische Beschaffenheit der Region für einen solchen Kanal gar nicht geeignet sein. Im Fall eines Erdbebens wäre die Gefahr von Erdrutschen und Versumpfung immens. Eine Bebauung der Region würde das Risiko weiter erhöhen.

Was ist also der Nutzen dieses Projekts, dessen Kosten und Risiken so hoch sind? Bislang bleiben die verantwortlichen Planer eine Antwort auf diese Frage schuldig.

Die Unterhaltung im Maklerbüro in Kayabaşı hat unterdessen einen anderen Ton angenommen. Makler Özçelik betont, er halte Istanbul zwar für das einzige wirtschaftlich relevante Zentrum des Landes und eine weitere Verdichtung sei deshalb unvermeidlich. Aber er lässt auch seine eigenen Absichten durchblicken: Eigentlich sei Istanbul am Ende, und auch ihn werde hier nichts halten. Sein Ziel ist es, noch für die nächsten zehn oder fünfzehn Jahre Grundstücke hier zu verkaufen, und dann, wenn er genug gespart hat, in sein Dorf im Nordosten der Türkei zurückzukehren, um dort in Ruhe zu leben.

Aber was ist, wenn der Kanal doch nicht gebaut wird? Was wird dann aus denen, die in die Äcker hier investiert haben? »Investieren heißt immer auch riskieren. So viel sollten die Leute davon verstehen«, antwortet Murat Özçelik ruhig.   ●

Aus dem Türkischen von Julia Lauenstein

Erstmals erschienen auf *taz.gazete* am 20. Januar 2020. Aktualisiert.
© 2020 *taz.gazete*

Politik im Wasserglas

Wie die Trinkwassermarke Hamidiye Su zum Symbol gegen die AKP-Regierung wurde

■ HAMIDIYE.ISTANBUL

Von Minez Bayülgen

Istanbul im November 2019. Für den 28-jährigen Hayri ist die Arbeit beim Istanbuler städtischen Trinkwasserlieferanten Hamidiye Su in den letzten Wochen anstrengend geworden. Am Telefon nimmt er die Bestellungen von Kundinnen und Kunden entgegen und organisiert die Aufträge für die Auslieferer. Seit drei Jahren macht Hayri diesen Job, und normalerweise klingelte das Telefon durchschnittlich alle zwanzig Minuten einmal. Das hat sich im vergangenen Monat schlagartig geändert: »Ich komme kaum noch mit den Bestellungen hinterher. Alle wollen das Wasser von Hamidiye trinken«, sagt er.

Es scheint, dass eine PET-Flasche mit Trinkwasser in der heutigen Türkei zu einem politischen Symbol geworden ist. Hamidiye Su ist eine der ältesten Wassermarken Istanbuls: Sultan Abdulhamid II. ließ ab 1902 Quellwasser abfüllen, um der wachsenden Stadtbevölkerung Istanbuls Trinkwasser zur Verfügung zu stellen. Der Betrieb ging in den Besitz der Stadt Istanbul über, die heute Haupteigentümer des Unternehmens ist. Leitungswasser trinkt in Istanbul fast niemand, die meisten Privathaushalte und Firmen kaufen Trink-wasser in 19-Liter-Plastikgallonen für Wasserspender. Seit Jahren ist der Traditionsbetrieb mit dem osmanischen Namen auch die erste Wahl für die wichtigsten Behörden und öffentlichen Einrichtungen der Türkei.

Das änderte sich, nachdem die CHP Ende Juni 2019 die Istanbuler Kommunalwahlen gewonnen hatte. Der neue Oberbürgermeister Ekrem İmamoğlu besuchte den Betrieb im darauffolgenden September, und die Vorstandsvorsitzende Şengül Altan Arslan wurde in die Geschäftsleitung der Istanbuler Stadtverwaltung geholt. Plötzlich erneuerten einige Ministerien und öffentliche Unternehmen ihre Verträge mit Hamidiye Su nicht mehr. Wasserbestellungen in Höhe von umgerechnet fast 300 000 Euro seien gekündigt worden, sagte der Istanbuler CHP-Abgeordnete Turan Aydoğan im Oktober 2019 im türkischen Parlament. Er vermutete hinter dem Boykott eine Racheaktion der Regierung.

Mit einem jährlichen Haushalt von 60 Milliarden türkischen Lira und 30 Großfirmen in ihrem Besitz ist die Stadt Istanbul ein mächtiger Player in der türkischen Volkswirtschaft. Die Istanbuler Stadtverwaltung gilt als der Ort, an dem sich das politische Schicksal der Türkei entscheidet. In den vergangenen 25 Jahren war die Kommune fest in den Händen von Bürgermeistern aus der Tradition des politischen Islam, Erdoğan tat alles, um sie nicht zu verlieren. Als bei den Kommunalwahlen am 31. März dennoch İmamoğlu gewählt wurde, erzwang Erdoğan eine Wahlwiederholung, bei der der CHP-Kandidat haushoch gewann. Die AKP musste ihm die Kommune überlassen. Seither versucht die Regierung, den Einflussbereich der Stadtverwaltung einzuschränken.

Als klar wurde, dass öffentliche Einrichtungen Hamidiye Su boykottieren, löste das eine Gegenbewegung der privaten Kundinnen und Kunden aus. Der Sprecher der CHP-Fraktion in der Istanbuler Bürgerschaft, Tarık Balyalı, verkündete eine Verdreifachung der Verkaufszahlen. Die Marke sei im Inland und Ausland schlagartig bekannter geworden.

Bei Adem, einem Wasserlieferanten im Istanbuler Beyoğlu-Viertel, laufen die Geschäfte hingegen nicht gut. Seit sieben Jahren arbeitet er als Franchisenehmer für eine der führenden Wassermarken in der Türkei. Der Mann um die dreißig möchte weder seinen Nachnamen noch den der Firma veröffentlicht sehen. Mürrisch erzählt er, wie er nach und nach Kunden verliert, denen er jahrelang Trinkwasser geliefert hat. Denn viele Menschen reagierten auf die Boykottkampagne, indem sie bewusst zu Hamidiye wechselten. »Meine Kunden wehren sich gegen den Boykott, und ich muss sagen, sie haben recht. Es war völlig überflüssig von der AKP, so ein Geschrei um Wassergallonen zu machen«, sagt er.

Der aufsehenerregendste Kommentar inmitten der Diskussionen um Hamidiye Su stammte von Burhan Kuzu, einem ehemaligen AKP-Abgeordneten, der im November 2020 an den Folgen einer Corona-Infektion starb. Er hatte behauptet, das Wasser von Hamidiye werde unter äußerst unhygienischen Bedingungen abgefüllt und sei stark verschmutzt. Kuzu hatte zwar keine Laborwerte vorzuweisen, aber er meinte zu wissen, dass in den Plastikgallonen von Hamidiye sogar Algen wachsen.

Pikant daran war auch, dass die AKP jahrelang ein genau gegenteiliges Image der Marke aufgebaut hatte. Das Wasser von Hamidiye wurde nicht nur von Kuzus Partei bevorzugt, sondern auch von diversen staatlichen Institutionen. Seit 2013 verarbeitete das Unternehmen täglich mehr als 2 Millionen Liter Wasser und füllte rund 30 000 Gallonen ab.

Kenan Kılıç, der ehemalige Vorstandsvorsitzende von Hamidiye, trat den von Kuzu verbreiteten Gerüchten entgegen, indem er auf frühere Interviews Kuzus verwies, in denen dieser die Mineralwerte und den geringen Bakteriengehalt des Trinkwassers gelobt hatte. Für Kılıç war und ist Hamidiye eine der besten Wassermarken der Türkei. Kurz gesagt: Bis Ekrem İmamoğlu gewählt wurde, war die Hygiene bei Hamidiye nie ein Diskussionsthema. Erst unmittelbar nach der Kommunalwahlen von 2019 scheint das Wasser auf ominöse Weise kontaminiert worden zu sein.

Um der CHP eins auszuwischen, beschädigt die AKP nicht nur eine Marke, die sie selbst aufgebaut hatte, sondern torpediert zugleich ihre eigenen strategischen Ziele. Denn in ihrer omnipräsenten politischen Vision zum hundertjährigen Bestehen der Republik 2023 hatte die Partei unter vielen Zahlen auch das Ziel genannt, jährlich Trinkwasser im Wert von 300 Millionen Dollar zu exportieren. 20 Prozent des Exportwassers sollten laut dem Papier von Hamidiye Su kommen. 2005 stieg die Firma ins Exportgeschäft ein und liefert heute in 28 Länder – unter anderem auch nach Deutschland.

Die AKP verhalte sich so, weil sie im Prinzip wie eine gigantische Firmengruppe funktioniere, sagt der Sozialwissenschaftler Fatih Yaşlı, der sich mit den Konflikten zwischen dem rechten und linken Lager in der Türkei beschäftigt. Yaşlı zufolge konnte die Regierungspartei insbesondere über die Kommunen hohe Renditen im Bausektor abschöpfen und im ganzen Land ein weitverzweigtes Netz von Firmen mit kommunaler Beteiligung aufbauen. Mitglieder dieses Netzwerks verfolgten das Ziel, sich gegenseitig Profite zuzuschieben und sich auf Kosten der öffentlichen Haushalte zu bereichern.

Hamidiye Su war Teil dieses Netzwerks – bis die Regierung aufgrund des Ergebnisses der Kommunalwahl die Kontrolle über die Firma verlor. Fatih Yaşlı geht davon aus, dass die Regierung daraufhin die nach wie vor von ihr kontrollierten Firmen, öffentlichen Unternehmen und Behörden angewiesen hat, zu anderen Wasseranbietern zu wechseln. Man wolle nicht, dass die aus den Verkäufen generierten Einnahmen der CHP zugute kommen. »Hamidiye Su war ein Leuchtturmprojekt der regierungstreuen Kreise, jetzt wird die Firma zum Liebling all jener, die die Opposition unterstützen«, sagt Yaşlı. »Über Nacht wurde eine Wassermarke zum Gegenstand politischer Kämpfe.«

Die 38-jährige Demet griff zum Telefon, sobald sie vom Hamidiye-Boykott erfuhr. Sie erklärte dem Lieferanten, der sie jahrelang mit Wasser einer bekannten Konkurrenzmarke versorgt hatte, dass sie wegen der Einmischung durch die AKP jetzt lieber Wasser von Hamidiye trinken wolle. Es macht sie wütend, dass die Regierungspartei der neuen Istanbuler Stadtverwaltung mit derartigen Spielchen ein Bein stellen möchte. Ob das Wasser nun besser oder schlechter schmeckt, ist ihr ziemlich egal. »Worum es mir geht, ist, dass die Regierung nicht eine Wassermarke benutzen darf, um die CHP dafür zu bestrafen, dass sie Wahlen gewonnen hat«, sagt sie. Demet ist sich sicher, dass die AKP mit Reaktionen aus der Bevölkerung rechnen muss, solange sie die Stadtverwaltung in ihrer Arbeit behindert.

Der Versuch, Hamidiye zu boykottieren, war weder die erste noch die letzte Initiative dieser Art. Ihre Verluste in den östlichen Provinzen des Landes versuchte die AKP zu kompensieren, indem sie die gewählten Bürgermeisterinnen und Bürgermeister mittlerweile fast aller kurdischen Kommunen absetzen und durch Zwangsverwalter ersetzen ließ. Im Westen des Landes fährt sie eine andere Strategie.

Das zeigte sich etwa auch im Vorgehen der Regierung gegen die Corona-Spendenkampagne der Istanbuler Stadtverwaltung, bei der im April 2020 innerhalb weniger Tage umgerechnet über 800 000 Euro zusammengekommen waren. Daraufhin ließ Innenminister Süleyman Soylu das Spendenkonto einfrieren – mit der Begründung, Kommunen seien nicht berechtigt, Hilfsgelder zu sammeln, und die Kampagne sei »illegal«. Das Umweltministerium kündigte zudem an, der Stadt Istanbul die Verwaltungskompetenz über den Bosporus zu entziehen und einer vom Staatspräsidenten zu ernennenden Kommission zu übergeben. Ein entsprechender Gesetzentwurf muss noch durchs Parlament. Der nächste Konflikt bahnt sich also bereits an. •

Aus dem Türkischen von Oliver Kontny

Erstmals erschienen auf *taz.gazete* am 22. November 2019. Aktualisiert.
© 2019 *taz.gazete*

Die Roma von Kuştepe

Kuştepe, Istanbul. ■ NORDICPHOTOS | ALAMY

Von Marie Chambrial und Erwan Manac'h

Bahattin Turnali schlendert im eleganten schwarzen Anzug durch die heruntergekommenen Straßen von Kuştepe. Der Jungmanager blickt mit einem nachsichtigen Lächeln auf die alten Häuschen des Viertels, in dem er aufgewachsen ist: »Nach 21 Uhr fährt hier kein Taxifahrer mehr rein. Wegen der Gewalt und dem Drogenhandel.«

Das Armenviertel Kuştepe im Herzen Istanbuls hat 22 000 Einwohner. 6000 davon sind Roma. Turnali führt uns durch ein Gewirr steiler Gassen. Da ertönt der Ruf des Muezzins. Gegenüber der Moschee, in einem unauffälligen Café, gibt Wirt Bülent Filyas den Ton an: »Zuallererst muss man sagen: Unsere Situation ist gut.«

In Kuştepe, wie überall in der großen türkischen Roma-Gemeinschaft, möchte man gern daran glauben, dass ein neues Zeitalter begonnen hat. Seit einigen Jahren demonstriert der Staat sein Entgegenkommen. Bereits 2010 ließ der damalige Ministerpräsident Recep Tayyip Erdoğan den abwertenden Ausdruck *cingene* (Zigeuner) aus türkischen Gesetzbüchern streichen. 2011 schaffte er das – nie angewandte – Gesetz ab, Roma auszuweisen, die nicht offiziell gemeldet waren oder als »nicht der türkischen Kultur angehörig« betrachtet wurden. Am 14. März 2010 hielt er in einem Istanbuler Stadion vor 15 000 Roma aus dem ganzen Land eine emotionale Rede und bat »im Namen des Staats« um Verzeihung für erlittene Demütigungen und Diskriminierungen. »Sogar die türkischen Nichtroma achten inzwischen mehr auf das, was sie sagen«, erzählt der Blumenhändler Metin Salih Şentürk. Und der Wirt Filyas bekräftigt: »Das war eine Revolution!«

Erdoğans Maßnahmen kamen natürlich nicht aus heiterem Himmel. Davon abgesehen, dass sie auch die EU-Kommission beeindrucken sollten, die damals Fortschritte bei der Minderheitenfrage angemahnt hatte, zeichnete sich bereits seit dem Machtantritt der AKP-Regierung 2002 ein Richtungswechsel ab. Man habe stets eine gewisse Offenheit gegenüber Minderheiten demonstriert, meint Jean Marcou von der französischen Beobachtungsstelle des politischen Lebens in der Türkei (Ovipot).[1] Über diesen Umweg habe man den Islam wieder in den öffentlichen Raum tragen wollen.

Achtzig Jahre lang waren die Roma im politischen Leben unsichtbar. Sie pflegten zwar ihre Traditionen, doch sie gingen auch ganz in der kemalistischen Republik auf. Sie leisten Militärdienst, sind wie die Mehrheit Sunniten, sprechen dieselbe Sprache und verehren Kemal Atatürk, den Gründer der modernen Türkei. Insbesondere die Nachkommen jener Roma, die nach dem Ende des Griechisch-Türkischen Kriegs infolge des Lausanner Vertrags 1923 ins Land gekommen waren,[2] identifizieren sich stark mit dem türkischen Staat. Die Umsiedlung aus Griechenland rettete ihre Vorfahren zwanzig Jahre später vor dem deutschen Vernichtungsfeldzug, dem zwischen 1940 und 1944 Hunderttausende Sinti und Roma in West- und Osteuropa zum Opfer fielen. Man sollte die Situation aber nicht beschönigen. Wie überall in Europa sind Roma und sprachliche Minderheiten mit ähnlichen Wurzeln, wie die armenischen beziehungsweise georgischen Dom und Lom, auch in der Türkei benachteiligt. Sie leiden unter hoher Arbeitslosigkeit, schlechter medizinischer Versorgung und unwürdigen Wohnverhältnissen.

Die Rate der Schulabbrecher ist hoch. Viele Mädchen und Jungen heiraten immer noch viel zu früh.[3]

Unter den Jugendlichen von Kuştepe ist besonders »Bonsai« beliebt, eine billige synthetische Droge, die sehr schnell abhängig macht. Sie tauchte 2010 zum ersten Mal auf. Diskriminierung und Segregation sind unbestreitbar Realität, auch wenn offene Gewalt gegen Roma seltener vorkommt als in anderen Ländern.

Am Abend erwacht das Leben auf dem Hauptplatz von Kuştepe. Adem Hasan Aglu, eine imposante Gestalt mit graumeliertem Haar, ist kein Rom, aber trotzdem Vorsitzender des Istanbuler Vereins »Stimme der Roma«. Seitdem er vor zwanzig Jahren eine Romni geheiratet hat, engagiert er sich für die Roma. »Meine Frau ist praktizierende Muslimin. Sie trägt ein Kopftuch. Wir haben zwei Kinder. Trotzdem hat meine Familie sie bis heute nicht akzeptiert, weil sie eine Romni ist.« Ein Nachbar mischt sich ein: »Der Lebenswandel der Roma verunsichert die Leute. Sie leben in den Tag hinein, ohne sich um die Zukunft zu kümmern.«

NOMADEN AUS ÄGYPTEN

Nach Schätzung des Europarats leben in der Türkei 2,7 Millionen Roma (rund 3,3 Prozent der Bevölkerung). Das ist bei Weitem die größte Roma-Gemeinschaft in Europa. Die meisten Roma sind sesshaft, leben in den Großstädten im Westen des Landes und sind Muslime. Ihre Niederlassung in der Türkei ist seit dem 17. Jahrhundert bezeugt. Byzantinische Quellen beschreiben bereits im 9. Jahrhundert Nomadengruppen, die aus Kleinasien oder Ägypten kamen, weshalb man sie »Ägypter« (woraus das englische Wort »Gypsies« wurde) oder »Romiti« (Söhne der Herrscher über Rom) nannte. Unter den Osmanen waren sie als teils sehr wohlhabende Händler, Künstler oder Soldaten eine zwar marginalisierte, aber respektierte Gemeinschaft. Im 20. Jahrhundert begegnete man ihnen mit größerem Misstrauen. Sie wurden zur Assimilation gedrängt, waren aber zugleich Opfer einer vom Staat organisierten urbanen Ausgrenzung.

Auch Bahattin Turnali hat einen Verein gegründet – gegen Diskriminierung und für Bildung (Egkam), um die Spirale der Armut zu unterbrechen. Er unterstützt Familien, damit sie ihre Kinder nicht von der Schule nehmen. Seit 2010 entstehen immer mehr solcher kleinen Organisationen und mit ihnen eine neue Generation von gebildeten und politisch aktiven Wortführern. »Nur wenige von uns haben studiert«, erzählt Turnali, der an der Universität Istanbul mit zwei Diplomen abgeschlossen hat. »Heute bin ich so etwas wie ein Vorbild.«

Die junge Istanbuler Dokumentarfilmerin Elmas Arus hat 2010 den Verein »Null Diskriminierung«[4] gegründet. Ihre Familie hat allerdings kein Verständnis für ihr Engagement: »Meine Mutter sagt, ich solle mich schämen, dass ich mich noch für diese Fragen interessiere, wo ich doch in guten Verhältnissen lebe. Sie ist gar nicht stolz darauf, Romni zu sein. Deshalb hat sie ihre Geschichte und ihre Sprache vergessen.«

Die Roma-Initiative war für Erdoğan eine Maßnahme ohne Risiko. Im Unterschied zu den Kurden stellen die Roma keine Autonomieforderungen. Sie zeigen kaum Solidarität mit anderen Roma in Europa, weil sie weder deren lange Verfolgungsgeschichte, Glauben oder Gebräuche teilen. »Erdoğan hat sie wie Menschen behandelt, weil er sie sichtbar gemacht hat. Das reicht ihnen schon«, erklärt Elmas Arus. Abgesehen von schönen Worten ist die Bilanz eher mager. Die Regeln zur Feststellung der Personenstandsdaten bei bestimmten Familien, besonders bei den Nomaden im Osten der Türkei, wurden vereinfacht. Roma bekommen mittlerweile zwar auch Sozialwohnungen, und der Dialog zwischen Regierung und Roma-Organisationen hat sich verbessert. Doch darüber hinaus geht es mit den sozioökonomischen Fortschritten kaum bis gar nicht voran.

Doktor Didem Evci, die uns mit zwei Assistentinnen in ihrem Büro empfängt, deutet an, dass das von ihr geleitete Forschungszentrum für die Kultur der Roma eigentlich nur eine leere Hülle ist. Das von Erdoğan 2012 initiierte Institut hat Erwartungen geweckt, doch es gibt immer noch keine konkreten Ergebnisse. »Nur ein Name und ein paar Dokumente«, sagt abfällig eine Mitarbeiterin der Adnan-Menderes-Universität in Aydın, wo das Forschungszentrum angegliedert ist.

Auch der Blick auf andere Bereiche lässt vermuten, dass der türkischen Regierung doch nicht so viel daran gelegen ist, die Situation der Roma zu verbessern. Zum Beispiel bei den Programmen zur Stadterneuerung. In dem großangelegten Sanierungsplan von 2012 gerieten vornehmlich die Roma-Viertel in den Stadtzentren ins Visier der Planer. Offiziell sollte durch den Plan vor allem die Erbebensicherheit erhöht werden, tatsächlich aber ging es um die Verdrängung der ärmeren Bewohner aus den Innenstädten.

Bereits vor fünfzehn Jahren wurde beschlossen, das fast tausend Jahre alte Roma-Viertel Sulukele im Zentrum von Istanbul zu sanieren. 3500 Bewohner mussten ihre Grundstücke zwangsweise verkaufen und wurden vierzig Kilometer entfernt neu angesiedelt. Doch weil sie sich die höheren Mieten und die durch den Umzug entstandenen Pendelkosten nicht leisten konnten, kehrten viele Familien wieder nach Sulukule zurück, wo sie heute unter erbärmlichen Bedingungen hausen.

»Die Regierung wollte hier keine Roma mehr«, schimpft Hacer Fogo vom Europäischen Zentrum für die Rechte der Roma, das lange Zeit vor Gericht für Entschädigungen kämpfte. 2019 entschied ein Gericht tatsächlich, dass die Neubauprojekte von Sulukele rechtswidrig waren. Da waren die Häuser allerdings schon gebaut und die Betroffenen konnten nicht mehr in ihre alte Nachbarschaft zurück.

Eine positive Entwicklung gibt es jedoch: Im Sommer 2020 entschied der neu gewählte CHP-Bürgermeister von Istanbul, Ekrem İmamoğlu, die vielen Eisengitter und Zäune zu entfernen, die seit dem Bau vor zehn Jahren die luxuriösen Neubauten in Sulukele von den armen Rom-Nachbarschaften trennten. Seither können sich die Rom von Sulukule in ihrem eigenen Viertel zumindest wieder frei bewegen. ●

Aus dem Französischen von Claudia Steinitz

1 ovipot.hypotheses.org.
2 Nach dem Ende des Griechisch-Türkischen Krieges (1919–1922) besiegelte der Vertrag von Lausanne im Juli 1923 einen fast kompletten griechisch-türkischen Bevölkerungsaustausch: 1,25 Millionen türkische Staatsangehörige griechisch-orthodoxen Glaubens wurden nach Griechenland ausgewiesen und eine halbe Million Muslime wurden aus Griechenland in die Türkei umgesiedelt.
3 Unicef, »Analysis of the situation of children and young people in Turkey 2012«, Ankara 2013.
4 2020 veröffentlichte die Journalistin Asmin Ayçe İdil einen Dokumentarfilm über das Leben von Roma-Frauen, der von der Stiftung »Zero Discrimination« finanziert wurde: www.youtube.com/watch?v=I7Lfj4ShMyU&feature=emb_title.

Erstmals erschienen in *Le Monde diplomatique* vom März 2015. Gekürzt und aktualisiert.

Ankara, mon amour

Çankaya, Ankara, Januar 2017. ■ E4024 [CC BY-SA 4.0]

Von Onur Burçak Belli

Besonders in Krisenzeiten ist es wichtig zu wissen, wo man hingehört. Ich gehöre nach Ankara.

2014 zog ich der Umstände halber hierher – eine lange Geschichte. Anfangs kannte ich niemanden und fühlte mich einsam und isoliert. Ankara war nicht Istanbul, Beirut, London oder Los Angeles mit ihrer urbanen Architektur und dem trubeligen Leben. In diesen Städten hatte ich gewohnt, bevor es mich in diese Steppenlandschaft verschlug. Heute nenne ich mich eine »Exilantin aus Liebe«.

Ankara kam mir grundhässlich vor: keine schönen Orte zum Flanieren oder Joggen; von Meeresblick oder Bosporus wie in Istanbul ganz zu schweigen. Es gab nur Shoppingmalls, in denen ich in meinen ersten Jahren in der türkischen Hauptstadt viel Zeit verbrachte. Um der Einsamkeit und Abgeschlossenheit meiner Wohnung zu entfliehen, suchte ich mir ein Café in einer Mall und arbeitete von dort aus. Zwei Jahre lang ergriff ich zudem jede Gelegenheit, irgendwohin zu reisen. Vorwände dazu lieferte mir mein Beruf als Journalistin zuhauf. Zwei Jahre lang wollte ich nichts als wieder weg.

Wenn ich gewusst hätte, was mich in Ankara erwartete, ich hätte der Stadt schon viel früher eine Chance gegeben.

Irgendwann im Jahr 2016 machte mich ein Freund auf ein Café aufmerksam. Es würde mir gefallen, sagte er. Es heiße Amelie's Garden, Succulent and Coffee, und sei eines dieser schicken Kaffeehäuser, Pflanzen inklusive: Sukkulenten in Anatolien!

Das Amelie's liegt im Herzen der Stadt, im liberalen und säkular geprägten Bezirk Çankaya. Die Inhaberin des Cafés, Eylem Ekin, ist mittlerweile eine meiner besten Freundinnen, und die Stammgäste sind meine Community. Nein, sogar mehr als das: Sie sind meine Ersatzfamilie und der Grund, warum ich nicht mehr zurück nach Istanbul will.

»Ich wollte, dass das Amelie's Garden ein Ort ist, an dem man sich mit seinen Freunden und Nachbarn trifft. Auf diese Weise gehört es uns allen, nicht nur mir«, sagt Eylem, und tatsächlich ist Amelie's zu einem der bekanntesten und angesagtesten Cafés in dieser konfusen Stadt geworden. Die Gäste sind bunt gemischt. Von der Studentin bis zum ausländischen Diplomaten, Eylem und ihr Team begrüßen fast alle mit Namen. Wenn man hier gefragt wird, wie es einem geht, ist es ehrlich gemeint und nicht wie in England, wo man gar keine Antwort erwartet. Im Amelie's aber ist niemand allein, wenn er nicht will.

Dasselbe gilt auch für Ankara. Es ist eine Stadt der Menschen für die Menschen. Özen Beltan Demir, praktischer Arzt und ein lieber Freund aus dem Amelie's, sagt: »Ankara ist die Stadt, in die du nach wochenlanger Abwesenheit zurückkommen und mit denselben Leuten im Café da weiterreden kannst, wo ihr aufgehört habt.« In Istanbul sucht man solche Orte vergebens.

»In Ankara gibt es wenige Orte, wo viele Menschen hingehen. In Istanbul viele Orte, wo wenige Menschen hingehen«, meint auch

Elif Çongur, Journalistin und Buchautorin, und ebenfalls Stammgast im Amelie's. Auch das Mülkiyeliler im Stadtteil Kızılay sei so ein Ort. Die Taverne wurde vor Jahrzehnten von Absolventen der politikwissenschaftlichen Fakultät gegründet. »Wann immer ich mittags ins Mülkiyeliler gehe, grüßen mich die Leute an mindestens vier Tischen, und einen Schwatz halte ich an mindestens dreien.« Was Elif an Ankara bindet: »Ankara ist wie mein Ehemann, von dem ich mich nicht scheiden lassen kann. Istanbul ist wie mein Geliebter, aber mit dem kann ich nicht zusammenleben.«

Funda Şenol Cantek, Unidozentin und Autorin, ist in Ankara geboren und aufgewachsen. Sie ist Herausgeberin des 2017 erschienen Sammelbands »İcad Edilmiş Şehir: Ankara«, also »Die erfundene Stadt: Ankara«. Es handelt von den städtebaulichen Veränderungen, die Ankara vor und nach seiner Ernennung zur Hauptstadt durchlief, häufig aus sehr persönlicher Perspektive erzählt. In der Einleitung thematisiert Cantek die ewige Rivalität zwischen Ankara und Istanbul: »Jeder Text in diesem Buch ist eine Liebeserklärung an Ankara. Es schildert die unendlichen Geschichten der Stadt und deren uralte Vergangenheit.« Eine wunderschöne Lektüre.

Und trotzdem mutet es wie eine Verteidigungsschrift an, wenn man Beiträge berühmter Autorinnen und Autoren aus Ankara versammelt, um arroganten Istanbulern nahezubringen, warum diese Stadt liebenswert ist. »Es ist schwer, über Ankara zu schreiben, ohne auch über Istanbul zu schreiben«, sagt Cantek. Und auf den ersten Blick »hat Istanbul in diesem unsinnigen Wettbewerb alle Vorteile auf seiner Seite«.

Istanbuler stellen Leuten aus Ankara gern die Scherzfrage: »Was ist das Beste an einer Fahrt nach Ankara?« Dann tun die Witzbolde so, als warteten sie auf eine Antwort, bevor es aus ihnen herausplatzt: »Der Zug zurück nach Istanbul.«

Die Bahnverbindung Istanbul–Ankara hat tatsächlich eine lange Tradition. In fast allen Erzählungen, Romanen und Filmen über Ankara gibt es eine Szene, in der jemand mit dem Zug in der Stadt ankommt oder sie verlässt. Auch meine erste Zugreise führte von Istanbul nach Ankara – und zwar im berühmten Nachtzug mit Restaurantwagen. Nachdem er 2012 abgeschafft wurde, trauerten ihm viele hinterher. 2019 wurde der Nachtzug wiederbelebt und ergänzt jetzt den Hochgeschwindigkeitszug, der die 533 Kilometer in etwas mehr als vier Stunden zurücklegt.

Auch wenn Ankara nicht besonders viele Sehenswürdigkeiten bereithält, sein Hauptbahnhof kann sich sehen lassen. An den Ankara Garı, den alten Bahnhof mit seinem Empfangsgebäude im Art-Déco-Stil, schließt sich seit 2016 der Ankara Tren Garı an, halb Shoppingmall, halb Tempel der Hochgeschwindigkeitstechnologie.

Von hier ist es nur ein Katzensprung sowohl ins alte als auch ins neue Ankara. Als Alt-Ankara bezeichnet man die einfachen Behausungen rund um die berühmte Zitadelle, die im 8. Jahrhundert vor unserer Zeit von den Hethitern erbaut wurde. Unweit davon liegt der berühmte Hâkimiyet-i Milliye Meydanı, der Platz der nationalen Souveränität oder Ulus Meydanı (Platz der Nation), wie er heute heißt. Hier befand sich das erste Parlament der modernen Türkischen Republik.

Nimmt man von hier die Straße weiter Richtung Neustadt, die Yenişehir, erreicht man bald deren Zentrum, den Kızılay Meydanı, der nach der Hilfsorganisation Roter Halbmond benannt ist, die einst hier ihr Hauptquartier hatte. Der gleichnamige Stadtteil Kızılay und die gesamte Neustadt bekamen ihr heutiges Gesicht im Zuge der Modernisierungsbestrebungen in den 1950er Jahren.

Auf diesem kurzen Parcour lässt sich Ankaras Transformation von einer ländliche Siedlung in der anatolischen Steppe zum Symbol der Unabhängigkeit und Souveränität einer stolzen jungen Nation hin zu einer moderne Hauptstadt besichtigen. Viele dieser Ort sind nicht nur eng verbunden mit den Ereignissen der türkischen Geschichte, sie sind auch eine Manifestation der kollektiven und individuellen Träume von Türkinnen und Türken verschiedenster Generationen.

Eine Freundin erzählte mir neulich, dass Ankara für sie, als sie vor 18 Jahren zum Studieren in die Stadt kam, Freiheit und Unabhängigkeit bedeutete. Sie ist geblieben, heute unterrichtet sie hier an der Universität. Ich musste an meinen ersten Besuch in Ankara denken: An einem 10. November, dem Todestag von Staatsgründer Mustafa Kemal, fuhren wir auf Klassenreise in die Hauptstadt, »um sein Mausoleum zu besuchen und ihm unsere Ehre zu erweisen«, wie mein Lehrer es formulierte, »und um am alten Parlamentsgebäude daran zu denken, dass er und seine Waffenbrüder für uns die Souveränität erkämpft haben«. Ich war 14 Jahre alt, und es war das erste Mal, dass ich aus der kleinen Stadt herauskam, in der ich aufgewachsen bin.

Damals war ich fest davon überzeugt, irgendwann an einer Universität in Ankara zu studieren. Auch in meinen Träumen stand Stadt damals für Freiheit und Unabhängigkeit und für all die Möglichkeiten, die mir meine Heimatstadt nicht bot. Doch ich landete an einer Hochschule in Istanbul und wurde zur fanatischen Istanbulerin, nichts ging über meine Liebe zu der Stadt am Bosporus.

Dass »Freiheit und Unabhängigkeit« auch für Atatürk eine Rolle spielten bei der Entscheidung, Ankara zur Hauptstadt der jungen Türkischen Republik zu küren, steht außer Frage. Für uns junge Frauen, die wir uns von einem Leben in Ankara persönliche Unabhängigkeit und Entfaltungsmöglichkeiten erhofften, spielte das aber keine Rolle. Wie in meiner Vorstellung damals ist Ankara für viele Studentinnen und Studenten auch heute der Ort, an dem sie zum ersten Mal ein selbstbestimmtes und modernes Leben als Erwachsene führen.

Denn auch das möchte ich für Ankara ins Feld führen: Es ist die studentenfreundlichste Stadt der Türkei, mit drei der besten Universitäten des Landes. Viele träumen davon, hier zu studieren. Ohne die berühmte Technische Universität des Nahen Ostens zum Beispiel, kurz ODTÜ, ist Ankara gar nicht zu denken. Viele der unterschiedlichen Fachbereiche sind eng mit dem Stadtleben verflochten. Zum Beispiel obliegt die Pflege des einzigen Sees in Ankara, des Eymir-Sees, der ODTÜ. Außerdem gehört zum Campusgelände ein großer Wald, den Studierende der 68er Bewegung angelegt haben.

Ich werde immer die chaotische Schönheit Istanbuls vermissen. Istanbul bleibt für mich eine magische Stadt. Und ich muss zugeben: Auch ich habe in der Vergangenheit Scherze über Ankara gemacht. Doch nach fünf Jahren in der Hauptstadt durchströmt mich auch jedes Mal ein warmes Gefühl, wenn ich von einer Reise nach Istanbul wieder nach Hause komme, nach Ankara. ●

Aus dem Englischen von Sigrid Ruschmeier

Blumen mit leerer Mitte

Streetart von Nazlı Ergen, Diyarbakır, Juli 2019. ■ NTV

Die Streetart-Künstlerin Nazlı Ergen bringt Farbe
in die vom Krieg zerstörte Altstadt Diyarbakırs

Von Figen Güneş

Es gibt noch ein paar enge Gassen in der größtenteils zerstörten Altstadt von Diyarbakır, wo die Häuser 2016 nicht abgerissen wurden. In einer davon ist nach der Lockerung der coronabedingten Einschränkungen jetzt wieder das Leben zu spüren. Auf dem Kopfsteinpflaster steht die Kunstlehrerin Nazlı Ergen und zieht die großflächigen Porträts von Frauen nach, die sie vor einer Woche auf die Wände gemalt hat.

Um die Ecke bringen Frauen ihre Schüsseln zum großen Steinofen des Viertels, wo man eigene Brote oder Ofengerichte backen lassen kann. Mit einer ganzen Wanne voller Fladenbrote auf der Schulter macht sich eine Frau auf den Weg nach Hause, während ein Junge auf dem zerschundenen Sattel eines alten Fahrrads wartet, bis der Korb mit Broten gefüllt ist und er sie ausliefern kann. Sein Blick haftet auf den Gesichtern der gemalten Frauen. Dann beobachtet er Ergen, wie sie die Porträts nachbessert. In dieser Nachbarschaft, wo alle Menschen unmittelbare Erfahrungen mit dem Krieg gemacht haben, sei das Malen insbesondere für Kinder »eine Art Freilichttherapie«, sagt Ergen.

Nazlı Ergen hat in Antalya Kunst studiert, dann lebte sie in Istanbul als Straßenkünstlerin. Sie selbst fand das, was sie in der Metropole machte, »eher nichtssagend« und beschloss, in ihre Heimat Diyarbakır zurückzukehren. Sie unterrichtet hier Kunst an einer staatlichen Schule, derzeit noch auf Honorarbasis, und wartet darauf, in den öffentlichen Dienst aufgenommen zu werden. Sie war immer schon der Meinung, dass Kunst raus aus den Ateliers und geschlossenen Galerien und auf die offene Straße gehört.

Als 2015 die bewaffneten Auseinandersetzungen in Diyarbakır begannen (siehe den Beitrag von Laura-Maï Gaveriaux auf Seite 42) und die Sicherheitskräfte mitten in Wohnvierteln schwere Artillerie einsetzten, saß sie in ihren vier Wänden und war verzweifelt. »Ich lebe unweit von Sûr, der Altstadt, und konnte die ganze Nacht über die Explosionen und Schüsse hören. Jedesmal zuckte ich zusammen«, sagt Ergen. »Ich konnte vier Monate lang nicht schlafen, weinte jeden Tag, konnte mich nicht mehr konzentrieren. Es tat mir weh, dass so viele junge Menschen erschossen wurden. Da hab ich mir gedacht, ich muss als Künstlerin etwas machen.«

Große Teile von Sûr wurden damals dem Erdboden gleichgemacht und mit Planierraupen eingeebnet. Dort, wo noch Häuser standen, wollte Ergen mit ihrer Streetart anfangen »Wunden zu pflegen«. 2019 machte sie in Bağlar, einem ebenfalls vom Krieg stark betroffenen Viertel, einen Workshop mit Kindern, die die Kämpfe unmittelbar miterlebt hatten. Sie malten rings um die Einschusslöcher in den Wänden herum Blütenblätter, und es entstanden Blumen mit einer leeren Mitte. Damit wollte die Künstlerin »die Spuren des Kriegs bewahren, aber auch die Erinnerungsfähigkeit lebendig halten«. Die Arbeit mit den Kindern prägte sie. »Diese Kinder wachsen in improvisierten Behausungen auf, sie werden vermutlich niemals in einer modernen Wohnung leben«, sagt sie. »Wir müssen sie mitnehmen.«

Die Coronakrise hat Nazlı Ergen als einen weiteren Grund gesehen, Kunst auf der Straße zu machen. Zuerst wollte sie die Gesichter der Frauen, die im Uniklinikum Dicle während der Pandemie Schwerstarbeit verrichteten, auf die Krankenhauswände malen. Doch die benötigte Genehmigung ließ auf sich warten. Also kehrte sie in die Gassen von Sûr zurück. Das Zuckerfest Ende Mai 2020 mussten aufgrund einer Ausgangssperre alle in ihrer Wohnung verbringen. Aber Ergen bekam vom Bezirksamt eine Sondergenehmigung, um in dieser Zeit die Wände zu bemalen. »Es war tatsächlich so ein Gefühl, als malte ich zu Hause auf einer Leinwand. Es war so still, dass ich mich komplett versenken konnte«, sagt sie. »Ich finde, während einer Quarantäne sollten überall auf der Welt Künstlerinnen und Künstler die Wände bemalen. Dann haben die Menschen eine freudige Überraschung, wenn sie wieder rausgehen.«

In Sûr konzentriert sich Ergen auf Porträts kurdischer Frauen, an die sie erinnern möchte. In der Villa Cemil Paşa ist das Stadtmuseum untergebracht, und man kann dort Werke von Şermin Cemiloğlu sehen. Die 1926 in die kurdische Militäradelsfamilie hineingeborene Malerin hat nicht nur mit ihren Skizzen kurdischer Frauen, sondern auch mit ihrem eigenen Lebensstil einen Eindruck auf Ergen hinterlassen. »Ich möchte, dass etwas von ihrem Leben in den heutigen Straßen der Stadt sichtbar und spürbar wird«, sagt sie. Zuerst malte Ergen also eine Frau mit weißem Tülltuch, deren Blick sie nicht vergessen konnte. Als sie gerade in Schwung war, malte sie gleich die schwarze Eisentür des benachbarten Hauses bunt an. Der Hausbesitzer sah sie, kam herunter und schenkte ihr frische Aprikosen.

Inzwischen ist die Ausgangssperre vorbei und der Trubel in die Gassen zurückgekehrt. Manchmal kommen Jugendliche zu ihr und fragen, wann sie mit dem Malen fertig ist. »Sie wollen sich prügeln, aber erst warten sie, bis ich mit meinen Farben aus der Gasse weg bin. Die Spannungen entladen sich hier oft in Prügeleien.«

Im Dezember 2015 stand die Bevölkerung dann plötzlich zwischen den bis an die Zähne bewaffneten Sicherheitskräften und den ebenfalls bewaffneten Jugendorganisationen der PKK. Hier in Sûr gab es viele Jugendliche, entsprechend hoch war die Zahl der Todesopfer. Bei den Überlebenden hinterließ das ein Gefühl der Hoffnungslosigkeit. An dem Gefühl hat sich in den vergangenen fünf Jahren nichts geändert, hinzugekommen ist eine horrende Arbeitslosigkeit und ein grassierendes Drogenproblem.

Mit leuchtenden Farben kommt das Viertel zum ersten Mal in Kontakt, und nicht alle nehmen sie positiv auf. Denn die alten, denkmalgeschützten Häuser bestanden aus schwarzem, armenischen Basaltstein, und vor der Zerstörung von Sûr hatte sich die Altstadt um eine Aufnahme ins Unesco-Weltkulturerbe beworben. »Für die Straßen von Sûr sind das natürlich sehr intensive Farben«, sagt Ergen. »Das Meiste hier ist grau und schwarz.« Entsprechend werden ernsthafte denkmalpflegerische Bedenken laut. Auch beim Wiederaufbau wird, soweit möglich, der schwarze Basaltstein verwendet, und manche finden es unpassend, ihn mit Wandfarbe zu überdecken.

Ergen passt sich bei der Farbwahl notgedrungen an. Sie retuschiert einen Korb mit Äpfeln in der Hand einer Frau. Der Korb ist gelblich, und darin lagen ursprünglich rote und grüne Äpfel. Die grünen übermalt sie jetzt, da das Zusammenspiel von Rot, Gelb und Grün an die kurdischen Nationalfarben erinnert, die immer wieder behandelt werden, als wären sie schon ein verbotenes Symbol. Die drei Farben in einem Bild könnten »als bedenklich eingestuft« werden und bei manchen Betrachtern »Vorbehalte« gegen ihre Gemälde erzeugen, sagt Ergen.

Seit 2020 ist Nazlı Ergen Teil des Kollektivs »Sanat Sokakta« (Kunst auf der Straße). Mittels einer Kampagne in den sozialen Medien will das Kollektiv Unterstützung für Streetart generieren. Einer der ersten Sponsoren ist der in Diyarbakır ansässige Farbhersteller Capua. Er stellt Ergen umsonst Farben zur Verfügung.

Der Name Capua geht auf die kampanische Stadt zurück, wo in der römischen Antike der Spartakus-Aufstand stattfand. Gründerin Nevin İl will mit dem Namen allerdings nicht an die Niederschlagung des Aufstands erinnern, sondern daran, dass der Sklave Spartakus sich in der Arena von Capua behaupten und viele Menschen für den Kampf um ihre Freiheit begeistern konnte. »Alles, was wir tun, braucht eine Geschichte«, sagt Nevin İl. »Insbesondere wir Frauen schreiben unsere eigenen Erfolge dank der Geschichten anderer.« Sie ist selbst in Sûr geboren und aufgewachsen und hat bei der Industrie- und Handelskammer Diyarbakırs einen Frauenrat ins Leben gerufen. In ihrer eigenen Fabrik bestehen rund 60 Prozent der Belegschaft aus Frauen, von den Chemikerinnen bis zu den Gabelstaplerfahrerinnen. Zum 8. März haben jedes Jahr alle frei.

»Wir haben auch einen Raum geschaffen, in dem sich unsere Angestellten über Begriffe und Konzepte austauschen können«, sagt Nevin İl. »Im Produktionsprozess selbst verändert sich die Wahrnehmung von Geschlechterrollen. Wir sind auf einem patriarchal geprägten Sektor tätig, aber das ist ja überall im Leben so.« Die Region sei besonders patriarchal geprägt, und Frauen müssten das Doppelte leisten, um sich in der Arbeitswelt zu behaupten.

»Das Fünffache!«, ruft Nurten Muhsinoğlu lachend. Sie hat vor zwei Jahren in die Capua-Fabrik investiert, lebt aber eigentlich in Köln. Sie trägt einen weißen Kittel mit unzähligen Farbflecken. Muhsinoğlu fand Ergens Idee, Porträts von Frauen auf die Wände der Stadt zu malen, inspirierend und besorgte sich kurzerhand von den Chemikerinnen das Know-how, um hier in der Fabrik Farben herzustellen, die die nötige Deckkraft für den dunklen Basaltstein haben.

Nevin İl findet, Ergen bringe Freude auf die Straße und benutzt das Bild von einem Stein aus Licht, der Hoffnungslosigkeit und Pessimismus zerschmettere. »Ich habe von Menschen gehört, dass ihre Kinder die Fantasie verloren haben«, sagt sie. »Jetzt können sie mal diese Bilder sehen statt immer nur Finsternis.«   ●

Aus dem Türkischen von Oliver Kontny

Erstmals erschienen auf *taz.gazete* am 7. Juni 2020. Aktualisiert.
© 2020 *taz.gazete*

Das vergiftete Gold von Örencik

Örencik, Januar 2021. ■ POLA KAPUSTE

Von Ali Çelikkan

Die Schotterpiste, die zum kleinen Dorf Örencik hinaufführt, schlängelt sich durch dichte Kiefernwälder und lehmfarbenes Ackerland. Der Schnee, der in der Woche zuvor gefallen ist, ist fast geschmolzen. Kühe versperren den Weg, Hunde bellen. Hinter den Häusern aus Lehm und Ziegeln erhebt sich der schneebedeckte Gipfel des 2000 Meter hohen Eğrigöz. Alles scheint wie vor 100 Jahren, bis kurz vor der Dorfeinfahrt ein Schild am Straßenrand auftaucht: »Zenit Mining, Sperrgebiet«.

In der Erde rund um die westanatolische Stadt Kütahya lagern mehr als 30 unterschiedliche, teils wertvolle Erzarten. Fast 50 Prozent der weltweiten Bor-Reserven liegen hier im Boden. Gold wird bisher nicht abgebaut. Doch das könnte sich in Örencik bald ändern, denn in den letzten Jahren hat in der Türkei ein regelrechter Goldrausch eingesetzt. 2019 ist der Abbau um 40 Prozent auf fast 40 Tonnen gestiegen. Derzeit gibt es rund 20 aktive Goldminen, weitere sind im Entstehen.

Im Januar 2020 beantragte Zenit Mining beim Umweltministerium, eine aktuelle Abbaugenehmigung in der Umgebung von Ören-

cik von 93 Hektar auf 668 Hektar auszuweiten. Betroffen wäre das Acker- und Weideland der Dörfer Örencik und Avcılar. Zenit Mining hat bereits versucht, den Dorfbewohnern ihr Land abzukaufen. Ende Dezember 2020 verschickte das Unternehmen 240 Briefe an die Bewohner, in denen es andeutete, man werde beim Ministerium für Energie und natürliche Ressourcen die Enteignung ihres Eigentums beantragen. In Avcılar haben die meisten ihre Ländereien bereits verkauft, da sie befürchten, bei einer Enteignung durch die Regierung viel weniger Geld für ihr Land zu bekommen. Die Menschen in Örencik hingegen wehren sich gegen den Verkauf und wollen gegen das Unternehmen vorgehen.

Der Ort, an dem sich die Bewohner des 120-Seelen-Dorfs versammeln, ist das Gemeindehaus gegenüber der Moschee. Ein schlichter Raum mit weißen Wänden, in dessen Mitte ein Heizofen brennt. Vor einem Loch in der Wand hängt ein orangefarbenes Tuch. Draußen krähen Hähne. Der 25-jährige Uğur Korkunç erzählt, wie der Kampf der Dorfbewohner begann: Bei den ersten Bohrungen vor anderthalb Jahren dachten sie noch, Zenit Mining wolle nur das

Wasser testen. Doch dann erklärten ihnen Mitglieder der Umwelt-NGO Tema, dass 250 Meter von ihren Häusern entfernt eine Goldmine entstehen soll und was das für ihr Dorf bedeutet. Daraufhin beschlossen einige, das 80 Kilometer entfernte Dorf Dulkadir zu besuchen, sagt Korkunç: »Das hat uns aufgerüttelt.«

In Dulkadir wurde 1986 eine Silbermine eröffnet. Über hundert Menschen starben im Laufe der Jahre an Krebs, weil Arsen in die Wasserquellen gelangt war. Heute ist Dulkadir ein Geisterdorf, mit weniger als zehn bewohnten Häusern. Auch zum Abbau von Gold werden für den menschlichen Organismus gefährliche Schwermetalle eingesetzt, und das Wasser, das unter Örencik fließt, versorgt noch über 30 weitere Dörfer.

Uğur Korkunç wohnte bis vor Kurzem in einer nahe gelegenen Stadt und arbeitete als Aushilfslehrer. Seine ganze Familie lebt aber in Örencik, und auch er wurde hier geboren. Er zeigt auf seine Brille und erklärt, dass er normalerweise Kontaktlinsen trägt, der Staub der Felder ihm aber die Linsen verklebt. Das ist für ihn offenbar der einzige Nachteil des Landlebens. Dann beginnt er von den Sommern seiner Jugend im Hochland zu schwärmen: »Wir tranken Tee und aßen Maiskolben. Wir bestellten das Land und bauten alles Mögliche an. Von Honigmelonen bis Kiwis.« Er spricht über die frische Luft, das gute Wasser und darüber, dass die Menschen hier sehr alt werden.

Die Männer kommen einer nach dem anderen in den kahlen Gemeinderaum und versammeln sich am Ofen. Der Mukhtar (Dorfvorsteher) Mustafa Baysarı betritt den Raum. Uğur Korkunç deutet auf ihn: »Sein Vater ist 98.« Der Mukhtar ist von den Bewohnern des Dorfs gewählt worden. Er dominiert das Gespräch. Er lebe schon seit 20 Jahren hier, besitze ein halbes Hektar Land und über 20 Rinder. Die Zucht und der Verkauf der Tiere verschaffe ihm ein festes Einkommen. Alles zu verkaufen, würde einen großen finanziellen Verlust bedeuten.

Auch wenn Zenit Mining ihm mehr als die aktuellen 16 000 Lira (etwa 1800 Euro) pro 1000 Quadratmeter böte, würde er nicht verkaufen. Denn auch dann könne Geld ein »sinnvolles Erbe« für seine Kinder nicht ersetzen. Ein anderer Mann stimmt zu: »Gold kann man nicht essen.« Baysarı fühlt sich von den Nachbardörfern alleingelassen: »Die werden wegen des Wassers genau so betroffen sein wie wir. Sie sollten uns anflehen, unser Land nicht zu verkaufen.«

Baysarı und die anderen haben versucht, die Bewohner der umliegenden Dörfern zu überzeugen, gemeinsam Stellung zu beziehen, und sich auch an die lokalen Politiker gewandt. Der Provinzchef der regierenden AKP hat dem Mukhtar erklärt, in welch schwieriger Lage er sich befindet: Wenn er sich gegen die Mine stellt, verspricht, sie zu stoppen, und sie am Ende doch gebaut wird, stünde er als Lügner da. Wenn er die Mine unterstützt, bekäme er den ganzen Hass der Opposition ab, wegen der schlechten Umweltbilanz der AKP. Also hält er sich lieber raus und überlässt die Dorfbewohner ihrem Schicksal. Baysarı ist enttäuscht: »Zwei Drittel von uns haben für die AKP gestimmt!« Die Menschen aus Örencik setzen ihre Hoffnungen nun auf den Gouverneur von Kütahya. Der habe versprochen, das Dorf zu besuchen. Bisher ist er jedoch nicht aufgetaucht. »Diesen Freitag wird er kommen«, behauptet jemand. Doch ein paar Tage später sagt der Gouverneur seine Reise ab, wegen des schlechten Wetters.

Die Umweltbilanz der regierenden AKP ist in der Tat schlecht. Daran ändert auch die große Show im Zusammenhang mit den staatlichen Aufforstungsprogrammen nichts: 2019 wurde der 11. November zum nationalen Aufforstungstag erklärt. Um 11.11 Uhr wurde öffentlich die Pflanzung von 11 Millionen Setzlingen verkündet. Das Regime prahlt immer wieder damit, wie viele Milliarden Bäume man inzwischen gepflanzt habe. Womit sich das Regime öffentlich brüstet, ist in Wirklichkeit jedoch eine verfassungsrechtliche Notwendigkeit. Wenn Bäume gefällt werden, müssen neue gepflanzt werden. Das gilt auch für Unternehmen. Das Problem ist allerdings, dass nur etwa 60 Prozent der Setzlinge überleben und zu Bäumen werden.

Die Waldgebiete der Türkei sind also eigentlich durch die Verfassung geschützt. Seit die AKP an der Regierung ist, werden sie jedoch verstärkt für den Bergbau freigegeben, das ist insbesondere seit 2004 zu beobachten. Damals wurde ein neues Bergbaugesetz verabschiedet, das die Nutzung von Waldflächen für den Bergbau erleichterte. Seither werden jährlich doppelt so viele Waldflächen freigegeben wie zuvor.

Nach Angaben der Generaldirektion für Forstwirtschaft (OGM) wurden in den letzten 15 Jahren Bergbaulizenzen für mehr als 1000 Quadratkilometer Waldfläche vergeben. Für die Freigabe muss die Regierung lediglich ein »öffentliches Interesse« feststellen – ein dehnbarer Begriff. In manchen Fällen geht es um eine Mine oder einen Staudamm, in anderen um ein Einkaufszentrum oder eine Moschee. Durch eine Klausel, die im Januar 2021 dem Waldgesetz hinzugefügt wurde, kann der Präsident nun den Status von bewaldetem Land im Alleingang ändern, wenn »es keinen Nutzen hat, das Gebiet als Wald zu erhalten«.

Diese Zerstörung bleibt nicht unbemerkt. Es gibt Hunderte lokale Protestbewegungen im ganzen Land. 2020 stand eine weitere Goldmine am Berg Murat, etwa 50 Kilometer südlich von Örencik, kurz vor dem Bau. Das Umweltministerium hatte bereits grünes Licht gegeben. Doch dann formierte sich Widerstand, die Menschen versammelten sich zu Kundgebungen. Eine Klage wurde eingereicht, an der sich sogar die lokalen Vertreter der regierenden AKP und der rechtsextremen MHP beteiligten. Diese beiden Parteien kamen bei der Kommunalwahl im März 2019 zusammen auf 70 Prozent der Stimmen.

Zur Überraschung vieler wurde das Projekt abgebrochen. Ein großer Sieg für die grüne Bewegung in der Türkei. »Am Ende haben wir gesehen, was möglich ist, wenn wir trotz unserer Meinungsverschiedenheiten zusammenarbeiten«, sagt Funda Akcura, die Sprecherin der Initiative »Rettet den Berg Murat« am Telefon. Sie ist sich sicher, dass auch der Protest in Örencik erfolgreich sein wird: »Erfolg ist ansteckend. Diese Menschen kämpfen nicht nur gegen den Goldabbau, sie kämpfen für das Leben. Und dem kann sich niemand in den Weg stellen.«

Akcura lebt in der nahe gelegenen Stadt Uşak. Vor 2018 habe ihre Vorstellung von Umweltschutz darin bestanden, »keinen Müll zu hinterlassen«. Sie wusste nicht einmal, wo der Berg Murat liegt. Das änderte sich, als Nachrichten über die geplante Goldmine die Runde machten. Die gelernte Versicherungsvertreterin wurde zu einer Schlüsselfigur im Kampf für den Schutz der Wasserquellen der Region. Für Akcura geht dieser Kampf weit über Parteipolitik hinaus: »Er ist politisch, weil es die Regierungspartei und ihre Ministerien sind, die die Genehmigungen erteilen. Er geht aber darüber hinaus, weil der Tod, der aus dieser Zerstörung resultiert, alle gleichermaßen trifft, egal welche Partei sie wählen.«

Das Dorf Örencik hat bisher nicht die gleiche Unterstützung gefunden. Die Pandemie macht es auch nicht gerade einfacher: Kundgebungen mussten abgesagt werden, wovon sich Akcura aber nicht aufhalten lässt. Der nächste Schritt sei, von Tür zu Tür zu gehen und mit denen zu sprechen, die bereit sind zuzuhören: »Es fängt mit einer Goldmine an, aber es wird nicht die letzte bleiben. Wenn sie erst mal angefangen haben, dann ist die ganze Region gefährdet.«

Da könnte sie recht haben: 2019 hat ein anderes Unternehmen, das eine Lizenz in Kütahya besitzt, einen Brief an die Generaldirektion für Bergbau und Erdöl (MAPEG) geschrieben und darum gebeten, dass die gesamte Region zur Gold- und Silberabbauzone erklärt wird. Nach Angaben des Ministers für Energie und natürliche Ressourcen, Fatih Dönmez, gibt es im gesamten Land derzeit 133 Lizenzen für den Goldabbau. Im September 2020 hat die MAPEG Ausschreibungen für über 700 neue Erzminen veröffentlicht. Zu den rund 7700 bestehenden Minen dürften also bald noch weitere hinzukommen.

Seyfi Akçakaya wacht jeden Morgen mit der Sonne auf. Gegen neun Uhr bringt er sein Vieh auf die Weide. Er lässt die Tiere eine Weile mit einem Hirtenhund allein, um seine Felder zu bewässern. Aber nicht zu lange, sagt er, denn in er Gegend gebe es Schakale. Er steht auf der Kuppe eines Bergs, 1000 Meter über dem Meeresspiegel, und überblickt die Hügel, die sein Dorf umgeben. Er trägt einen schwarzen Hut, seine Stiefel sind mit Schlamm bedeckt. Auf seinem Handy studiert er die Pläne für die Goldmine. Er zeigt auf die gegenüberliegenden Hügel, die mit Kiefern bewachsen und von Ackerland umgeben sind: »Da drüben werden sie die Anlage bauen.«

Auf 6000 Quadratmetern baut Akçakaya Weizen und Hafer an, auch als Futter für seine Tiere. Er deutet auf einen anderen Hügel, auf dem Tiere grasen. »Dort werden sie das überschüssige Material aus den Minen abgeladen.« Fast 1000 Rinder gibt es in diesem Dorf, sagt er. Im Frühjahr seien es sogar 5000, denn viele Yörüks (ein halbnomadischer Stamm in Anatolien) aus anderen Dörfern bringen ihr Vieh dann zum Grasen auf diese saftigen Weiden. Er selbst ist auch Yörük. Seine Vorfahren bewirtschafteten das Land schon vor 500 Jahren.

»Das ganze Dorf wird von der Mine eingekreist werden. Wie sollen wir hier weiterleben?«, fragt er. Sobald das Umweltministerium den Plänen zugestimmt hat, wird sich die ganze Landschaft verändern. Nicht nur die Bäume und das Ackerland werden verschwinden, auch die Fließrichtung der unterirdischen Wasserläufe wird sich ändern. Akçakaya erinnert sich, wie seine Felder überfluteten und drei Tage lang unter Schlamm begraben lagen, als die Firma 2019 Beobachtungsbrunnen grub. Zenit Mining muss in Zukunft das Wasser beobachten, um zu prüfen, ob das Cyanid, das zur Auswaschung des Golds notwendig ist, in den Boden sickert. In der Türkei werden jedes Jahr 4500 Tonnen Cyanid in Goldminen eingesetzt. Akçakaya hat allerdings wenig Vertrauen in die Firma: »Vielleicht würden sie uns nicht einmal sagen, wenn das Wasser mit Schwermetallen oder Cyanid verseucht ist.«

Das Tavşanlı Hotel liegt eine halbe Stunde außerhalb von Kütahya. Ein Mann sitzt in der Lobby, die durch vier zusammengeschobene Tische behelfsmäßig zum Konferenzraum umfunktioniert wurde. Der Raum ist in gelbes, schummriges Licht getaucht. Ersin Camkiran ist für die PR des Kütahya-Projekts von Zenit Mining zuständig. Heute sollen die Leute, die in den Dörfern Land besitzen, kommen und es dem Bergbauunternehmen verkaufen. Jeder, der bereit dazu ist, kann hier die Dokumente unterschreiben und sein Geld sofort in bar mitnehmen. Wer sich weigert, dem droht die Enteignung durch die Regierung.

Camkiran sitzt schon den ganzen Tag in der Lobby und wartet auf die Landbesitzer. Nur zwei Leute seien gekommen, nicht um zu verkaufen, sondern nur um sich zu informieren. Der Rest boykottiert das Treffen. Die Leute aus Örencik hatten überlegt, eine Kundgebung vor dem Hotel zu organisieren. Um nicht gegen die Coronamaßnahmen zu verstoßen, haben sie sich dagegen entschieden.

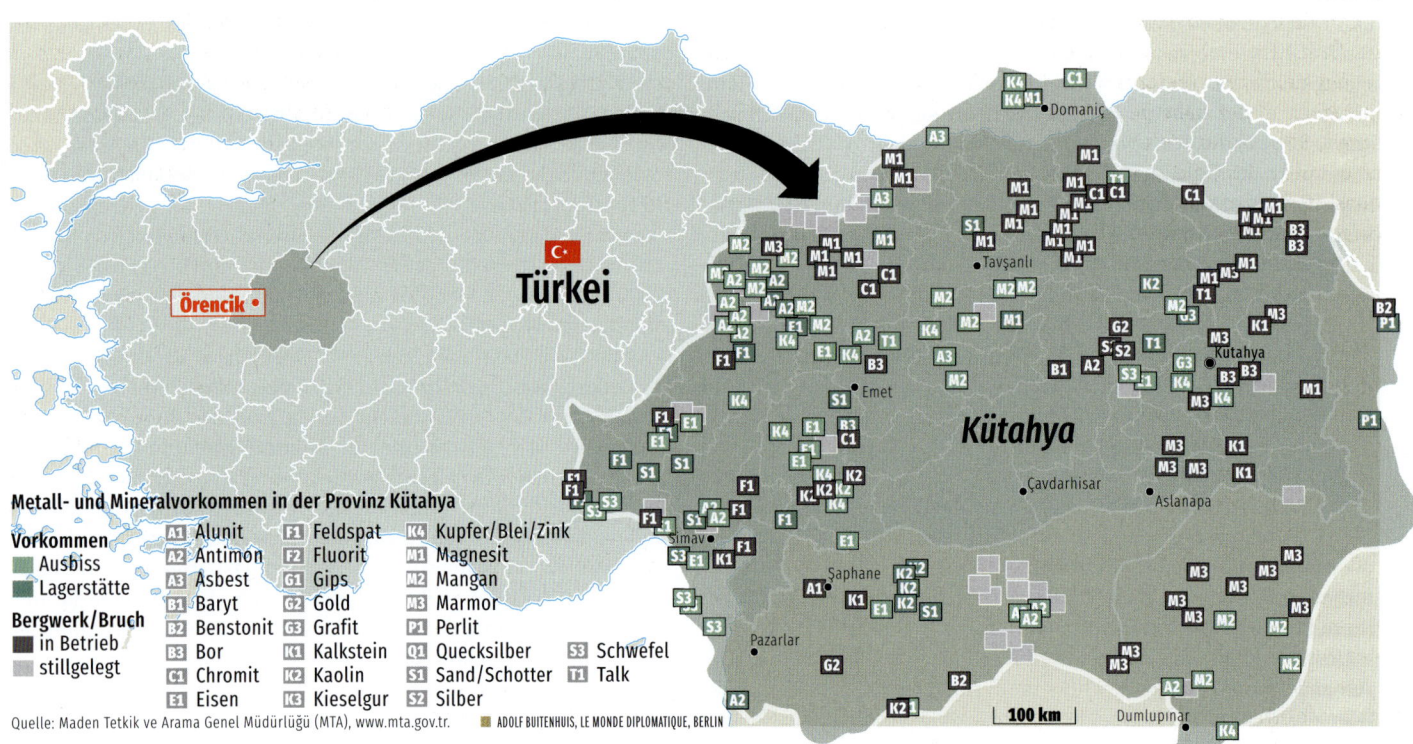

Metall- und Mineralvorkommen in der Provinz Kütahya

Vorkommen
Ausbiss
Lagerstätte

Bergwerk/Bruch
in Betrieb
stillgelegt

A1 Alunit
A2 Antimon
A3 Asbest
B1 Baryt
B2 Benstonit
B3 Bor
C1 Chromit
E1 Eisen

F1 Feldspat
F2 Fluorit
G1 Gips
G2 Gold
G3 Grafit
K1 Kalkstein
K2 Kaolin
K3 Kieselgur

K4 Kupfer/Blei/Zink
M1 Magnesit
M2 Mangan
M3 Marmor
P1 Perlit
Q1 Quecksilber
S1 Sand/Schotter
S2 Silber

S3 Schwefel
T1 Talk

Quelle: Maden Tetkik ve Arama Genel Müdürlüğü (MTA), www.mta.gov.tr.   ■ ADOLF BUITENHUIS, LE MONDE DIPLOMATIQUE, BERLIN

100 km

Ersin Camkıran will erst die Zustimmung seines Chefs einholen, bevor er ein Interview gibt. Dann beginnt er zu erklären, dass es für Zenit Mining eigentlich keinen Unterschied macht, ob die Dorfbewohner verkaufen oder nicht, aber man wolle einen anderen Weg gehen als die anderen Unternehmen: »Wir wollten die Enteignung nicht einfach erzwingen. Wir sind zu den Dorfbewohnern gegangen und haben sie gefragt, ob wir etwas für sie tun können – finanziell. Wir wollen, dass sie von all dem profitieren.« Er argumentiert, dass die Mine viele Arbeitsplätze schaffe. Drei Personen aus Avcılar seien bereits bei ihnen beschäftigt, sagt Camkıran, und verwahrt sich dagegen, dass die Briefe, die die Dorfbewohner zum Verkauf ihres Landes drängen, eine Drohung gewesen sein sollen.

Er ist ein guter Redner. Dass er bereits seit 11 Jahren im Bergbaugeschäft ist, hört man seinen Argumenten an. In einem Bericht über den Umwelteinfluss, den das Unternehmen erstellt hat, heißt es, dass in dem Gebiet nur 2000 Bäume stünden. Die Zahl der Einwohner von Örencik wird mit 69 angegeben, in Wirklichkeit leben dort in den Sommermonaten, wenn die wandernden Yörüks kommen, aber mehr als 500 Menschen. Doch Camkıran weist Kritik an den gefälschten Zahlen zurück: »Wir gehen nicht hin und zählen jeden Baum, wir klopfen auch nicht an jede Tür, um zu sehen, wie viele Menschen dort leben. Es gibt staatliche Datenbanken, denen wir die Zahlen entnehmen.«

Sein Telefon klingelt inzwischen zum dritten Mal, Coşkun Kuzum, sein Chef, will sich über Lautsprecher in das Gespräch einschalten: Er findet diese ganze David-gegen-Goliath-Rhetorik ein wenig übertrieben. Die Dorfbewohner würden gar nicht alleingelassen, es gebe Umwelt-NGOs und Gerichtssäle. »Wir haben das am Berg Murat gesehen. Dieser Fall hat gezeigt, dass es in diesem Land Gesetze gibt, die funktionieren.« Bei Fragen nach den Auswirkungen einer möglichen Cyanidvergiftung wiegelt er ab: »Nichts für ungut, aber ich gehe davon aus, dass Sie keinen Abschluss in Ingenieurwissenschaften haben«, antwortet er. Den Austritt von Cyanid zu verhindern, sei sehr einfach.

Cyanid ist nur eine der Bedrohungen, denen das Dorf ausgesetzt ist. Örencik gilt als Erdbebengebiet der Stufe 1. In der Gegend verlaufen gleich zwei tektonische Bruchstellen. 1970 starben bei einem Erdbeben in der nahe gelegenen Stadt Gediz mehr als 1000 Menschen, 80 000 wurden obdachlos. Und die Sprengungen, die nötig sind, um an das Gold zu kommen, werden den Bereich um die Mine quasi in ein permanentes Erdbebengebiet verwandeln – die einstöckigen Lehmziegelhäuser sind schon jetzt in schlechtem Zustand.

Die Chefin der sozialdemokratischen CHP in Kütahya, Zeliha Aksaz, ist überzeugt, dass diese Gefahr allein Grund genug wäre, das Projekt abzusagen: »Es gibt zu viele Argumente dagegen, ich glaube, dass Örencik gerettet werden kann.« Die hauptberufliche Gynäkologin sitzt in ihrer Praxis im Zentrum von Kütahya. Sie erzählt von den Dorfbewohnern, die sie in Avcılar getroffen hat, dem Dorf, das sein Land an die Minengesellschaft verkauft hat: »Sie haben das Geld genommen und es ausgegeben. Jetzt bereuen sie, was sie getan haben. Sie werden alle wegziehen müssen, sobald die Mine in Betrieb ist.«

Dass sie von den Arbeitsplätzen profitieren werden, die Zenit Mining in Aussicht gestellt hat, glauben die Leute von Örencik nicht. Cihan Sungur, der im Dorf lebt, hat kurzzeitig in einer Goldmine in der Nachbarstadt Balıkesir für Zenit gearbeitet. Der junge Mann sagt, dass die meisten Leute, die dort arbeiten entweder Ingenieure sind oder wissen, wie man Maschinen bedient. Solche Qualifikationen haben die Menschen in Örencik nicht. Im Dorf leben hauptsächlich alte Menschen, die meisten jungen sind in die Stadt gezogen, um Arbeit zu finden.

Uğur Korkunç, Seyfi Akçakaya, sein Neffe Mustafa und Cihan sind dageblieben, denn sie lieben ihr Dorf und die Umgebung. Sie sind sich einig, dass Zenit sie höchstens zeitlich begrenzt als Bauarbeiter, Wachmann oder Reinigungskraft beschäftigen würde. »Und wie viele davon können sie brauchen?«, fragt Korkunç. Nach einer kurzen Autofahrt und einem Marsch die steile Böschung hinauf stehen wir vor dem Eingang einer Höhle. Im dunklen Inneren liegen große Knochen, Wasser rieselt an den Wänden herab. Stalaktiten hängen über Stalagmiten. Seyfi Akçakaya nimmt einen Knochen in die Hand: »Der ist von einem menschlichen Schädel.« Dann hebt er einen Stein auf: »Schau, das ist auch ein Erz, das ist Quarz.«

Korkunç wünscht sich, dass »diese Höhle von Touristen besucht wird, stattdessen werden die Explosionen sie zum Einstürzen bringen.« Er erzählt die Geschichte, die ihm sein Vater erzählt hat: Sein Urgroßvater habe sich hier während der Revolutionskriege in den 1920er Jahren versteckt, als die Griechen in den Westen der heutigen Türkei einfielen: »Sie haben sich in diese Höhle gerettet.« In der Gegend gebe es Hunderte Höhlen, die nur darauf warten, entdeckt zu werden, merkt Akçakaya an. Und auch vor dem Höhleneingang scheint alles, was das Auge sieht, schützenswert: Die Wacholderbäume, die wilden Beeren, die Korkunç von einem Busch pflückt und zum Naschen anbietet, der kleine Bach, der unten im Tal fließt.

Das Wasser von Örencik ist von bester Qualität, ein knappes Gut war es schon immer. Ein alter Mann im Dorfzentrum erinnert sich, wie er als Kind manchmal zu den Schreinen auf den Hügeln hochkletterte, um für Regen zu beten. In den letzten Jahren hat sich die Situation jedoch verschlimmert: Aufgrund der Klimakrise leidet nicht nur Örencik, sondern die gesamte Türkei unter einer massiven Dürre. Die Wasserpegel in den Stauseen sind auf den niedrigsten Stand seit 15 Jahren gesunken.

Uğur Korkunç steht vor dem Haus seiner Familie, neben ihm seine Mutter Ayşe. Er erzählt, dass es kaum noch schneit oder regnet: »In einem Dorf in der Nähe ist schon jetzt der Wassertank leer. Das ist im Januar noch nie passiert.« Ayşe Korkunç lebt schon ihr ganzes Leben in Örencik, auch sie weiß nicht, wie es weitergehen soll: »Auf der einen Seite die Dürre, auf der anderen diese Bergbaufirma. Was sollen wir tun?«

Für sie und alle anderen im Dorf gebe es keine Alternative. Sie sagt, sie pflanzten gerade genug an, um sich zu ernähren. Die Tiere, die sie besitzen und von denen sie abhängig sind, könne sie im Moment nicht hüten, weil sie sich um ihre frischoperierte Mutter kümmern muss. Sie erzählt von ihrer Verwandten, die in Düsseldorf lebt und jeden Sommer hier Urlaub macht. Letztes Jahr konnte sie nicht kommen, und wer weiß, wie das Dorf im nächsten Sommer aussehen wird? Was ist, wenn sie das Wasser vergiften und die Häuser durch die Explosionen einstürzen? Was, wenn auch Örencik zu einem Geisterdorf wird? Korkunç wiederholt immer wieder denselben Satz: »Wohin sollen wir dann gehen, Bruder, wohin sollen wir dann gehen?« ●

Erstmals erschienen in *Le Monde diplomatique* vom April 2021.
© 2021 *Le Monde diplomatique*, Berlin

Propaganda, Soaps und Horrorstreifen

Türkische TV-Serien und Kinofilme sind auch im Ausland erfolgreich

Von Timour Muhidine

Mit großartigen Projekten will die Türkei ihre Kultur fördern und in der Region verbreiten. Eines davon nimmt am Stadtrand von Istanbul langsam Gestalt an: Hier entsteht ein riesiges Areal für Filmstudios und Produktion, aber auch für Veranstaltungen rund um Kinofilme und populäre Fernsehserien. »Midwood« – in der Mitte zwischen Hollywood und Bollywood – heißt der Komplex, der schon vor Jahren mit Luxusbroschüren in den Istanbuler Kinos angekündigt wurde. Gebaut wird auf einem 60 Hektar großen Gelände etwa 30 Kilometer westlich des Stadtzentrums, wo parallel zum Bosporus der Kanal İstanbul verlaufen soll, ein anderes zementfressendes Großprojekt *(siehe den Beitrag von Orhan Esen auf Seite 92).*

Midwood soll die großen Filmgesellschaften der ganzen Welt anlocken. Eine Gruppe chinesischer Produzenten stand als Erstes vor der Tür des Midwood-Gründers Ahmet San, einem Privatinvestor und Filmagenten. Später folgten die Inder mit Produzenten, Regisseuren und Drehbuchautoren wie David Dhawan und Rajat Rawail aus Bombay. Sie verpflichteten sich, die Studios gleich nach Fertigstellung zu mieten. Aber Midwood hofft auch auf eine Zusammenarbeit mit der US-amerikanischen Filmindustrie, von der die türkische Presse vermutet, dass sie bereits vor der wachsenden Macht der türkischen Konkurrenz zittert. Seit dem Verfall der türkischen Lira, deren Wert gegenüber dem Euro in den vergangenen zehn Jahren auf etwa ein Viertel gesunken ist, sind die Arbeitsbedingungen tatsächlich sehr günstig.

Der Bedarf an großen Drehplätzen mit optimaler Ausrüstung für die Postproduktion wuchs vor allem mit der Nachfrage nach Serien und Unterhaltungsfilmen seit Beginn der 2000er Jahre. In der Tür-

kei werden jedes Jahr durchschnittlich 180 Filme und 70 bis 80 Fernsehserien gedreht. Besonders Letztere laufen gut: Mehr als 150 Serien wurden für 300 Millionen Dollar in über einhundert Länder im Nahen Osten, in Osteuropa und in Asien verkauft. In Istanbul trifft man häufig arabische oder iranische Touristengruppen, die Schauplätze aus dem Fernsehen besuchen.

Der Erfolg dieser Produktionen und ihr Einfluss in der arabischen Welt, auf dem Balkan, im Maghreb und sogar in Indonesien und Argentinien wird von der türkischen Regierung genau beobachtet. Er surft auf der Welle einer muslimischen Moderne, gewürzt mit den alten Rezepten der Soap Opera.

Ihre Besonderheit ist zweifellos der Nationalismus, der durch Inhalt, Sprache und Kostüme transportiert wird. Historische Serien haben manchmal einen höheren Anspruch, verraten aber denselben Geist. Die Fernsehserie »Die Auferstehung des Ertugrul« (»Diriliş: Ertuğrul«, über den Vater des Gründers des Osmanischen Reichs) thematisiert die Feldzüge gegen den christlichen Feind – Kreuzritter und Byzantiner – und spielt mit dem populären Narrativ über die Ursprünge der modernen Türkei: den Widerstand gegen einen Feind, der das nationale Territorium erobern will.

Die wichtigsten kulturellen Produktionen des Landes seit dem Machtantritt von Recep Tayyip Erdoğan 2002 stehen zudem in auffälligem Einklang mit der politischen Ausrichtung seiner Partei für Gerechtigkeit und Entwicklung (AKP): dem Traum von einer muslimischen Moderne und der Verherrlichung der verkannten Größe des Osmanischen Reichs. Die Serien sind also auch das, was der Politikwissenschaftler Semuhi Sinanoğlu als »politische Technik« beschreibt, mit dem Ziel die Legitimität des aktuellen Systems zu sichern, indem man verstärkt das Thema des äußeren Feindes darstellt, der angeblich seit Jahrhunderten die osmanische und später türkische Integrität unterwandern will.

Auffällig ist, dass die Parallelen meist nicht zwischen der Gegenwart und der gesamten Periode des 600 Jahre währenden Osmanischen Reichs gezogen werden, sondern vor allem zur Herrschaft von Abdülhamid II. (1876–1909), einem der letzten Sultane in der Untergangsperiode des Reichs. Der Sultan verfolgte damals drei Ziele, die auch heute wieder aktuell zu sein scheinen: die Infrastruktur modernisieren – was damals Häfen und Bahnhöfe waren, sind heute Brücken, Tunnel und Flughäfen –, die öffentliche Meinung im Land und in der Diaspora kontrollieren und knebeln – damals bei den zahlreichen Jungtürken im Exil in Paris, Genf und Ägypten, heute bei den Auslandstürken in aller Welt – und schließlich das Projekt des Panislamismus, bei dem sich Abdülhamid II. als Beschützer der Gläubigen darstellte.

Im Ausland weniger bekannt sind die hervorragenden türkischen Krimiserien, die das Publikum begeistern und ein düsteres, vielschichtigeres Bild der Gesellschaft entwerfen: In »Behzat Ç.«, nach den Romanen von Emrah Serbes, die in den 2000er Jahren ein großer Erfolg waren, ermittelt ein einfacher, aber durchtriebener Polizist in Ankara. Das Drehbuch der Krimiserie »Şahsiyet« (»Persönlichkeit«, in Deutschland erschienen unter dem Namen »Ein guter Mensch«) von 2018 schrieb der Romanautor Hakan Günday.

Passend zur Modernität des Genres ist die Ästhetik hier von großem erzählerischen Einfallsreichtum geprägt, einem vibrierenden, oft absurden Rhythmus, durchkomponierten Bildern und einer akustischen Begleitung, die sich auf vielfältige musikalische Traditionen stützt. Hier betritt eine sehr zeitgenössische Türkei die Bühne, die sich nicht um die Zwänge der Verbreitung über nationalen Fernsehsender und die Zensur schert: Derartige Serien sind im Allgemeinen nur auf unabhängigen Internetportalen verfügbar.

Über den Erfolg der Serien sollte man jedoch nicht die bedeutende Produktion von Unterhaltungsfilmen vergessen. In der Türkei gibt es rund 2500 Kinosäle, und ihre Auslastung litt bislang nicht unter der Verbreitung von Streaming und anderen Internetdiensten – zumindest bis zur Coronapandemie, in deren Verlauf die Kinobesuche auch in der Türkei um bis zu 90 Prozent einbrachen. Viele der türkischen Filmproduktionen sind vor allem für den heimischen Markt bestimmt, und auch für Deutschland, wo zusätzlich viele deutsch-türkische Koproduktionen entstehen, die wieder in die Türkei exportiert werden können.

Neben Actionfilmen mit patriotischen Anklängen, die sich kaum von zweitklassigen amerikanischen Serien unterscheiden, beherrschen zwei Kategorien den Markt. Die unzähligen, sehr beliebten Komödien drehen sich meist um gesellschaftliche Themen wie Hochzeit in »Der Hochzeitsverein« (»Düğün Dernek«, 2013) und »Deli Aşk« (»Eine verrückte Liebe«, 2017) oder die Abenteuer eines naiven Provinzlers in der Stadt wie in »Kaçma Birader« (»Zur Seite, Bruder«, 2016).

Die Science-Fiction-Komödie »A.R.O.G.« (2008) beamt den Schauspieler Cem Yılmaz (ein türkischer Louis de Funès) zurück in die Steinzeit, wo er sich ganz selbstverständlich auf Türkisch mit den Höhlenmenschen unterhält. Mit ihrer Alltagssprache und den regionalen Dialekten sind solche Filme sehr charmant. Aber darin liegt auch ein Hindernis für den Verkauf ins Ausland: Sie sind voll von lokalen Referenzen und Nationalkultur, gespickt mit Anspielungen auf das politische und gesellschaftliche Leben in der Türkei.

In »Yahşi Batı« (»Die osmanischen Cowboys«, 2010), eine Art parodistisches Remake von »Wild Wild West« von Barry Sonnenfeld (1999), gibt einer der beiden Osmanen, die sich in die USA des 19. Jahrhunderts verirrt haben, einer sichtbar verblüfften Gruppe amerikanischer Amish eine Schattenspielvorstellung (Karagöz). Diese Szene stützt sich wie viele andere auf eine der wichtigsten Triebfedern des türkischen Humors, nämlich die Annahme, dass diese Kultur Fremden stets verschlossen bleibt.

Ein weiteres interessantes Phänomen ist das Aufkommen muslimischer Horrorfilme. Es gibt mittlerweile eine ganze Reihe von Produktionen, die sich durch ihren Einfallsreichtum und ihren Sinn für Nachahmung auszeichnen. In Zeiten von Angst und politischer Repression, in denen Verschwörungsmythen blühen, gibt es nichts Besseres als den Rückgriff auf Hexen, die sich schwarzer Magie bedienen und die Dschinns beschwören. In den Filmen wird der Aberglaube des populären Islam aufgekocht, die Effekte sind denen amerikanischer Produktionen sehr ähnlich: viele Großaufnahmen, Handkamera, die vor Angst zu zittern scheint, eine Tonspur voller Gebete und Schreie der Verdammten.

Seit 2014 kamen Dutzende dieser Horrorfilme auf die Leinwand, deren Titel auf Koranformeln oder Begriffe mit arabischem Klang zurückgreifen (»Azazil«, »Alamet-i Kıyamet«, »Siccin«, »Musallat«). Einer der besten, ein Mix aus polizeilichen Ermittlungen und Gore-Effekten, ist »Baskın« (»Invasion«, 2017), die Höllentour einer Gruppe von Polizisten, die in ein einsames Landhaus gelockt werden.

So mischt sich in der heutigen Türkei angesichts von Ängsten und der Sorge um das Vergessen ihrer Traditionen ein stets lauernder Obskurantismus mit dem offiziellen Puritanismus und macht die Spannungen sichtbar. Dennoch erkennt man in dieser neuen Ästhetik vor allem das Zeichen einer kulturellen Anpassung, den Einfluss westlicher Vorbilder in diesem Genre.

Nicht zuletzt gibt es unter diesen für den Inlandsmarkt bestimmten Produktionen natürlich auch sehr kämpferische und revanchistisch-nationalistische Machwerke; die Serie »Tal der Wölfe« etwa und »Dağ I« und »Dağ II«. Der Syrienkrieg und Operationen gegen die PKK in der Türkei und im Irak schmeicheln der tief verwurzelten Vaterlandsliebe und dem Militarismus. »Palästina« (»Filistin«, 2011), der dritte Teil der an die gleichnamige Serie anknüpfenden »Tal der Wölfe«-Filmreihe, war ein Riesenerfolg. Der Actionfilm spielt teilweise in Israel und erzählt das Schicksal einer kleinen Gruppe türkischer Geheimagenten, die die Ehre der Palästinenser retten.

Der vierte Teil der Reihe, »Tal der Wölfe – Vaterland« (»Vatan«, 2017), spielt den Putschversuch im Juli 2016 nach. Er zeigt den heldenhaften Widerstand der türkischen Polizisten gegen einen hypothetischen Besatzer, der von einem Guru in den USA in Marsch gesetzt wurde – unschwer erkennt man Fethullah Gülen, Erdoğans großen Feind. »Vatan«, wie auch das Biopic »Reis« (2016), das das Leben des Präsidenten erzählt, stießen auf zwiespältige Reaktionen. Es ist offenbar schwierig, in diesem Genre etwas anderes als visuellen Kitsch zu produzieren. Und obwohl diese Gattung in der Türkei eine lange Tradition hat, könnte das Publikum irgendwann genug davon haben. •

Aus dem Französischen von Claudia Steinitz

Erstmals erschienen in *Le Monde diplomatique* (französische Ausgabe) vom Juli 2018.

Über mir wohnt ein Terrorist

Eine Kurzgeschichte

Von Emrah Serbes

Mein Bruder war zwanzig, als er fürs Vaterland fiel. Er war in den Krieg gezogen, damit Leute wie ihr schick und unbeschwert auf den hell erleuchteten Boulevards der Großstädte flanieren können. In der Nähe der irakischen Grenze kam er mit dem Fuß auf eine Tretmine. Damals war ich sieben Jahre alt. Für seine Beerdigung bekam ich eine echte Kommandotrupp-Uniform angezogen, mit einem blauen Barett. Die Erwachsenen sagten, wenn ich weinen würde, freuten sich die Terroristen nur noch mehr. Ich riss mich zusammen und heulte überhaupt nicht. Als das Militärfahrzeug mit dem Sarg darauf an uns vorbeizog, stand ich kerzengerade an meinem Platz und hob die Hand zum Soldatengruß, dem mit Halbmond und Stern drapierten Sarg entgegen. Plötzlich blickten alle Augen auf mich, und es kamen sogar Leute, die mich an sich drückten und losheulten, als wäre ich derjenige, der fürs Vaterland gefallen war, und nicht mein Bruder. Da bin ich voll ausgerastet, ich schrie: »Hört doch auf zu heulen!« Und plötzlich waren alle Fernsehkameras auf mich gerichtet, und in den Abendnachrichten brachten sie auf allen Kanälen die Bilder von mir an erster Stelle. In den großen Zeitungen hieß es am nächsten Tag: »Salutierender Märtyrerbruder«, und: »Dieser Junge führt einen Schlag gegen den Terrorismus.«

Über Nacht war ich berühmt. Der Ruhm stieg mir aber keineswegs zu Kopf. Obwohl ich so jung war, konnte ich mit der Aufmerksamkeit der Medien sehr gut umgehen. Ich hatte meinen Bruder sehr geliebt. Aber den Schmerz vergrub ich jahrelang in meinem Inneren, ohne ihn je einem Menschen zu zeigen. Nur ein- oder zweimal rief ich bei den Fernsehredaktionen an, um ihnen mitzuteilen, dass ich in der Zwischenzeit nicht ein einziges Mal geweint hatte, obwohl jetzt schon drei oder fünf Jahre vergangen waren. Ein Mann aus dem Redaktionsbüro sagte sogar: »Super, Junge. Weiter so!« Ich verlangte, Uğur Dündar oder Ali Kırca persönlich zu sprechen. Aber sie stellten mich nicht zu ihnen durch. Es wollte auch niemand darüber berichten, dass ich immer noch nicht geweint hatte. Meine innere Stärke und alle psychologischen Niederlagen, die ich dem Terrorismus in den letzten fünf Jahren zugefügt hatte, ignorierten sie einfach. Das sind doch alles käufliche Hurensöhne.

Dann kam es, wie es kommen musste. Einer der Terroristen, die meinen Bruder ermordet hatten, zog ein Stockwerk über uns ein. Er trug wildes Haar und war immer unrasiert. Die Bestie war es ja gewohnt, auf den Bergen zu leben. Jedes Mal, wenn er durchs Treppenhaus ging, verfolgte ich ihn durch den Türspion, presste mein Ohr an die Türe und lauschte seinen Schritten. Nachts schlug ich mit einem Schraubenschlüssel so gegen die Heizungsrohre, dass furchterregende Geräusche zu hören waren. Endlich konnte ich mich nicht mehr zurückhalten. Ich lief zu unserem Laden.

»Wir müssen ihn töten«, sagte ich, »und endlich meinen Bruder rächen.«

»Allah möge ihn richten«, sagte mein Vater.

»Macht er aber nicht. Wenn du ihn nicht tötest, tu ich es. Unser Nationalbewusstsein und unsere Ehre als Türken erfordern, dass wir so handeln.«

»Schlag dir deine Flausen aus dem Kopf.«

»Gib mir die Pistole. Ich mach ihn kalt. Ich bin erst zwölf, ich krieg dann nur eine kurze Jugendstrafe.«

»Ich brech dir gleich deine Beine.«

»Warst du es nicht, der auf seiner Beerdigung gerufen hat: Nehmen Sie mich mit, mein Kommandant, ich muss in den Krieg? Hast du mich nicht in deinen Armen gewiegt und gerufen: Für mein Vaterland werde ich auch ihn hergeben! Also los! Jetzt ist es an der Zeit, in den Krieg zu ziehen, Papa. Komm! Schau mich nicht so feige an. Oder gehörst du zu den Opportunisten, die nur für zwei Tage aufdrehen, wenn mal wieder ein Sarg mit einem toten Soldaten heimkommt?«

Er gab mir keine Antwort. Damit war er für mich gestorben. Ich lief zu meiner Mutter. Ich bat sie um die Pistole meines Vaters, aber sie gab sie mir nicht. Also ging ich ins Vereinslokal der Grauen Wölfe und sagte, ich wolle den Kreisvorsitzenden sprechen. Er empfing mich stehend. Er mag mich sehr. Jedes Jahr schenkt er mir eine Kommandotrupp-Uniform. Er bestellte mir sofort einen Orangentee. Ich erzählte ihm, was vorgefallen war.

»Okay, Nurettin«, sagte er. »Sei nicht traurig. Ich sag unseren Jungs Bescheid, die sollen sich ihn mal angucken. Wenn es so ist, wie du sagst, wird er in unserem Viertel keinen Fuß fassen können.«

Der Kreisvorsitzende hat den Terroristen sofort verprügeln lassen, was ich wirklich gut fand. Ich sah ihn vom Fenster aus, wie er nach Hause kam. Er konnte kaum laufen. Sein Mund und seine Nase waren ganz blutig. Eine Woche lang verließ er seine Wohnung nicht. Aber das reichte nicht. Es kann doch nicht sein, dass man so jemanden nur mal kurz verprügelt. Ich wartete zwei Wochen, aber sie machten nichts mehr. Dem Terroristen ging es inzwischen wieder gut. Er lief draußen herum, als wäre überhaupt nichts gewesen. Ich ging noch einmal ins Vereinslokal. »Herr Vorsitzender, ich verlange, dass Sie Ihr Versprechen einhalten«, sagte ich. »Der Terrorist, an dessen Händen Blut klebt, dieser ehrlose Babymörder, wohnt immer noch im Stockwerk über uns.«

Der Vorsitzende sagte: »Ich kann dich verstehen, Nurettin. Aber wir können da nichts machen.«

»Wieso das denn?«

»Der Junge ist Student. Er hat keine Terrorakte begangen.«

»Wie? Sollen wir jetzt auch noch warten, bis er einen Terrorakt begangen hat?«

»Der wird keinen Terrorakt begehen. Mach dir mal keine Sorgen, der kann überhaupt nichts tun. Wir haben ihn verängstigt.« »Warum nur, Herr Vorsitzender, warum? Wenn er Terrorist ist, müssen wir ihm Blei in die Birne pumpen. Geben Sie mir eine Waffe, dann mach ich das.«

»Wir haben unsere Waffen vergraben, Nurettin. Wir liefern uns keine Feuergefechte mehr. Es ist nicht mehr so wie früher.« »Ach hör mir doch auf, Herr Vorsitzender«, rief ich. »Letztes Jahr habt ihr doch noch reihenweise Leute umgelegt wegen der Projektausschreibung für das Parkhaus hinterm Stadion.«

Dem Herrn Vorsitzenden zitterten vor Wut die Hände und die Arme. Er wollte mir erst eine runterhauen, doch dann riss er sich zusammen.

»Geh, Nurettin, geh«, sagte er. »Mach mich nicht wütend!«

»Ich bleibe hier.«

»Raus, Nurettin!«

»Ich weiche keinen Schritt, Herr Vorsitzender.«

Zwei oder drei Typen nahmen mich an den Armen und bugsierten mich zur Tür. Auf dem Weg dorthin prügelten sie auf mich ein, weil ich so respektlos mit dem Vorsitzenden geredet hätte.

»Ich bin der Bruder eines Mannes, der fürs Vaterland gefallen ist, ihr Ehrlosen!«, rief ich. »Ich bin ein besserer Nationalist als ihr alle zusammen!«

Der Vorsitzende kam aus seinem Zimmer und rief die Männer, die mich geschlagen hatten, zu sich.

»Hab ich euch gesagt, ihr sollt ihn schlagen?«

Sie wollten sich rechtfertigen, aber der Vorsitzende hörte gar nicht hin, sondern gab jedem von ihnen eine Ohrfeige. Aber damit war er noch nicht fertig. Einen von ihnen trat er, einem anderen warf er sein Gebetskettchen gegen den Kopf. Wie gesagt, der Vorsitzende mag mich sehr. Aber aufgrund der politischen Großwetterlage waren ihm die Hände gebunden.

Ich stand wieder ganz am Anfang. Also nahm ich die technische Überwachung des Terroristen auf. Ich wollte ihn mit meinen eigenen Mitteln unschädlich machen. Ich wollte den Fuchs in seinem eigenen Bau erlegen. Ich suchte zu Hause nach der Pistole, aber meine Mutter hatte sie zu gut versteckt, wahrscheinlich, weil sie gesehen hatte, wie entschlossen ich war. Ich fand sie nicht, obwohl ich sämtliche Schränke ausräumte. Aber wenigstens hab ich beim Su-

chen die Armreifen meiner Mutter gefunden. Ich ging damit sofort zum Juwelier, um mir Bargeld zu besorgen. Dann ging ich in ein Jagdgeschäft und wollte eine Pumpgun kaufen. Der Mann gab mir aber keine. Man hätte einen Waffenschein gebraucht und ein Formular ausfüllen müssen, man musste über achtzehn sein und blah und blubb, er zählte tausend Sachen auf. Ich wurde so wütend, dass von meinem Hirn siedendes Wasser über meinen ganzen Körper floss. Wir gingen uns an die Gurgel, und am Ende schmiss er mich raus. Na gut, dann wollte ich wenigstens die Armreifen zurückhaben. Der ehrlose Juwelier gab sie mir aber nicht für dasselbe Geld zurück, für das er sie gekauft hatte. Er behielt einen. Als ich abends, wütend wie ich war, nach Hause zurückkehrte, nahm ich einen ziemlich großen Stein und pfefferte ihn dem Terroristen in die Fensterscheibe. Volltreffer. Die Scheibe fiel runter wie ein Hagelschauer. Ich bezog Position an der Gartenmauer vom gegenüberliegenden Wohnhaus. Der Terrorist kam ans Fenster, guckte und guckte und ging dann wieder weg.

Diese Scheibenaktion beruhigte mich erst mal, aber es hielt nur zwei oder drei Tage. Danach wurde ich so richtig wütend. Die Kerle sind für den Märtyrertod meines großen Bruders verantwortlich, und ich kann nichts weiter tun, als ihre Scheiben einzuschlagen. Das ist so ungerecht. Ich konnte kaum noch das Foto meines Bruders anschauen, so sehr schämte ich mich. Ich traute mich nicht mehr, die Briefe zu lesen, die er als Soldat an uns geschickt und die ich schon Hunderte Male gelesen hatte. Ich musste mir einen anderen Plan ausdenken.

Ich beschloss, ihn zu erstechen. Ich ging mein Kommandotrupp-Einsatzmesser wetzen. Das konnte natürlich eine gefährliche Angelegenheit werden, ihn zu erstechen: Was, wenn er sofort eine Schusswaffe zöge? Ja und, dann soll er doch. Einen Türken mit einer Schusswaffe zu bedrohen ist nichts als Selbstmord. Ich nahm das Messer und verließ die Wohnung. An seiner Wohnungstüre drehte ich um. Ich schlug mir zweimal die Faust gegen den Kopf. Was machte ich denn da? Ich musste schon rational vorgehen, damit ich ihm keine leichte Beute wurde. Denn das durfte ich nicht zulassen. Zwei Gefallene aus einer Familie, da würden die Terroristen doch vor Freude bauchtanzen. Ich entwarf also einen Strategieplan. Ich würde tun, als wäre es ein nachbarschaftlicher Besuch, und mich so in seine Wohnung einschleusen. Dann würde ich einen Moment der Unaufmerksamkeit ausnutzen, ihm mit einem harten Gegenstand auf den Kopf zu schlagen und ihn so vorübergehend außer Gefecht zu setzen. Während seiner Ohnmacht würde ich ihm dann die Kehle durchtrennen. Ich versteckte das Messer in meiner Gesäßtasche und machte mich wieder auf den Weg. Kurz vor seiner Tür kehrte ich noch einmal um, holte etwas von dem Kuchen aus unserer Küche und drapierte die Stücke auf einen Teller. Ich ging wieder die Treppen hoch und klingelte an seiner Tür. Ich hatte Magenschmerzen, mein Herz pochte wie wild. Ich konnte die Aufregung nicht ertragen und floh. Kriegspsychologie. Als die Tür geöffnet wurde, war ich schon wieder ein Stockwerk weiter unten.

»Wer ist da?«, fragte eine Mädchenstimme. Wo kam denn die auf einmal her?

»Ich bin's«, sagte ich.

»Wer bist du denn?«

»Der Sohn von den Nachbarn unter euch. Meine Mama hat gebacken, und ich wollte euch was bringen.«

Ich stieg die Treppen wieder hoch. Sie nahm den Teller entgegen. »Danke schön, das ist aber lieb«, sagte sie. Sie war das schönste

Mädchen, das ich in meinem ganzen Leben gesehen hatte. Sie hatte sogar Brüste. Total der Burner.

»Komm doch rein«, sagte sie. »Wir gucken gerade einen Film.«

Da sie wir sagte, steckte sie mit dem Terroristen wohl unter einer Decke. Wie schade, wo sie doch die grünsten Augen hatte, die ich in meinem ganzen Leben gesehen hab. Doch binnen einer Sekunde verloren ihre Augen für mich alle Farbe. Was für einen Film sie wohl guckten? Was wohl, bestimmt einen Ausbildungsfilm, den ihnen ihre Organisation geschickt hat. Klar, und jetzt dachte sie, damit kriegen sie mich auch. Warum sonst sollte sie mich in die Wohnung bitten?

»Und?«, fragte sie.

»Was und?«

»Wenn du willst, komm rein, ansonsten mach ich die Tür zu. Ich will hier keine Wurzeln schlagen.«

Ich ging rein.

Der Terrorist fragte von seiner Position aus: »Wer ist das?« »Der Junge aus der Familie unter uns, Schatz.«

Der Terrorist streckte seine Hand aus, sagte hallo und grinste ganz fies. »Ich heiße Semih.«

Das ist doch ein Tarnname, darauf fall ich nicht rein. Ich bin seit meinem siebenten Lebensjahr im Kampf gegen den Terror aktiv, was meinst du, was ich schon alles gesehen hab. Ich gab ihm die Hand. »Und ich heiß Nurettin«, sagte ich. Dabei ließ ich seine Hand aber nicht los, sondern blickte ihm genau in die Augen. »Bei mir ist das allerdings mein echter Name.«

Er lachte. Er wollte einen auf netter Junge von nebenan machen.

»Der Film war gerade richtig gut. Lass uns noch zu Ende gucken, dann können wir uns unterhalten«, sagte er. Er setzte sich wieder und ließ den angehaltenen Film weiterlaufen. Ich blickte auf den Bildschirm. Es war ein französischer Liebesfilm, keine Spur von politischer Untergrundarbeit. Er musste ihn schnell ausgewechselt haben, als ich an der Tür stand.

Das schöne Mädchen fragte: »Willst du was trinken?«

Ich checkte die Lage ab. Sie tranken Bier.

»Ein Bier«, sagte ich. »Brauchst gar nicht so zu gucken, ich hab schon oft Bier getrunken.« Das Mädchen ging in die Küche. Der Terrorist mit dem Tarnnamen Semih war ein entspannter Typ, er hatte nicht einmal aufgeschaut, als ich ein Bier verlangte. Das war wohl seine Masche, um mich zu ködern. Er hatte noch nicht einmal eine neue Fensterscheibe eingesetzt.

Es war natürlich gelogen, dass ich vorher schon mal Bier getrunken hatte. Ich wollte einfach nur so wenig Verdacht wie möglich erregen und hatte daher beschlossen, mich ihren Sitten anzupassen. Nach einer Viertelstunde ging der Film zu Ende. Das Mädchen hatte sich inzwischen ganz eng an Semih angeschmiegt. Sie ließen es sich gutgehen. Das Leben als Terrorist scheint ja eine komfortable Angelegenheit zu sein, mit einem Bier in der einen Hand und einer Alten in der andern, schön DVD gucken und sich nicht um morgen sorgen. Dieses ehrlose Arschloch. Als der Film vorbei war, aß der Terrorist den Kuchen. Davon wurde er aber nicht satt. Er bestellte vom Kebap-Laden noch Pide für uns alle. Das Geld kam ja von der Organisation, damit konnte er natürlich großzügig umgehen. Unsere Kommandotrupps müssen beim Einsatz im Gebirge Schlangen fressen, und die kriegen jeden Tag Pide und Kebap, die eine Hand im Fleischtopf, die andere im Honigtopf. Um meinen Plan umsetzen zu können, musste ich warten, bis das Mädchen ging. Aber sie ging nicht. Sie riefen irgendwo an und verlangten von jemandem, dass diese Person anstel-

le des Mädchens etwas eintrage. Ich verstand nicht genau, was das für ein Eintrag war. Ich ging der Sache auch nicht weiter nach, sondern entschloss mich, beide zusammen zu töten. Das Mädchen hatte sowieso »wir« gesagt. Die Gefahr war nur, dass ich im entscheidenden Augenblick weich werden und sie nicht über die Klinge springen lassen könnte. Erstens war sie echt richtig schön, sie hatte einen Blick wie eine verwundete Wölfin, wie Börteçin, die graue Wölfin, die uns Türken aus dem Ergenekon-Tal herausführte. Wenn Augen wirklich der Spiegel der Seele waren, hatte ich es nicht leicht. Zweitens konnte ich mir nicht hundertprozentig sicher sein, dass sie überhaupt eine Terroristin war. Vielleicht war sie eine unschuldige Zivilistin. Ich fragte sie nach ihren politischen Ansichten.

Die beiden lachten. Klar, sie konnten ja nicht sagen: Wir sind Terroristen. Dann stellten sie mir die gleiche Frage. Ich lachte nicht, sondern blieb eiskalt. »Ich bin türkischer Nationalist«, sagte ich. »Ich hab nichts zu verbergen. Wer Türke ist, muss stolz sein, wer keiner ist, muss sich unterwerfen!« Es war Zeit, dass sie meinen Atem in ihrem Nacken spürten. Ich konnte auf jeden Fall mit beiden fertig werden. Nur war mir vom Bier total schwindelig geworden. Es konnte schon sein, dass das jetzt nicht der richtige Augenblick war, um zuzustoßen.

»Ich geh mal lieber«, sagte ich.

»Du kannst jederzeit gerne wiederkommen, Nurettin«, sagte Semih.

»Darauf könnt ihr Gift nehmen. Ich komm dann, wenn ihr es am wenigsten erwartet.«

Sie lachten wieder.

In der darauf folgenden Zeit ging ich jeden Tag zu ihnen nach oben. Unser guter Semih hatte eine ganze Menge Freunde. Das waren angenehme Leute. Wenn ich dabei war, konnten sie natürlich nicht über ihre Anschlagspläne sprechen. Ab und an zogen sich zwei von ihnen in die Küche zurück und flüsterten etwas. Ich ging ihnen sofort nach, da schwiegen sie auch schon. Zwei von ihnen waren durch und durch Terroristen. Ich schwöre, das waren Kurden. Sie waren sogar stolz darauf. Sie hätten ja wenigstens versuchen können, es zu verstecken, also wenn ich Kurde wäre, würde ich das zum Beispiel niemandem sagen, ich würde versuchen, im stillen Kämmerlein damit fertigzuwerden. Aber bei denen gab es so was wie Schamgefühl gar nicht, in der Wohnung sprachen sie in einer Lautstärke, dass es jeder hören konnte, Kurdisch und schwächten damit die Einheit unseres Staates. All diese Provokationen missachtend machte ich tagelang gute Miene zum bösen Spiel und rief sie wiederholt dazu auf, sich unter der einzigen Flagge als eine einzige Nation und ein einzig Herz zu sammeln. Aber sie hörten nicht. Irgendwann ging es einfach nicht mehr. Da nahm ich mir die beiden zur Brust und sagte: »Mittlerweile haben sogar die Indianer in Amerika anerkannt, dass sie von den Türken abstammen. Für wen haltet ihr euch eigentlich, dass ihr so nutzlose Sondernummern abzieht und behauptet, ihr wärt ein anderes Volk?« Sie lachten. »Aber unsere unitaristische Staatsordnung könnt ihr nicht erschüttern. Wenn ihr Eier habt, spaltet euch doch ab. Mal gucken, ob das so leicht ist.«

»Der ist ja voll der Fascho«, sagte einer der Kurden. »Kleiner Fascho!«, sagte der andere. Seitdem hatte ich meinen Spitznamen, kleiner Fascho hier, kleiner Fascho da. Weil sie selber ja alle Tarnnamen hatten, mussten sie mir auch einen verpassen.

Es war einer jener Tage, an denen die Kurden mal wieder in ihrer Muttersprache dem Separatismus frönten und meine Nerven vollkommen blank lagen. Sobald sie die Wohnung verlassen hatten, begann ich nach einem harten Gegenstand zu suchen. Dieses Mal würde ich Semih ganz sicher töten, seine Freundin war auch gerade nicht da, das traf sich gut. Wir waren zu zweit in der Wohnung. Das war die Gelegenheit, auf die ich seit Monaten gewartet hatte. Im Schlafzimmer fand ich ein Bügeleisen. Semih war damit beschäftigt, fotokopierte Aufzeichnungen eines total bescheuerten Unterrichtsfaches namens Bilanzanalyse durchzulesen. Er sagte, er würde nächste Woche Klausur schreiben. Ich schlich mich leisen Fußes an ihn heran, ohne dass er es sah. Wenn erst einmal das Bügeleisen auf seinen Kopf krachte, würde er schon die richtige Bilanz ziehen können aus seinem Kampf gegen die ruhmreichen Türken! Er drehte sich um, als ich gerade zuhauen wollte. Diese Hyäne! Als hätte er Augen im Hinterkopf. Klar, wer so viel Zeit in Guerilla-Ausbildungslagern verbracht hat, muss ein ganz schön harter Brocken sein.

»Was willst du denn mit dem Bügeleisen?«, fragte er.

»Nichts«, sagte ich und ließ es sinken. Plötzlich fragte ich: »Sag mal ehrlich, bist du eigentlich ein Terrorist?«

Er lachte wieder.

»Hör doch mal auf zu lachen und antworte mir wie ein Mann. Sei doch einmal mutig und bekenne Farbe. Wenn du einer bist, dann steh doch einfach dazu.«

»Bin ich nicht.«

»Du hast aber kurdische Freunde.«

»Ja und?«

»Arschloch«, sagte ich.

Er stand auf. »Was soll das denn?«

Ich packte ihn am Kragen.

»Wegen euch ist mein Bruder gestorben«, rief ich. »Ihr habt ihn umgebracht!«

»Ich hab niemanden umgebracht.«

»Mein Bruder war so alt wie du, als er starb. Einen Monat später wäre sein Militärdienst zu Ende gewesen. Wir durften nicht mal seine Leiche sehen, so zerfetzt war die.«

»Das wusste ich nicht, Nurettin. Das tut mir sehr leid.« Wir schwiegen zehn Minuten.

»Auf welcher Seite stehst du?«, sagte ich.

»Ich bin für Frieden.«

Von meinem Hirn herab floss siedendes Wasser über meinen ganzen Körper. »Fick dich, Alter, was für ein Frieden?«, schrie ich. »Soll ich Frieden machen mit den Mördern meines Bruders? Da jag ich mir lieber eine Kugel durch den Kopf.«

»Dieser Krieg führt aber zu nichts.«

»Ja und? Muss er auch nicht. Was geht dich das überhaupt an? Du hast doch deine Felle im Trocknen. Es gibt Menschen, die müssen im hinterletzten Gebirge kämpfen, und du hängst hier nur rum! Faule Sau! Du hast nicht mal was für die Uni gemacht, bis die Klausur vor der Tür stand. Du hast ja deine Mieze, die kannst du immer schön in den Arm nehmen und rumpennen, die ganze Zeit schmatz, schmatz, und wenn es klingelt, schickst du sie die Tür aufmachen. Nachts haut sie aus dem Wohnheim ab und pennt bei dir, und ihre Freundinnen müssen sie in die Anwesenheitsliste eintragen. Ich hab den Wohnheimleiter angerufen und sie angezeigt. So!«

Er packte mich auch am Kragen.

»Warst du das etwa, der sie verraten hat? Du kleines Arschloch. Verpiss dich!«

Ich griff nach seinem Wischmopp.

»Ich bring dich um!«, schrie ich. »Ich werde dich unschädlich machen!«

Er nahm mir den Wischmoppstiel aus den Händen und schlug mich einmal aufs Kinn. Ich hatte mein Messer an dem Tag nicht mitgenommen, ich verfluchte mich selbst und verließ die Wohnung. Mit zornigen Schritten lief ich die Treppen runter und zitterte dabei am ganzen Körper. Ich fuhr meine Mutter an: »Gib mir sofort die Waffe.« Sie gab sie mir nicht. Ich warf ein Glas nach ihr. Es flog über ihren Kopf und zerschellte an der Wand. Sie verbarg ihren Mund hinter einem Zipfel ihres Kopftuchs und fing an zu weinen. Ich ging auf sie los.

»Ich weiß es doch von dir! Du hast gesagt, über uns ist einer eingezogen, der ist mir nicht ganz geheuer, der ist bestimmt Terrorist, hast du gesagt.«

»Was weiß ich denn, mein Junge, so ein Bärtiger mit so wüstem Haar, da dachte ich halt, das wär so jemand. Mir haben es doch die Nachbarn gesagt. Was weiß ich denn schon, er ist wohl einfach nur Student.«

»Student oder nicht, das ist mir egal, ich muss ihn ausschalten. Gib mir sofort die Waffe. Mach schnell!«

»Das tu ich nicht.«

»Was bist du denn für eine Märtyrermutter? Du bist ja auf der Beerdigung von meinem Bruder fast zusammengebrochen, nur wegen dir haben die Terroristen ein Freudenfest gefeiert. Ich schäme mich für dich!« Damit war sie für mich gestorben. Ich ging runter zum Ufer und schaute auf die Wellen, bis der Abend dämmerte. »Oh Schwarzes Meer / wie bäumtest du dich auf / beim Anblick von des Türken Fahne / dich noch zu sehen / vor meinem Tod / zu fallen in deine Arme …«, sang ich dabei. Okay, ich saß eigentlich am Marmara-Meer, aber es kommt ja wohl drauf an, sich in die Stimmung reinzuversetzen. Meine Augen wurden feucht, fast hätte ich nach fünf Jahren zum ersten Mal geweint. Ich checkte die Umgebung ab. Es war niemand da. Trotzdem. Ich biss mir in die Faust und riss mich zusammen. Nicht dass die Terroristen mich noch über Satellitenkamera filmten, und dann würden sie sofort eine Antipropagandakampagne starten und sagen: Das ist also der Junge, der angeblich nicht weint, ja? Verkneif es dir, Nurettin, sagte ich zu mir selbst, beiß die Zähne zusammen.

Nach meinem Streit mit Semih hatte mein Leben keinen Sinn mehr. Die Tage wurden zäh wie Kaugummi. Keine Mordpläne mehr, kein Schlagabtausch, kein kalter Krieg. Einsam zu sein ist echt scheiße. Ich vermisste sogar die Kurden. Fast. Ich hielt es nicht mehr aus. Ich klingelte bei ihm. Ich guckte ihn einfach nur an, ganz leer. Er nahm mich in den Arm. »Ich hab dich vermisst«, sagte er. »Komm, kleiner Fascho, komm rein.«

So haben wir uns wieder vertragen, ich konnte nichts sagen, ich ging einfach rein, er hatte so was ganz Fieses, Manipulatives an sich. Mit seinem Bier, seinem französischen Kino, seinem großen Freundeskreis, seiner supersüßen Freundin hat er mich umgedreht. In was für einem Land leben wir denn bitte schön, dass ich nur einen einzigen Freund habe, mit dem ich reden kann, und der hält auch noch zu den Terroristen.

Einmal machte ich in der Küche Nudeln. Es waren voll viele Leute in der Wohnung. Irgendwie war die Stimmung so komisch ernst. Seit geschlagenen zwei Stunden diskutierten sie rum: Sollen wir es nun machen oder sollen wir es nicht machen?

Semih sagte: »Was können wir in diesem kleinen Kaff schon machen? Da kommt doch niemand.«

Ich goss die Nudeln in ein Sieb und rief ins Wohnzimmer rüber: »Wir machen es einfach. Macht euch keine Sorgen.«

Die Kurden sagten zu Semih: »Dieser kleine Fascho hat noch mehr Courage als du!« Semih ärgerte sich ein bisschen und sagte: »Okay, Leute, dann machen wir es halt. Aber sagt hinterher nicht, ich hätte euch nicht gewarnt.«

Ich hatte mich einfach eingemischt, dabei wusste ich gar nicht, worum es ging. Ich lief ins Wohnzimmer und fragte: »Was machen wir eigentlich?«

»Wir machen was zum sechsten November.«

»Was ist der sechste November?«

Wieder lachten alle. Mittlerweile hatte ich mich daran gewöhnt und lachte einfach mit. Am sechsten November ging ich zu Semih.

»Was machen wir heute?«, fragte ich ihn.

»Eine Protestaktion. Du musst zu Hause bleiben.«

»Nein, ich komme auch mit.«

»Setz dich.«

»Was für eine Protestaktion?«

»Eine terroristische.«

»Verkauf mich nicht für dumm. Das sind doch nur Studenten. Das ist doch gar nicht dasselbe.«

»Das hast du früher aber ganz anders gesehen.«

»Kann sein.«

»Bist du denn kein Nationalist?«

»Du hast kein Recht, daran zu zweifeln«, sagte ich. »Ich bin ein echter Türke, und ich liebe meine ruhmreiche Nation.« »Dann darfst du nicht mit.«

»Warum nicht?«

»Dein Nationalbewusstsein und deine Ehre als Türke erfordern das, Nurettin.«

»Ich komm trotzdem mit.«

»Warum?«

»Darum. Das sind schließlich auch meine Freunde, ich kenne die Jungs alle schon lange. Außerdem weiß ich doch, dass ihr gerne Kinder als menschliche Schutzschilde einsetzt.«

Wir gingen los. Es war das erste Mal in der Geschichte unserer Stadt, dass Studierende gegen die Militarisierung der Hochschulen protestierten, die mit der Gründung des Allgemeinen Hochschulrates unter Federführung der damaligen Militärregierung am 6. November 1981 begonnen hatte. Es kamen sechsundzwanzig Studentinnen und Studenten, zwei Kurden und ein türkischer Nationalist, sechzig Sondereinsatzkommandopolizisten, zwanzig Wachleute vom privaten Sicherheitsdienst, und zur Verstärkung hatten die Einzelhändler aus der Umgebung sich schon auf die Straße vor ihre Läden gestellt, um jederzeit zuschlagen zu können. Die Polizei kesselte die Demonstranten ein und besprühte sie mit Pfefferspray. Alle bekamen Tränen in die Augen.

Ich drängte mich nach ganz vorne. »Ihr braucht kein Tränengas einzusetzen«, rief ich. »Meine Freunde sind sowieso alle voll die sensiblen Typen.«

Ein Polizist hob seinen Schlagstock. Gegen mich! Ausgerechnet! Ich wurde so wütend! Ich schrie ihn an: »Ich nehm gleich deinen Stock und schieb ihn dir in den Arsch! Ich bin der Bruder eines Märtyrers! Wer bist du denn, dass du die Hand gegen mich erhebst?« Der Polizist stutzte einen Moment und stand nur da mit seinem Schlagstock in der Luft. Von hinten kamen sofort drei andere Polizisten, die gar nicht erst hinhörten, sondern gleich auf mich einprügelten. Wem willst du da schon erklären, was Sache ist. Semih zog mich am Arm und stellte sich schützend vor mich, so dass er die meisten Schläge abbekam. Nachdem wir verprügelt worden waren,

ging ich mich bei meinem Cousin beschweren. Mein Cousin ist nämlich Beamter bei den Sondereinsatzkräften. Er guckte mich ganz lange an, als wolle er sagen: Hä, den kenn ich doch, und dann fragte er: »Was machst du denn hier, Nurettin?«

»Nichts. Ich wollte nur meinen Freunden zugucken. Sag lieber meinem Papa nichts davon.«

Sie nahmen die Studenten alle mit, nur mich ließen sie frei.

Als mein Vater abends nach Hause kam, verpasste er mir sofort zwei Backpfeifen. Es war das erste Mal seit fünf Jahren, dass er seine Hand gegen mich erhob. Mein Cousin hatte ihm alles gesagt. Dann schaute mein Vater auf das Foto meines Bruders an der Wand und begann zu weinen. »Wenn du noch einmal da hochgehst, bist du nicht mehr mein Sohn. Wenn ich dir egal bin, denk wenigstens an deinen Bruder.«

Wieder war ich ganz einsam. Ich hielt es fünfzehn Tage aus, dann schlich ich mich, als mein Vater im Laden war, die Treppen hoch. Semih packte seine Sachen. Überall standen Umzugskartons. »Was ist denn los?«, fragte ich. Er war von der Uni geflogen. Nach einem Semester sollte er sich aber wieder einschreiben dürfen. Er wollte zu seinen Eltern ziehen, um nicht sinnlos Miete zu zahlen. Nächstes Jahr würde er wiederkommen.

»Und warum liegen diese ganzen Sachen da rum? Willst du die nicht mitnehmen?«

»Die kann ich nicht tragen. Ich werd sie an meine Freunde verteilen. Du kannst dir nehmen, was du haben willst. Ich kann dir zum Beispiel die Filme geben.«

»Nein«, sagte ich. »Ich hab sie alle schon gesehen.« In einer der Kisten sah ich das Bügeleisen. »Ich nehm mir das Bügeleisen, ja?«

Ich nahm es. Ich schlich mich von hinten an ihn heran. Er drehte sich um.

»Was willst du eigentlich mit dem Bügeleisen?«

»Nichts«, sagte ich.

Ich hatte Tränen in den Augen. Ich konnte mich nicht mehr halten.

»Ruf an, wenn du zurückkommst«, sagte ich. »Mein Papa kennt ein paar Makler. Wir helfen dir, wo wir können.«

Er guckte mich ganz lange an. Dann nahm er mich bei den Schultern und schüttelte mich.

»Was ist denn los, Nurettin? Du bist doch nicht so ein sensibler Typ …«

»Eigentlich nicht, aber trotzdem bin ich jetzt irgendwie voll traurig. Wenn du weg bist, wird mir so langweilig. Dann bin ich wieder ein einsamer Wolf. Die Tage werden mir ihre Verachtung ins Gesicht spucken.«

Ich konnte mich nicht zusammenreißen. Er nahm mich ganz, ganz fest in den Arm. »Dann wein dich aus«, sagte er. »Das wird dir guttun.«

»Ja aber, wenn ich weine, Semih, freuen sich denn dann nicht diejenigen, die dir das alles angetan haben?«

»Ist doch egal«, sagte er. »Was kümmert uns das denn?«

Aus dem Türkischen von Oliver Kontny

Diese Kurzgeschichte stammt aus Serbes' Erzählband »junge verlierer«, Berlin (binooki) 2014.
Die türkische Originalausgabe erschien 2009 unter dem Titel »erken kaybedenler«
bei İletişim Yayınları, Istanbul.

© 2009 İletişim Yayınları